国家自然科学基金项目“共现潜在语义向量空间模型及其语义核的构建与应用研究”（71503151）

山西省高等学校创新人才支持计划“基于潜在语义的文本信息主题深度聚类研究”（2016052006）

山西省高校科技创新项目“SVSM模型及其在信息资源聚类中的应用”（2015106）

数字文献资源高维聚合模型研究

牛奉高 著

中国社会科学出版社

图书在版编目（CIP）数据

数字文献资源高维聚合模型研究/牛奉高著．—北京：中国社会科学出版社，2017.8

ISBN 978－7－5203－0782－6

Ⅰ.①数…　Ⅱ.①牛…　Ⅲ.①文献计量学—研究　Ⅳ.①G250.252

中国版本图书馆 CIP 数据核字（2017）第 181653 号

出 版 人　赵剑英
责任编辑　田　文
特约编辑　陈　琳
责任校对　张爱华
责任印制　王　超

出　　版　中国社会科学出版社
社　　址　北京鼓楼西大街甲 158 号
邮　　编　100720
网　　址　http://www.csspw.cn
发 行 部　010－84083685
门 市 部　010－84029450
经　　销　新华书店及其他书店

印　　刷　北京君升印刷有限公司
装　　订　廊坊市广阳区广增装订厂
版　　次　2017 年 8 月第 1 版
印　　次　2017 年 8 月第 1 次印刷

开　　本　710×1000　1/16
印　　张　16.75
字　　数　241 千字
定　　价　69.00 元

序

G. Salton 等人于 20 世纪 70 年代提出的向量空间模型（Vector Space Model，VSM）最初应用于著名的 SMART 文本检索系统，而今已成为重要的文档表示模型和相似性计算模型，广泛应用于文本分类和聚类、图像处理等诸多重要领域。VSM 的提出可谓是检索领域的一次革命。VSM 在被广泛应用的同时，也有诸多改进和扩展。本书在 VSM 的框架上，引入共现理论挖掘词间潜在语义，提出了共现潜在向量空间模型（Co-occurrence Latent Semantic Vector Space Model，CLSVSM），经检验在文档聚类中有较好的表现。进一步讨论了模型的适应性、基于语义核的约简、共现语义的扩展等问题，使其应用更加方便、快捷和准确。CLSVSM 的提出在一定程度上规避了对复杂背景知识的依赖，提高了效率，具有普适性。

本书共分七章。

第一章主要介绍了数字文献资源聚合的相关概念和理论基础。从检索角度出发，解释了文献聚合的内涵和外延，探索了其核心理论和技术，并论述了聚类方法在文献主题聚合中的重要性和可行性。

第二章分析了数字文献资源聚合的主要途径和方法，重点是文献的表示和向量空间模型（VSM）。随着海量文献的涌现，文献集的向量表示存在着高维稀疏的特征。此时，基于 VSM 的方法就难以实现理想的文献主题聚类。虽然有研究引入了语义向量空间模型，但是对背景知识依赖性强，建设成本高。能否构建一种较好的模型，正是本书所要解决的主要问题。

第三章论证了潜在语义分析在文献主题聚合中的可行性并提出共现潜在语义向量空间模型（CLSVSM）。共现潜在语义对文献主题的相似性度量很有帮助，在广义向量空间模型和语义向量空间模型中都体现了共现潜在语义的重要性。因此，本文在VSM的基础上，通过挖掘并利用共现潜在语义构建了CLSVSM。其最大的优势是可以较好地测度特征词（维度）与文献向量的相似性，从而提高了文献主题聚类的准确性，最终实现文献的主题聚合。

第四章主要是对CLSVSM模型的检验。经过详细的设计和实验对比，新模型显示出了较VSM提高很多的效果。更多的比较结果将在第六章呈现。由于目前没有理想的数据类可以直接使用，因此本文的数据集均为自己采集整理而成。文献主题在分类中的模糊性较大，数据集的质量很难保证，因此不能完全体现模型的效果。

第五章则是对模型的应用。

第六章是对模型的深入讨论，旨在提高运算效率。其中重点是语义核的构建和三元共现的挖掘和使用，新模型在文献主题聚类中的精度有所提高。

第七章是全文总结。

全书在武汉大学邱均平教授指导下由本人撰写完成，在后期的增补和结构调整中我的硕士生张亚宇做了不少工作。

本书适用于信息检索、文本分析等相关领域的研究和应用参考。由于本人才疏学浅，书中难免疏漏，真心期望各位读者批评指正。

牛奉高

2017年3月6日于山西大学渊智园

目　录

引　言 ……………………………………………………………………（1）

一　研究背景和意义 ……………………………………………………（2）

（一）研究背景 …………………………………………………………（2）

（二）研究意义 …………………………………………………………（8）

二　国内外研究综述 ……………………………………………………（10）

（一）国内研究进展 ……………………………………………………（11）

（二）国外研究进展 ……………………………………………………（14）

（三）相关研究述评 ……………………………………………………（18）

三　研究目的、方法与创新 ……………………………………………（28）

（一）研究目的与思路 …………………………………………………（28）

（二）研究方法与工具 …………………………………………………（31）

（三）本书的创新之处 …………………………………………………（32）

第一章　数字文献资源聚合的概念与理论基础 ………………………（34）

一　数字文献资源的范畴 ………………………………………………（34）

（一）数字化的信息资源 ………………………………………………（34）

（二）数字文献资源 ……………………………………………………（35）

二　数字文献资源聚合的内涵与外延 …………………………………（36）

（一）聚合的缘起 ………………………………………………………（36）

（二）文献资源聚合的内涵 ……………………………………………（38）

（三）文献资源聚合的外延 …………………………………………（40）
三　数字文献资源聚合研究的形式和内容 ……………………………（46）
（一）数字文献资源聚合的形式 …………………………………（46）
（二）数字文献聚合研究内容辨析 ………………………………（47）
四　数字文献资源聚合研究的理论基础 ………………………………（50）
（一）文本挖掘理论 …………………………………………………（50）
（二）共现理论与共现网络 …………………………………………（51）
（三）LSA 与 LSI 理论 ………………………………………………（56）
（四）FA 与 PA 理论 …………………………………………………（57）
（五）信息熵理论 ……………………………………………………（58）
（六）长尾理论 ………………………………………………………（59）
五　数字文献资源聚合的应用方法研究 ………………………………（60）
（一）新闻聚合与自动摘要 …………………………………………（60）
（二）对检索结果的聚类 ……………………………………………（61）
（三）文档管理与个性化信息服务 …………………………………（64）
（四）改善文献分类的结果 …………………………………………（65）
六　数字文献资源基于元数据聚合的探索 ……………………………（65）
（一）元数据是数字文献资源的特征信息 …………………………（66）
（二）基于元数据实现文献聚合的可行性 …………………………（67）
七　本章小结 ……………………………………………………………（68）

第二章　数字文献资源的高维向量表示与语义相关性研究 ………（70）
一　数字文献资源的多元和高维特征 …………………………………（70）
（一）文献属性的多元特征 …………………………………………（70）
（二）文献主题的高维特征 …………………………………………（72）
二　文献主题的特征选择与评价方法 …………………………………（73）
（一）文献主题特征的选择问题 ……………………………………（73）
（二）特征子集的选取与评价 ………………………………………（74）
三　文献特征的高维表示与文献相似性测度方法 ……………………（76）

（一）文献特征的高维向量表示 …………………………………… (76)
（二）文献相似性与距离的测度 …………………………………… (77)
四　向量空间模型及其衍生模型 ……………………………………… (80)
（一）经典 VSM 模型 ……………………………………………… (80)
（二）广义向量空间模型 …………………………………………… (83)
（三）面向中文文献聚类的 VSM 类模型 ………………………… (84)
五　语义向量空间模型 ………………………………………………… (85)
（一）基于 VSM 的语义相关性研究 ……………………………… (87)
（二）语义信息增强模型 …………………………………………… (88)
（三）语义核与文献主题相似性 …………………………………… (95)
六　本章小结 ………………………………………………………… (99)

第三章　共现潜在语义向量空间模型(CLSVSM) ………………… (101)
一　共现潜在语义的概念 …………………………………………… (102)
（一）语义与语义信息 ……………………………………………… (102)
（二）潜在语义与共现潜在语义 …………………………………… (103)
（三）共现潜在语义的挖掘 ………………………………………… (105)
二　基于共现潜在语义的文献高维向量表示模型 ………………… (106)
（一）文献高维向量表示的困境 …………………………………… (107)
（二）模型提出的基础 ……………………………………………… (108)
（三）相关定义和记号 ……………………………………………… (110)
（四）CLSVSM 模型的表示 ……………………………………… (113)
（五）CLSVSM 模型的解释 ……………………………………… (115)
三　语义信息的增强与约简探讨 …………………………………… (117)
（一）语义信息的增强 ……………………………………………… (117)
（二）语义信息的约简 ……………………………………………… (118)
四　基于 CLSVSM 的数字文献资源聚合 ………………………… (119)
（一）基于特征向量聚类的文献聚合步骤 ………………………… (119)
（二）文献的相似矩阵 ……………………………………………… (120)

(三)文献集的相似度 …………………………………………………… (121)
(四)聚类算法选择 ……………………………………………………… (123)
(五)聚类准则函数 ……………………………………………………… (124)
(六)聚类评价方法 ……………………………………………………… (129)
五 CLSVSM 模型与 VSM 衍生模型的类比 ………………………… (132)
(一)类比基于关键词相同度的 VSM 模型 …………………………… (132)
(二)类比扭曲 VSM 模型 ……………………………………………… (134)
(三)类比 TCABARWC 模型 …………………………………………… (136)
六 本章小结 …………………………………………………………… (137)

第四章 CLSVSM 模型的实验检验与评价 ………………………………… (138)
一 文献聚类实验的基本设计 ………………………………………… (139)
(一)实验的目的和要求 ……………………………………………… (139)
(二)实验基本流程设计 ……………………………………………… (140)
二 文献聚类评价方法 ………………………………………………… (141)
(一)BF 指标 …………………………………………………………… (141)
(二)熵值、纯度和错误率 ……………………………………………… (142)
三 高维向量聚类工具:gCLUTO ……………………………………… (143)
四 实验文献集的来源与描述 ………………………………………… (147)
(一)数据的选择和采集 ……………………………………………… (147)
(二)数据的整理与分析 ……………………………………………… (149)
(三)实验数据集的基本统计描述 …………………………………… (156)
五 文献聚类实验内容与方案 ………………………………………… (158)
(一)实验内容 ………………………………………………………… (158)
(二)实验步骤 ………………………………………………………… (158)
(三)实验方案 ………………………………………………………… (159)
六 文献聚类实验结果与分析 ………………………………………… (160)
(一)CLSVSM 模型的语义信息增强效果分析 ……………………… (160)
(二)CLSVSM 模型的聚类效果对比实验 …………………………… (162)

(三)实验总结:CLSVSM 的优势 …………………………………… (178)
七 本章小结 ………………………………………………………… (178)

第五章 CLSVSM 模型的应用与实证……………………………… (181)
一 CLSVSM 模型的应用范围……………………………………… (181)
二 实证准备 ………………………………………………………… (183)
(一)实证数据的选择 …………………………………………… (183)
(二)文献聚类簇数目的确定 …………………………………… (184)
三 基于 CLSVSM 模型的聚合实证研究 ………………………… (185)
(一)实证Ⅰ——以概率论与数理统计学科抽样文献为例 …………………………………………………………… (185)
(二)实证Ⅱ——以信息资源建设主题的检索文献集为例 …………………………………………………………… (200)
四 本章小结 ………………………………………………………… (213)

第六章 CLSVSM 模型的进一步研究……………………………… (214)
一 共现潜在语义的不同估计量对比研究 ……………………… (215)
(一)基于不同共现潜在语义估计量的模型构建 …………… (216)
(二)基于不同共现潜在语义估计量的模型对比 …………… (217)
二 CLSVSM 对英文文献的适应性研究…………………………… (219)
(一)英文文献数据采集 ………………………………………… (219)
(二)CLSVSM 对中英文数据聚类的对比 ……………………… (219)
三 共现矩阵的约简研究 …………………………………………… (221)
(一)截尾共现潜在语义向量空间模型 ………………………… (221)
(二)共现矩阵约简前后的对比 ………………………………… (221)
四 共现潜在语义核研究 …………………………………………… (223)
(一)GCLSVSM …………………………………………………… (223)
(二)广义模型与原模型的实验对比 …………………………… (224)
(三)CLSVSM_K ………………………………………………… (226)

五　三元共现的挖掘与利用研究 …………………………… (229)
(一)三元共现的表示 ………………………………… (230)
(二)三元共现强度的计算 …………………………… (231)
(三)三元 CLSVSM ………………………………… (231)
(四)三元 CLSVSM 与 CLSVSM 的比较 ……………… (232)
六　本章小结 ………………………………………… (233)

第七章　总结与展望 …………………………………… (237)
一　总结与启示 ……………………………………… (237)
二　不足与展望 ……………………………………… (241)

参考文献 ………………………………………………… (244)

致　谢 …………………………………………………… (259)

引　言

物质、能量和信息并称为当今人类社会三大基本资源，信息资源在人类社会经济发展中具有不可替代的地位。事实上信息与宇宙同在，信息的存在是客观的，但直到20世纪80年代以后信息资源才逐渐被人类重视，随着人们开始积极利用信息，加工信息以得到更有用的信息等等，信息才真正成为人类社会的重要资源。随着人类对信息认识的不断深入，其外延几乎无所不包，其中物质和能量不仅是信息的载体，自身也成为了信息。信息资源的重要性已经被提高到了无以复加的程度，正可谓是“没有信息，任何事物都没有意义”。

信息资源自20世纪开始得到了快速的增长，据估计其总量已经超过了之前人类历史的总和，已经成为人类社会的重要资源。特别是Internet的出现和普及，将我们置于信息的海洋之中。我们不再为信息资源的“缺”而担忧，但开始因为“多”而无从选择。处于信息时代的人们如置身于茫茫大海之上的小船，如遨游在太空的小尘埃，没有方向，充满了迷茫。然而人之所以为智人，就是人类认识世界的主观能动性，人类的发展史就是探索世界的发现史。马克思主义认识论所言极是：认识事物要抓住其本质。科学的本质就是告诉我们去认识一切事物的本质并利用之。面对浩瀚的信息资源，同样我们要剥离其他冗余和干扰，获取其精要。

一 研究背景和意义

（一）研究背景

1.“大数据”与“高维数据”并存对人们有效获取信息提出挑战

信息资源的形式是多样的，数据只是一种存在形式。人类文明的发展，产生了海量的信息，但随着科技的发展，这些信息才被大量的记录和保存下来。仪器观测数据、传感数据、实验数据、文献资料数据、统计数据、基因排列数据以及数据的数据等等，充斥在我们生活的周围，数量大，变化快，超出了我们的处理能力。因此我们称这个时代是“大数据时代”。

“大数据”作为互联网信息技术行业的流行词汇，大约从 2009 年开始迅速传播，几乎影响了每个行业和每个人。事实上，大数据一词早有提及，1980 年著名未来学家阿尔文·托夫勒便在《第三次浪潮》一书中，将大数据热情地赞颂为“第三次浪潮的华彩乐章”。大数据（Big Data）在信息技术的视角下指的是所涉及的资料规模巨大到无法在合理时间内通过目前主流软件工具实现对数据信息的撷取、管理和处理，因此又可称为巨量资料。面对大量的信息，企业却无法通过它们实现企业经营决策的目的。在我们的研究学习中也会发现可选的资料和文献越来越多，反而让我们无从确定我们真正需要的。这种普遍的“信息过载”现象体现了大数据体量大（Volume）的特点。体量大是大数据的最主要特点，目前很多企业级的数据库体量规模在 10TB 以上，一些企业的多个数据集放在一起就已经是 PB 级的数据量了。更何况，据美国互联网数据中心的报道，互联网上的数据每年将增长 50%，每两年便将翻一番，而且全世界 90% 以上的数据是最近几年才产生的。大数据所造成的信息爆炸现象要求实时提高处理水平，因此对传统工具和方法造成困难，也着实推动了技术的进步，比如存储速度的提高，同体积下存储量的快速提升，CPU 数据处理速度的加速，显示技术的发展等等，这些技术都为了应对大数据时代而不断改进，这是大数据的第二个特点——数据处理速度快（Velocity）。大数据的第三个特点是数据类型多样（Variety），一般有多种数据源、多种类型、多种结构和多种格式等，已超出了程序可以处理的结构化数据范畴，囊括了半结构化和非结构化数据。统计数据已不能满足人们对信息分析的要求，而需要自然语言处理和人工智能等方法进行文本挖掘、语义分析等更复杂的信息分析研究。大数据带来的巨量信息必然有很多冗余，我们可以不去注意它们吗？事实上，人类社会的很多规律和行为特征就可能隐藏在巨量信息中，比如社交网络数据、企业内容、交易数据等都是重要的数据源，因为其中包含着最真实的社会和人的特征，这就是大数据的第四个特征——真实性（Veracity）。大数据呈现的是第一手信息，而不是二手的，基于这些数据的分析结果就更能引起人们的兴趣，更能体现社会规律。除了真实性之外，还应该包括全面性。采用所有数据分析的方法，而不用随机分析法（抽样调查）这样的捷径，实际上是对经典统计方法的一种否定，这也超出了传统数据源的局限性。欣慰的是，计算机存储能力和运算能力的提高为分析大数据提供了一定的条件。近年来，围绕是否需要抽样有过很多讨论。但在实际应用中由于“大数据”的价值密度低抽样还是需要的。

数字文献资源数量快速增长，降低了文献的查全率和查准率。同时，随着社会的进步，人们获取信息的要求逐步向知识发现的水平发展。因此，基于文献主题和内容的分析成为必然，这就要求对文献资源深度聚合研究。

现代数据信息的另一种特性是高维数据。高维数据是描述数据的特征维度很大。数据产生高维的原因是表征事物的全面性和事物间关联性的加强。比如描述一篇文献的属性常采用其元数据格式，如果将其每个属性视为一维，显然文献的属性是高维的。再如文本的描述采用词向量来表示，那么随着文本内容的增加，其表示向量的维度一般就会越来越高，面对大量的文本资源，其特征词的维度就更高。此外，在一些顾客资料数据库中，有 50 个指标；在进行网站的内容聚类时，会有 200—1000 个属性；生物学研究中的基因整列数据可以拥有超过 2000—5000

个属性。如果考虑时间序列数据，时间点作为维数的话就有很大的伸缩性。可见多维数作为研究事物的一种视角必然会带来数据的高维度。

究竟要多少维才算高维？以上也说明，数据维度与分析对象的特征有关系。陈建斌认为高于16维的数据就属于高维数据，聚类算法中所使用的索引在维数小于16时会有效发挥作用，但当维数大于20时，它们的性能会降低到顺序搜索的水平①。这样看来我们的很多研究都已经是面对高维数据了。

高维带来的困难是什么？随着维数的增加，很多维数是相关的，这给传统方法带来困难。如在聚类分析中只有少数的特征维对形成簇是有意义的，而大多数特征维是与其相关的，但是这些相关维的数据可能会产生大量的噪声而屏蔽真实的簇，使聚类算法失效。再者，随着维度的增加，表示事物的向量数据通常会变得更加稀疏，即0越来越多，有意义的数值相对较少，因为数据点可能大多数分布在不同的特征子空间中。当数据变得特别稀疏时，位于不同维的数据点间的距离区分度就会降低，如果距离度量失去了意义，聚类分析的结果就不可信。高维数据所带来的这些困难，被研究者称为“维度灾难”或“维灾”（curse of dimensionality）②。

综上，高维作为数据的统计特征成为描述事物的必然趋势，大数据作为时代特征之一对其分析意义非凡。如果数据集皆有两个重要属性，即高维的大数据，就需要专业的分析水准。而事实上现有的数据往往兼而有之：电信公司的客户资料是高维的而且数据量不断迅速增大，大型语料库的文本书档就是用成千上万的特征词表示，生物学研究的DNA微阵列数据在数以百万计的条件下提供关于数以千计的基因表达水平信息，等等。这些都需要我们提高数据挖掘的技术水平：大数据对数据存储和运算能力提出了挑战，而高维数据更是需要处理技术的改善。

---

① 陈建斌：《高维聚类知识发现关键技术研究与应用》，电子工业出版社2009年版，第3页。

② R. Bellman. On the Reduction of Dimensionality for Classes of Dynamic Programming Processes [J]. Journal of Mathematical Analysis and Applications, 1961, 3 (2): 358-360.

2. 信息组织、知识发现和知识服务需要资源聚合

资源聚合是通过全方位、多层次、多手段对资源的集成整合，而通过资源多属性或多层次的聚类是实现资源聚合的方法之一。既可以通过前期集成，后期聚类形成，也可以直接通过聚类得到聚合的形式。而所有的过程都应该是面向信息组织、知识发现和知识服务。

信息组织需要资源聚合的手段。面对浩瀚的信息资源，全面的整合相关资源无疑是信息分析的理想前提。随着计算机的普及和网络的盛行，信息获取和信息组织主要依赖检索手段，正如百度和谷歌成为主要的信息搜索和组织工具。从信息组织的角度而言，信息聚合主要是指内容的聚合，其中最重要的就是内容聚合器（content aggregator）。内容聚合器是一个从不同线上资源收集网络内容并重用或重新销售的个体或组织。根据不同的目的，内容聚合器可以分为两种：一种是简单的从网站收集不同的源信息；另一种是为了客户需要收集和分发内容资源聚合的知识发现功能①。关键词或特征词匹配是最流行的信息检索手段，但已不能满足人们对信息组织的需要。要获得更相关的结果，就需要深度聚合，即通过语义在内容层面的检索和聚类。这样才能实现信息更加有序的组织和利用，实现信息熵的下降。

知识发现需要资源聚合的技术。知识发现是从数据集中识别其精华以及新的模式的过程，基于数据库的知识发现（Knowledge Discovery in Database，KDD）是知识发现研究的主题和热点②。从概念范畴来看，数据挖掘是知识发现的一个阶段，当然也有人认为两者是等同的。而聚类作为数据挖掘的重要方法，自然是知识发现的重要手段。在众多信息资源中检索出相关的信息，再从相关的信息中挖掘出新的知识是知识发现的一般流程。人类的肉眼可以简单识别少量三维及以下的数据特征，并从中发现新的知识，但是面对大数据和高维数据就无能为力了。聚类

① 刘明辉、张志平、张新民：《网络资源聚合方法探析》，《机械管理开发》2008 年第 23（5）期。

② 陈建斌：《高维聚类知识发现关键技术研究与应用》，电子工业出版社 2009 年版，第 3 页。

分析通过挖掘数据集中的共性集，提供新的数据集特征和知识。比如通过关键词的聚类对文献资源的聚合，可以发现研究主题群和研究热点等。

知识服务需要资源聚合的方法。在信息爆炸、知识充斥的时代，用户需要更准更快地获取到需要的知识，因此需要一种提供知识服务的媒介。首先从众多信息资源中检索出相关的信息，经过信息组织和知识发现等手段的处理，最后推送给用户。目前图书馆作为知识服务的载体，正在向数字图书馆的方向发展，也会提供更加全面智能的推送服务。聚类分析秉承“物以类聚”的思想，和价值高的信息相似或相近的信息也是高价值的，而和无用的信息相近或相似的信息自然也是无用的，是智能服务的主要方法。

馆藏资源的深度聚合已经成为前沿的研究热点，而馆藏资源又以数字文献资源为主。数字文献资源有节约实体空间、便于维护、便于检索等诸多有利方面，因此比较盛行。基于数字文献资源的知识组织、知识发现和知识服务成为研究的重点。

3. 信息资源分布的“长尾”现象不可回避

齐普夫（Zipf）定律是资源分布规律的重要描述，其体现为一种幂律（Power Laws）特征。比如词频分布，即词频从高到低排列就是典型的幂律分布。齐普夫定律可分为两个定律，即高频词分布定律和低频词分布定律①。在实际研究和应用中，更多关注了高频词的分布。因此有高频词共现分析，以及在此基础上的聚类分析，来解释研究热点等。低频词虽然频次低但是分布广，体量大，它们的作用不能被完全抹杀，这就是词频分布的长尾现象。

根据维基百科，“长尾”（The Long Tail）一词的提出是描述诸如亚马逊和 Netflix 之类网站的商业和经济模式。严格讲，长尾分布是概率统计中重尾分布的一个分支（另一支是次指数分布）。长尾分布又称厚

---

① 邱均平：《信息计量学（五）第五讲　文献信息词频分布规律——齐普夫定律》，《情报理论与实践》2000 年第 5 期。

尾，因尾部分布比指数分布还要厚而得名。长尾分布只是幂律分布和帕累托分布（Pareto distributions）的口语化表述。有人还提出了知识长尾（Knowledge Long Tail）[①]。词频分布的长尾现象不断引起注意[②]，但还没有有效的方法去分析这些尾部的词汇。其实除了词频分布的长尾现象，作者产出分布等方面也有类似的情况[③]。

长尾现象不仅仅出现在科学研究领域，实际上它也是现时代的特征。面对处于高科技时代的"半人马"型消费者，其行为的"碎片化"，导致以市场为导向的产品和服务出现多样性，新的"尾部"不断出现，而部分原本属于"尾部"的会迅速转化为头部，成为成功的案例。对于创新的时代，科学研究者的行为也类似于消费者的"碎片化"，新的研究主题不断出现，学科交叉越来越多，学科界限趋于模糊，部分很快会成为全球研究的热点，而曾经的热点会慢慢消失或转化。因此从关注研究前沿的角度看，现在处于"尾部"的关键词或主题是不容忽略的。为了满足读者和用户的需求，图书馆正在建立信息资源长尾，即"将分散在不同图书馆的各种'热门'和'冷门'学术资源信息聚合在一起并充分公开，形成资源长尾才能为用户提供无限的选择机会"[④]。

4. 高维数据聚类方法和平台为文献资源聚合提供了方法支持

"维度之祸"使得很多传统分析方法失效，不得不寻求新的方法。就高维数据的聚类而言，目前主要有三种思路。其一是特征变化方法（Feature Transformation Methods），主要思想是降维。如数据特征降维的主成分分析（PCA）方法、潜在语义分析使用的奇异值分解（SVD）方

---

① Lin I, Seidel R H A, Howell D, et al. Knowledge Long Tail [C] //Industrial Engineering and Engineering Management (IEEM), 2010 IEEE International Conference on. IEEE, 2010: 1102 - 1106.

② 王花、古丽拉·阿东别克：《基于语料的哈萨克语词频统计研究》，《计算机工程》2010 年第 36（24）期。

③ 邱均平、苏金燕：《我国竞争情报研究文献计量分析》，《情报科学》2008 年第 26（12）期。

④ 潘薇：《"长尾理论"与图书馆学术信息资源聚合》，《图书情报工作》2010 年第 S2 期。

法等。其二是属性子集选择（机器学习文献中称为特征子集选择），基本思想是采用数据归约方法，比如删除不相关的或冗余的维（或属性）。子空间聚类（Subspace Clustering）是属性子集选择的一种扩展①。其三是协同聚类（Co-Clustering），从“对象—属性”两个角度同时聚类，在数据点聚类和属性聚类之间求得一种平衡。陈建斌指出当数据维数小于100时，可以使用前两类办法，当数据维数大于100时，协同聚类较为有效，尤其是在文本聚类和Web挖掘等领域②。

围绕从文本信息中发现有价值的信息和知识的研究已取得了显著成绩，尤以文本挖掘和文本知识发现最为突出，相应的各类软件和平台应运而生。文本聚类的软件就有很多，如灵玖软件公司（Ling-Join）③研制的LJCLuster文本聚类中间件软件、LJParser文本搜索与挖掘开发平台。更多的技术被嵌入更大的系统中，如与检索系统结合提供检索聚类，早期有代表性的是Vivisimo Velocity Platform④和Infonetware⑤，可以对文档集合进行自动整理的Scatter/Gather⑥可以对文档集合进行自动整理，等等。本书采用的gCLUTO平台对高维稀疏矩阵的聚类有很多优良的特点。这些面向文本挖掘的系统平台为文献的聚合提供了很好的参考。

（二）研究意义

在我们所处的时代，科技发展速度之快是史无前例的，由于网络的盛行，这个时代被称为网络时代；由于信息的井喷式产生又被称为“信息爆炸时代”；由于知识的重要而稀缺，也被称为知识经济时代

---

① Jiawei Han，Micheline Kamber：《数据挖掘概念和技术》（原书第2版），范明、孟小峰译，机械工业出版社2007年版，第3页。

② 陈建斌：《高维聚类知识发现关键技术研究与应用》，电子工业出版社2009年版，第3页。

③ 灵玖软件［EB/OL］．［2014-01-20］．http：//www. lingjoin. com/.

④ 原网址 http：//www. vivisimo. com.

⑤ 原网址 http：//www. infonetware. com.

⑥ Cutting D R，Karger D R，Pedersen J O，et al. Scatter/Gather：A cluster-based approach to browsing large document collections［C］//Proceedings of the 15th annual international ACM SIGIR conference on Research and development in information retrieval. ACM，1992：318-329.

(The Knowledge Based Economy); 等等。但是我们却面临着知识缺乏的问题——"我们深陷于信息的海洋, 却难觅可用的知识。"① 好在人们一直在努力, 加强了信息资源的整合力度, 提高了信息的整合和融合的水平, 尤以数据/文本挖掘技术为主, 提高了知识发现和知识服务的水平。本书以数字文献资源的聚合为研究目标, 通过聚类手段实现资源聚合, 旨在构建数字文献资源和用户之间的桥梁, 从而为用户提供准确可信、个性化的信息/知识以及智能应用服务。

1. 有助于提高图书馆知识服务的水平

图书馆作为知识库的传统实体, 多少世纪来, 一直承担着文化传承、人类教育的重大使命。进入 21 世纪, 网络的渗透使得图书馆的服务内容更加丰富, 数字资源的比重越来越大, 个性化服务更加人性化, 网上图书馆也同时存在, 使得移动终端随时可以接入服务等等。虽然图书馆的存在实体不断淡化, 但其依然是信息检索和知识服务的主要"结点", 只是其服务水平需要不断提高。

目前数字文献资源作为科学研究的重要资源, 也存在数量大和主题雷同的问题, 让用户难以取舍。对数字文献资源的聚合将在简单检索的基础上进行深入的挖掘, 以提供更贴近用户需要的知识聚合, 进而提高图书馆的知识服务水平。相比简单的词匹配检索结果, 聚合结果将为用户提供全面的智能筛选和分类, 节约了检索有效资源的时间, 提高科研效率。

2. 有益于多学科研究方法的融合创新

信息资源的聚合可以看作是资源管理在资源整合基础上的深入发展, 也可以将资源整合看作是资源聚合的前序。由于馆藏数字文献的特殊性, 如知识产权问题, 对数字文献资源的聚合主要体现在文献的深度挖掘和呈现上。放下资源整合的方法不讲, 就聚合的方法可以分为两大类: 一类是基于关联的聚合, 如计量方法; 一类是基于内容特征的聚合, 如语

① Königer P, Janowitz K. Drowning in information, but thirsty for knowledge [J]. International Journal of Information Management, 1995, 15 (1): 5-16.

义核方法。将聚类的思想用于聚合的生成和呈现是最有效的方法。

文献特征词分布的长尾现象是聚合面临的主要困难，基于高频词（或作者、被引等）的分析等于放弃了重要的尾部，聚合结果难免失准。统计学对高维数据的分析方法，以及计算机科学对聚合算法的实现都为高维数据以及大数据的聚合提供了思想和方法上的保障。将之用于具有高维特征的文献资源的聚合不仅能解决目前聚合方法上的不足，也拓展了聚类方法的应用范围，加强了信息科学与其他学科的交叉融合。此外，聚合的结果可进一步服务于更深入更规范的资源管理系统，比如用于本体的构建和完善将使其更加可靠。

3. 有利于推动国家信息资源的开发利用

我国信息资源建设和管理在不断地向纵深发展，信息管理已经提到了国家层面。2004 年，中共中央办公厅和国务院办公厅联合发布了《关于加强信息资源开发利用工作的若干意见》（〔2004〕34 号），首次将信息资源管理问题提到了国家宏观管理的高度，也预示着我国的信息化进入了一个新的阶段——信息资源整合阶段。信息化从物质资源管理开始过渡到信息资源管理。割裂的信息系统整合又为信息资源的深度开发利用创造了条件，为快速智能的知识发现和知识服务提供了保障。

对数字文献资源的聚合思想方法可以推广到一般文本的聚合分析，因此可用于对资源全文的深度挖掘，用于 Web 文本信息的主题分析等方面，比如对主题新闻的聚合呈现，使读者免于在浩瀚的雷同信息中难辨真假。对信息资源的深度聚合和知识服务不仅将代替目前以关键词匹配的简单信息检索服务，而且将提供个性化的服务，使人们不再为知识而“饥渴”。

二 国内外研究综述

对聚合通俗的理解是将分散的东西聚集在一起，在化学领域是小分子结合成大分子的过程；在 IT 界和网络用语中，主要体现集聚的意思，比如聚合数据；图情学界对馆藏资源聚合的理解一方面是文献资源的整合，为实现跨库检索服务；另一方面是基于关联或语言实现资源的筛选。对数字文献资源的聚合就是通过某种相似性或关联规则将相关的文献资源聚合成不同的簇或一个簇，最终目的是提供知识服务。

（一）国内研究进展

国内对聚合的研究兴起于2000年以后，研究聚合的主体是多元的，原因是不同学科对聚合的理解不同，即对“聚—融”的认知模式不同，比如群体的聚合、科技的聚合、资源的聚合等等。然而除去化学的聚合之外，学界研究最多的还是信息资源的聚合。本书利用计量学方法和可视化手段来分析国内2000年以来数字文献聚合的研究现状。检索时间是2013年9月26—27日。

首先，选择国内收录文献相对较全的文献数据库中国知网（CNKI），以“FT = 数字文献 * 聚合”（下称检索Ⅰ）为检索式进行专业检索，得到222篇相关期刊文献，包括以主题检索的2篇文献。图0－1是CiteSpace呈现的文献关键词共现图。

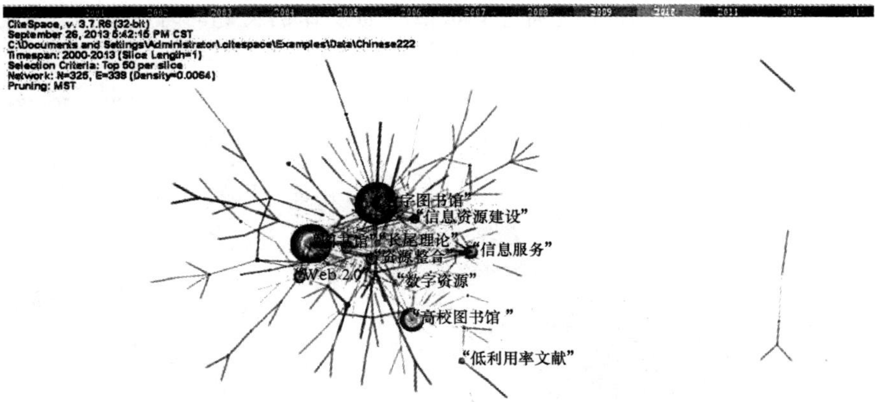

图0－1　检索Ⅰ相关文献集关键词分布

图 0 – 1 中结点最大的是“数字图书馆”，其次是“图书馆”和“高校图书馆”，结合“信息资源建设”“信息服务”和“数字资源”等频次较高的关键词，可见对数字文献聚合的研究主要围绕在图书馆的资源建设和服务上，同时“Web 2.0”和“资源整合”也显示了它们在资源建设和服务中的重要性。

尝试在更大范围内考察“文献聚类”的研究进展，但是目前的检索技术难以剔除过多的不相关文献，比如本书尝试用检索式“SU = 文献 * 聚合”进行检索，得到的 1115 条文献的所有关键词中频次最多的前 5 个分别是聚合酶链反应、基因多态性、多态性、基因、基因表达，可以肯定这些文献与本书主题相关性不大，第 6 个关键词是聚类，是一种主要的聚合方法。需要说明的是如果以全文来检索，那么面对 23 万条检索结果进行选择，显然无能为力。即使剔除相关关键词也不能达到数据清洗的目的。

其次，将文献资源的聚合考虑进来，以检索式“FT = （数字文献 + 文献资源） * 聚合”（下称检索Ⅱ）检索，结果就比较多了。选择期刊和硕博士论文库共计 3110 篇文献，其中硕博士论文 913 篇，占据了较高的比例。图 0 – 2 是通过 CiteSpaceⅢ所作的关键词时域图。

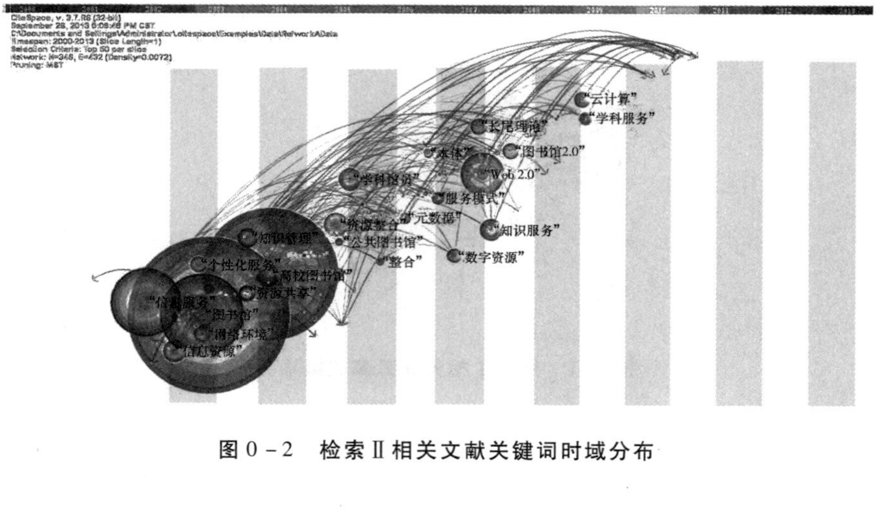

图 0 – 2　检索Ⅱ相关文献关键词时域分布

图 0-2 显示"图书馆""高校图书馆"和"数字图书馆"的研究贯穿始终成为最大的热点研究对象。"信息服务"和"知识服务"分别排第 4 和第 7，显示了相关研究的主要目的，而排名第 5 和第 6 的"Web 2.0"和"资源整合"是重要的手段。2005 年"资源整合"以来，"本体""长尾理论""云计算"相继成为新的研究的热点，可说明聚合研究在不断向纵深发展。

如果将考察范围再放宽一点，以检索式"FT =（数字文献 + 文献资源 + 图书馆）* 聚合"（下称检索Ⅲ）检索，结果就达到 54393 条，可见对图书馆资源聚合的研究相当热门。事实证明如此，因为以"FT = 图书馆 * 聚合"检索就得到 53989 条数据。通过图书馆资源聚合论文集的前 40 个高频关键词（见表 0-1，括号中数字为相应词频）可知，研究对象除了图书馆馆藏资源，还有博客和网络等，实现途径有 RSS、XML、搜索引擎等，可行技术有数据挖掘、聚类分析等，但最主要集中在资源的整合和获取方面。

表 0-1　　CNKI 所列的检索Ⅲ文献集的前 40 高频关键词

(1226) 图书馆	(262) 数据仓库	(206) 个性化服务	(185) 文化
(815) Web 2.0	(251) 元数据	(204) XML	(183) 发展
(741) 高校图书馆	(245) 博客	(204) 合成	(178) 聚类分析
(668) 数字图书馆	(243) 图书馆 2.0	(203) 知识服务	(175) 资源整合
(604) 信息服务	(239) 云计算	(202) 应用	(172) 影响因素
(464) 本体	(236) 凋亡	(199) 高校	(169) 策略
(428) 知识管理	(227) 大学生	(191) 数据库	(167) 搜索引擎
(411) 数据挖掘	(222) 网格	(190) UML	(167) 微博服务
(338) RSS	(213) 创新	(187) 细胞凋亡	(166) 研究
(309) 对策	(210) 网络	(185) 信息资源	(163) 网络环境

最后，为了更进一步考察在高维聚合方面的研究现状，采用检索式"FT =（数字文献 + 文献资源 + 图书馆）* 聚合 * 高维"（下称检索Ⅳ）进行检索，共检索到 1663 条文献，其中期刊只有 103 篇，绝大多数为硕博士论文。图 0-3 是 CiteSpace 呈现的文献高频关键词共现图。

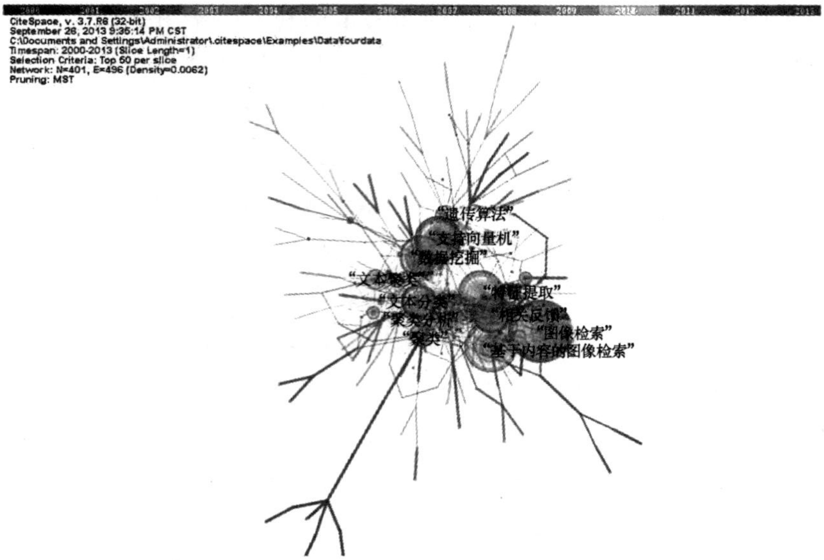

图 0－3　检索Ⅳ的关键词分布

从图 0－3 的热点关键词可见，在考虑到高维的情形或使用高维技术的相关研究中，“文本分类”和“文本聚类”成为了主要的研究对象，而“数据挖掘”“聚类分析”“支持向量机”“特征提取”和“遗传算法”等是较常用的技术和手段。

通过以上多层次的文献热点主题研究，我们似乎可以理出这么一条发展路线，那就是对图书馆文献资源的建设和管理在整合的基础上不断加深，数据挖掘、文本分类和文本聚类等多学科的研究手段不断被引入，检索服务和知识发现的水平也不断在提高。

（二）国外研究进展

根据国内学界对聚合的理解，相应的英文关键词主要是“integration”和“aggregation”①，相关研究还包括 fusion（融合），极少人使用

① 杜晖：《基于耦合关系的学术信息资源深度聚合研究》，武汉大学博士学位论文，2013 年。

"collection"。结合"文献""高维"等关键词进行组合检索，相关检索情况见表0－2。可见完全与"数字文献聚合"相一致的文章就1篇，该文是通过语义网来实现机器可读的结构化数据研究。尽管有关文献整合、集成和数据融合的检索结果比较多，但考虑高维的文献聚合的研究还是很少被检索到。最后加入"clustering"的检索结果（#16）似乎和相关主题更加接近。

表0－2　**WoS 检索结果比较**

检索号	检索数	检索式
# 6	1	TS = (integration OR aggregation) AND TS = "digital literature"
# 8	19802	TS = (integration OR aggregation) AND TS = (literature OR document)
# 9	21	TS = (integration OR aggregation) AND TS = (literature OR document) AND TS = ("high dimensional" OR "high-dimensional")
#10	28	TS = (integration OR aggregation OR fusion) AND TS = (literature OR document) AND TS = ("high dimensional" OR "high-dimensional")
#11	25958	TS = (integration OR aggregation OR fusion) AND TS = (literature OR document)
#12	377	TS = (integration OR aggregation OR fusion) AND TS = (literature OR document OR data) AND TS = ("high dimensional" OR "high-dimensional")
#13	377	TS = (integration OR aggregation OR fusion) AND TS = (literature OR document OR data OR library) AND TS = ("high dimensional" OR "high-dimensional")
#16	2335	TS = (integration OR aggregation OR fusion OR clustering) AND TS = (literature OR document OR data OR library OR information) AND TS = ("high dimensional" OR "high-dimensional")

检索#16命中2335条文献（时间和类型不限），图0－4是这些文献的关键词共现关系图。从图0－4可见研究的热点有clustering和classification，它们是data mining的主要途径，主要研究high-dimensional data的聚类或分类algorithms，而首要的就是dimensionality reduction（降维）技术。除此之外，data mining的研究范畴内text mining的研究与本书密切相关。

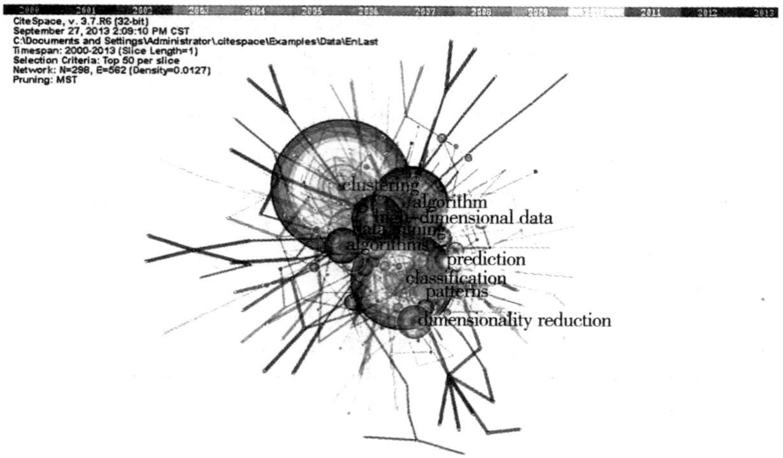

图 0－4　检索#16 的高频关键词分布

关键词共现结构图可以呈现热点关键词及共现关系，如图 0－1，图 0－3，图 0－4，但是不能清晰显示主题结构。聚类可以分为多个主题，以说明主要的研究方向。图 0－5 是共被引网络的时间线（Time line）聚类图，并且聚为 6 簇：#0—#5。

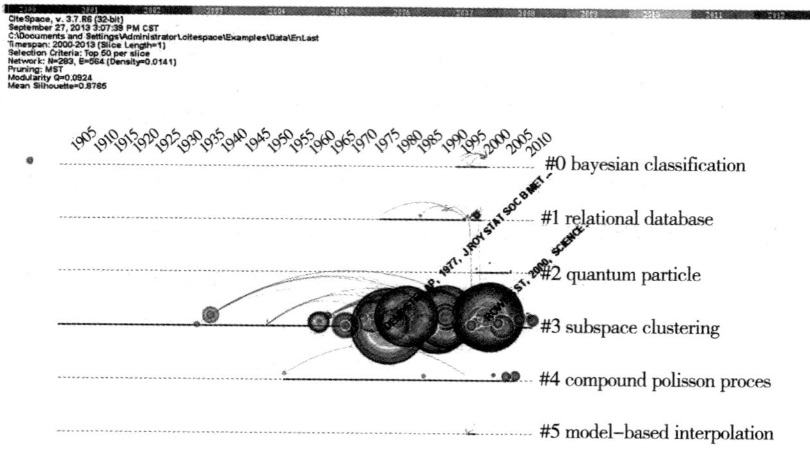

图 0－5　检索#16 的 Time line 聚类图

CiteSpace 提供了三种方法加注类标签，分别是 TF－IDF、LLR（Log-Likelihood ratio）和 MI（Mutual Information）。表 0－3 对比了三组类标签，以便更全面理解聚类结果。通过比较，除#4 类标签相差较大外，其余各簇相同或者比较接近。此外，MI 方法选出的标签更倾向于机器学习的主题，如 comparative study、self-organizing 和 adaptive metric learning。最终选择了采用经典方法 TF－IDF 的标签并在图 0－5 中列出。采用 TF－IDF 方法的标签相对于其他方法，比较清晰明确。从图 0－5 中可见，最大的簇是#3，占据了绝对优势，其主题是 subspace clustering 相关的研究，以及在多领域的 application。

表 0－3　　**类标签比较**

方法	类标签		优选
TF－IDF	#0	Bayesian classification	Bayesian classification
LLR		two-step fuzzyBayesian classification	
MI		comparative study	
TF－IDF	#1	relational database	relational database
LLR			
MI			
TF－IDF	#2	quantum particle	self-organizing
LLR		self-organizing data	
MI			
TF－IDF	#3	subspace	subspace clustering
LLR		application	
MI		adaptive metric learning	
TF－IDF	#4	compound poisson process	compound poisson process
LLR		molecular clock	
MI		adaptive metric learning	
TF－IDF	#5	model-based interpolation	data interpolation
LLR		data	
MI			

综上所述，国外相关研究主要是对文本挖掘的研究，而且更注重方法的研究，比如聚类方法、分类方法等，而对文献或数字文献资源的研究较少。

（三）相关研究述评

经过上一节对国内外相关研究进展的分析和主要文献分析，本书的研究基础主要涉及信息聚合、信息融合、信息资源整合、数据挖掘（特别是文本挖掘）、聚类方法（特别是高维稀疏矩阵的聚类算法）等。

1. 信息聚合与信息融合研究述评

20 世纪 90 年代以来，人类数据量的累积迅速增长，然而数据海洋不能产生决策意志。人们为了决策夸大了数据库能力，搜索海量数据，最终却难以决策。因此，如何将数据变成知识，把知识变成决策，把决策变成利润（财富）成为人们持续追求的新目标。信息的聚合呼之欲出，此时对聚合的理解是聚集和融合（Aggregation & Fusion），主要是对于分布、异构、异域的复杂信息资源的管理和服务，以及对不同层次信息资源的聚合。

信息聚合主要是数据融合，对信息资源的深度共享与智能化服务、互操作性管理与协同的工作十分重要。有研究认为，信息聚合是指汇集并分析来自不同的数据源的相关信息，以解决这些“多源”信息在语义方面存在的异构性问题。可以基于数据源之间关系、业务过程等进行聚合[①]。也有研究认为，信息聚合简单来说就是异构信息资源的语义集成和协同工作过程[②]。

较早的研究多是信息融合方面的工作。信息融合（Information Fusion）一词起源于 1973 年美国国防部资助的声呐信号理解课题研究中提出的数据融合（Data Fusion）概念，直到 1998 年这个词才被正式确

① Hansen M, Madnick S, Siegel M. Data integration using web services [M]. Springer Berlin Heidelberg, 2003: 165 - 182.

② Bergamaschi S, Castano S, Vincini M, et al. Semantic integration of heterogeneous information sources [J]. Data & Knowledge Engineering, 2001, 36 (3): 215 - 249.

定为一个学科方向的代名词，但至今尚无统一概念。信息融合最先在军事领域得到了广泛应用，主要是研究对来自多种或多个传感器的测量数据进行多级别、多层次、多方面的加工处理，从而产生新的有意义的信息。而后的研究转向互联网和 Web 的多种信息源数据的集成和分析方向。因此在信息/知识爆炸的时代，“信息融合”被定义为对互联网上的信息资源进行加工处理的过程，为用户提供所期望的准确可信的信息/服务①。

信息聚合和信息融合实质上主要研究数据融合。目前相关技术已经应用在军事、电子信息系统、计算机和自动化领域以及测量领域等，统计决策理论、模糊逻辑、神经网络等方法都被应用于数据融合的研究。但仍有大量的问题有待解决。如基本的理论框架尚未形成，数据融合的方法尚处于初步阶段、数据融合系统的设计还不能推广应用，等等。而更重要的是信息的融合更多考虑的是技术层面的实现问题，对聚合对象，特别是针对文本内容的研究（比如知识融合）要少一点。

2. 信息资源整合研究述评

面对信息化建设中存在的缺乏统筹规划、应用系统间普遍缺乏标准化的数据接口定义，而造成的应用系统林立、系统内部的数据/信息不能共享和重复利用的局面，形成彼此隔离的“信息孤岛”，致使信息系统的使用效率大大降低，信息化的快速推进受到了阻碍等问题，资源整合也有着聚合的美好理想：将现有的资源整合集成以提高资源的利用率和利用价值。

关于“整合”的概念，彭洁认为该词可以说是一个舶来品，并用 3 个英文单词给出了 3 个层次的理解②。其一是“Collaborate”，表示“协作、合作”；其二是“Converge”，表示“汇聚或靠拢于某一交叉点，达成一致”相当于收敛的意思，也表示“趋于或达成联合、共同结论或

① 姜灵敏：《信息资源聚合与数据挖掘》，华南理工大学出版社 2007 年版。
② 彭洁：《信息资源整合技术》，科学技术文献出版社 2008 年版。

者结果”，相当于融合的意思；其三是“Integrate”，表示“使并入、使一体化、使成一整体”。而且还总结出信息资源整合技术向技术融合化、应用协同化、服务智能化和系统平台化发展的四大趋势，特别指出服务智能化是“在整合信息资源的基础上进行数据挖掘、分析和展现，已经成为信息资源整合的基本服务”。

对数字资源整合的主要应用是整合检索。J. Pearce 提出整合检索是复合图书馆未来的发展趋势，并将其分出三个层次：信息地图是最低层次的整合；代理结构（Broker Architectures）属第二层次，如 OPAC 系统；最高层次是整合资源提供商系统。对图书馆书目系统和数字馆藏可以采用两种方法实现资源的整合：可以通过标准协议使用代理服务来整合；也可以建立一个中央索引集来支持资源发现①②。此外马文峰等还系统研究了数字资源整合的理论研究、方法和应用③，并指出知识整合是数字资源整合的主流趋势④⑤。

事实上，同构聚合检索系统与同构跨库检索系统已应用于实践，比如 Uummon、Primo、WorldCat Local、百链和书生等。作为跨库检索的新技术——基于元数据收集的同构聚合检索是通过抽取、映射和导入等手段对分布异构资源的元数据（也可能包括对象数据）进行收集和聚合，安装存储于本地系统或者中心系统平台，提供统一的检索和服务⑥。

可见融合和整合都在向聚合的最高目标进军，那就是发现或知识发现。但目前还是处于资源的集成检索或为集成检索服务的阶段，在检索

---

① 黄晓斌、夏明春：《数字资源整合研究的现状及发展方向》，《情报理论与实践》2005 年第 1 期。

② Pearce J, Cathro W, Boston T. The challenge of integrated access: the hybrid library system of the future [J]. National Library of Australia Staff Papers, 2009.

③ 杜小勇、马文峰：《数字资源整合：理论、方法与应用》，北京图书馆出版社 2007 年版。

④ 马文峰、杜小勇：《数字资源整合的发展趋势》，《图书情报工作》2007 年第 7 期。

⑤ 田玉晶：《数字资源整合核心领域研究进展》，《农业图书情报学刊》2009 年第 3 期。

⑥ 宋爽、张国栋：《国内外同构聚合检索系统比较研究》，《大学图书馆学报》2011 年第 5 期。

结果的提供上还没有太好的呈现方式。

3. 聚合方法与高维数据聚类技术的发展与主要方法

聚类（Clustering）作为统计学的一个分支，常称为聚类分析，属于探索性数据分析过程①②。聚类分析是基于某种准则将数据划分成不同的簇（或群）的过程，最基本的准则就是使聚类以后的每个簇内的相似度尽可能的大，而不同簇之间的相似度尽可能的小。这些被发现的数据簇，可以解释数据潜在的分布特点，进而对目标系统提出多方面见解和相关关系，以作为其他数据挖掘和分析任务的基础。数据划分的依据主要是对象间的距离或相似性。在机器学习领域，聚类是无监督学习（Unsupervised learning）的典型代表方法，不同于分类，聚类不依赖于预先定义的类和类标号的训练实例。因此聚类也被视为是一种观察式学习，而非示范式学习。有关数据挖掘的研究工作已经转向寻找大型数据库的有效聚类分析方法。韩家炜等认为近年来较活跃的相关研究主题包括：聚类方法的可伸缩性，聚类方法对复杂形状和类型数据聚类的有效性，高维数据聚类技术，以及针对大型数据库中混合数值和分类数据的聚类方法③。

关于聚类的研究涉及多方面的应用，而且提出了很多算法。传统的聚类方法很多：基于划分、基于分层、基于密度、基于网格进行聚类，还有粗糙集方法和模糊聚类方法，等等。

①划分方法（Partitioning Methods）

划分方法的思想最为简易，首先确定理想的划分数目 k，其次根据数目 k 创建一个初始聚类，最后采用迭代重定位技术，依据某种准则，通过对象在组间的不断移动不断优化和改进划分结果。一个好的划分的

---

① M. Stonebraker, R. Agrawal, U. Dayal, E. J. Neuhold, and A. Reuter. DBMS research at a crossroads: The vienna update. In Proc. of the 19th VLDB Conference, pages688 – 692, Dublin, Ireland, 1993.

② M. S. Chen, J. Han, and P. S. Yu. Data mining: An overview from database perspective. IEEE Transactions on Knowledge and Data Eng., 8 (6): 866 – 883, December 1996.

③ Jiawei Han, Micheline Kamber:《数据挖掘概念和技术》（原书第 2 版），范明、孟小峰译，机械工业出版社 2007 年版，第 3 页。

基本准则是：同一簇内对象之间互相“接近”或相关度很高，而不同簇的对象之间“远离”或相关度低甚至完全不同。基于划分的聚类因为需要穷举所有可能的划分不断尝试和比较，以达到全局最优，因此划分方法往往给出局部最优结果以提高速度。基于划分思想的主要方法有k－均值（K－means）方法①、k－中心点（k－mediods）之PAM（partitioning around mediods）方法②、k－中位数（k－modes）算法③和基于随机搜索的聚类大型应用（Clustering LARge Applications based upon RANdomized Search，CLARANS）方法④。K均值算法主要不足是簇数目的主观选择问题，改进方法有两类：一类是采用层次凝聚算法决定结果簇的数目；另一类是k众数（k－modes）方法。典型的k均值方法没有良好的伸缩性，而适用于大型数据库的CLARANS方法还能够发现最“自然”的结果簇数目，它是基于抽样的k－mediods算法。

②层次方法（Hierarchical Methods）

层次聚类方法按不同的顺序将数据对象聚集起来，形成一棵聚类树。按照形成树层次分解的过程，可以分为自底向上的凝聚层次聚类算法（AGglomerative NESting，AGENES）和自顶向下的分裂层次聚类算法（Divisive ANAlysis，DIANA）两大类。基于层次聚类思想的聚类算法有：利用层次方法的平衡迭代规约和聚类（BIRCH，Balanced Iterative Reducing and Clustering using Hierarchies）方法⑤、利用代表数据聚

---

① MacQueen J. Some methods for classification and analysis of multivariate observations [C] //Proceedings of the fifth Berkeley symposium on mathematical statistics and probability. 1967, 1 (281－297): 14.

② Kaufman L, Rousseeuw P J. Finding groups in data. an introduction to cluster analysis [J]. Wiley Series in Probability and Mathematical Statistics. Applied Probability and Statistics, New York: Wiley, 1990, 1990, 1.

③ Huang Z. Extensions to the k－means algorithm for clustering large data sets with categorical values [J]. Data Mining and Knowledge Discovery, 1998, 2 (3): 283－304.

④ Ng R T, Han J W. Effixient and effective clustering method for spatial data mining [C] //Proceeding of the International Conference on Very Large Data Bases. 1994: 144－155.

⑤ Zhang T, Ramakrishnan R, Livny M. BIRCH: an efficient data clustering method for very large databases [C] //ACM SIGMOD Record. ACM, 1996, 25 (2): 103－114.

类（Clustering Using REpresentatives，CURE）方法①、使用连接的鲁棒聚类（Robust Clustering using linKs，ROCK）② 和利用动态建模的层次聚类算法（Chameleon，又称为变色龙算法）③。层次聚类方法的优点是方法简单，不需要任何参数输入，且聚类速度快；缺点是纯粹的层次聚类方法一旦凝聚或分裂执行，就不能修正。也就是说，即使某个合并或分裂决策在后来证明是不好的选择，该方法无法退回并更正为更好的选择。因此聚类结果是唯一的，不存在全局或局部最优的区别。BIRCH 算法主要实现了可伸缩性，并可以撤销前一步所做工作。ROCK 算法是在构建的稀疏图上执行凝聚层次聚类。Chameleon 方法相比其他方法在发现高质量的任意形状簇方面有更强大的能力，因此较为流行。

③基于密度的方法（Density-based Methods）

数据分布的不均匀性可以用不同的密度来表示，比如大数值的数据集中在一起就形成了分布的高密度地带，这是数据集的主要信息，而相反的低密度地带就代表噪声。基于密度的聚类思想就是将数据（特征）空间中被低密度区域分割开的稠密区域对象视为簇进行聚类。具体可以根据邻域对象的密度生成簇，或者是根据给定的密度函数生成簇。基于分布密度的聚类方法有：基于密度的噪声发现聚类算法（Density-Based Spatial Clustering of Applications with Noise，DBSCAN）④、基于密度分布函数的聚类（DENsity-based CLUstEring，DENCLUE）⑤、通过点排序识别聚类结构（Ordering Points To Identify the Clustering Structure，OP-

---

① Guha S, Rastogi R, Shim K. CURE: an efficient clustering algorithm for large databases [C] //ACM SIGMOD Record. ACM, 1998, 27 (2): 73 – 84.

② Guha S, Rastogi R, Shim K. ROCK: A robust clustering algorithm for categorical attributes [J]. Information systems, 2000, 25 (5): 345 – 366.

③ Karypis G, Han E H, Kumar V. Chameleon: Hierarchical clustering using dynamic modeling [J]. Computer, 1999, 32 (8): 68 – 75.

④ Ester M, Kriegel H P, Sander J, et al. A density-based algorithm for discovering clusters in large spatial databases with noise [C] //KDD. 1996, 96: 226 – 231.

⑤ Ankerst M, Breunig M M, Kriegel H P, et al. OPTICS: ordering points to identify the clustering structure [J]. ACM SIGMOD Record, 1999, 28 (2): 49 – 60.

TICS)[①]。DBSCAN 需要确定两个参数定义密度可达性，基于密度可达性的最大密度相连对象集合即为簇，不包含在任何簇内的对象认为是噪声[②]。OPTICS 算法只是为自动和交互的聚类分析计算一个增广的簇排序，而不直接产生聚类结果。DENCLUE 对每个数据点的影响函数建模，影响函数主要根据距离决定。

④基于网格的方法（Grid-based Methods）

基于网格的聚类方法是面向一种多分辨率的网格数据结构的数据聚类，因此首先将对象空间量化为有限数目的网格单元，其次根据这些网格结构进行聚类。基于网格思想的聚类算法有：统计信息网格（STatistical Information Grid，STING)[③]、利用小波变化聚类（WaveCluster)[④]。STING 算法的聚类质量取决于网格结构底层的粒度，网格划分过粗会降低聚类质量，网格划分过细又会增加处理代价。WaveCluster 算法具备诸多优点，可有效处理高达 20 维的大数据集[⑤]。

⑤基于模型的方法（Model-based Methods）

数据的生成是有潜在概率分布的，因此基于模型的方法为每个簇假设一个模型，并试图找出优化数据与该模型的最佳拟合。基于模型思想的聚类算法有：期望最大化（Expectation Maximization，EM）算法[⑥]、COBWEB 算法[⑦]和自组织特征映射（Self-Organizing feature Map，

---

① Hinneburg A，Keim D A. An efficient approach to clustering in large multimedia databases with noise ［C］ //KDD. 1998，98：58－65.

② 王桂芝、王广亮：《改进的快速 DBSCAN 算法》，《计算机应用》2009 年第 9 期。

③ Wang W，Yang J，Muntz R. STING：A statistical information grid approach to spatial data mining ［C］ //VLDB. 1997，97：186－195.

④ Sheikholeslami G，Chatterjee S，Zhang A. Wavecluster：A multi-resolution clustering approach for very large spatial databases ［C］ //VLDB. 1998，98：428－439.

⑤ 宋殿霞、王艳、邹光辉：《空间数据挖掘聚类算法研究》，《滨州学院学报》2006 年第 6 期。

⑥ Demrsrsa A P，Lamb N M，Rubin D B. Maximum likelihood from incomplete data via the EM algorithm ［J］. Journal of the Royal Statistical Society. Series B（Methodological），1977，39（1）：1－38.

⑦ Fisher D H. Knowledge acquisition via incremental conceptual clustering ［J］. Machine learning，1987，2（2）：139－172.

SOM）算法[1]。EM 算法比较简单、容易实现并且收敛速度快，但只是局部最优解；AutoClass 是一种贝叶斯聚类算法，采用了 EM 算法的改进算法；COBWEB 是针对属性数据的一种简单增量概念聚类算法；在其基础上扩展的 CLASSIT，用以对连续性（实值）数据的增量聚类；SOM 是一种神经网络方法，也称为 Kohonen 自组织特征映射或拓扑有序映射，可以视为是 k 均值聚类的约束版本，已经成功用于 Web 文档聚类。

以上五类方法的划分是常见的分类方式，但是有些算法兼有多种方法的思想。例如 WaveCluster 是一种基于网格和基于密度的算法。MAFIA 是利用基于密度和基于网格思想的子空间聚类算法。它们都可以归为硬聚类算法与模糊聚类算法并列。随着新理论和新问题的不断出现，传统的方法也在不断改进，新的综合性方法不断涌现，如将模糊理论引入聚类方法中形成的模糊聚类算法，面对高维数据的聚类方法等。

⑥模糊聚类算法（Fuzzy Clusting）

不同于前面的方法，模糊聚类的思想是每个数据以一定的概率隶属于不同的簇，有较好的聚类效果与数据表达能力。著名学者 Ruspini 首次将模糊集理论引入聚类分析中，提出了模糊聚类的概念[2]。主要的算法有模糊 c 均值聚类算法（Fuzzy c-Means，FCM）[3]、可能性 c 均值聚类算法（Possibilistic c-Means，PCM）[4] 和可能性模糊 c 均值算法（Possibilistic Fuzzy c-Means，PFCM）[5] 等等。这些都可以称为是 FCM 系列算

---

① Kohonen T, Kaski S, Lagus K, et al. Self-organization of a massive document collection [J]. Neural Networks, IEEE Transactions on, 2000, 11 (3): 574 - 585.

② Ruspini E H. A new approach to clustering [J]. Information and control, 1969, 15 (1): 22 - 32.

③ Dunn J C. A fuzzy relative of the ISODATA process and its use in detecting compact well-separated clusters [J]. Journal of Cybernetics, 1973, 3 (3): 32 - 57.

④ Krishnapuram R, Keller J M. A possibilistic approach to clustering [J]. Fuzzy Systems, IEEE Transactions on, 1993, 1 (2): 98 - 110.

⑤ Pal N R, Pal K, Keller J M, et al. A possibilistic fuzzy c-means clustering algorithm [J]. Fuzzy Systems, IEEE Transactions on, 2005, 13 (4): 517 - 530.

法之一，从思想来看，也可以视为是k均值算法的发展，亦可归为基于划分的算法。

⑦高维数据聚类方法

目前对高维数据的聚类有三类方法：特征变化方法、属性子集选择（子空间聚类）和协同聚类。前述传统的算法有的不适合对高维数据聚类，以下常见的3种算法既可以对高维数据聚类也可以对低维数据聚类。代表维增长子空间聚类方法CLIQUE（CLustering In QUEst）算法①、代表维归约子空间聚类方法的投影聚类（PROjected CLUStering，PROCLUS）算法②及其扩充算法（ORCLUS）③和MAFIA④。此后又有多位学者提出了多种方法，比如基于熵的子空间聚类算法ENCLUS，基于频繁项的文本聚类方法，基于模式相似性的聚类方法等，将在后面章节详细介绍。当前研究的热点主要是面向流数据的聚类。

目前主流的高维数据聚类算法基本上都是十多年前提出的，而且大多为国外学者所创。贺玲对部分算法做了分类（图0-6）⑤，谢明霞总结了部分聚类算法的计算复杂度⑥。在如此众多的方法中真正适合于文献聚类的方法有多少、效果如何需要全面的研究，因为文献特征向量矩阵具有高维稀疏的特征，使得一些方法难以实现理想的聚类。因此在选择聚类算法的同时，也要同时注重文献高维向量的表示研究。

---

① Agrawal R, Gehrke J, Gunopulos D, et al. Automatic subspace clustering of high dimensional data for data mining applications [M]. ACM, 1998.

② Aggarwal C C, Wolf J L, Yu P S, et al. Fast algorithms for projected clustering [C] // ACM SIGMOD Record. ACM, 1999, 28 (2): 61-72.

③ Aggarwal C C, Yu P S. Finding generalized projected clusters in high dimensional spaces [M]. ACM, 2000.

④ Goil S, Nagesh H, Choudhary A. MAFIA: Efficient and scalable subspace clustering for very large data sets [C] // Proceedings of the 5th ACM SIGKDD International Conference on Knowledge Discovery and Data Mining. 1999: 443-452.

⑤ 贺玲、蔡益朝、杨征：《高维数据聚类方法综述》，《计算机应用研究》2010年第1期。

⑥ 谢明霞：《高维数据聚类若干关键问题研究》，解放军信息工程大学博士学位论文，2011年。

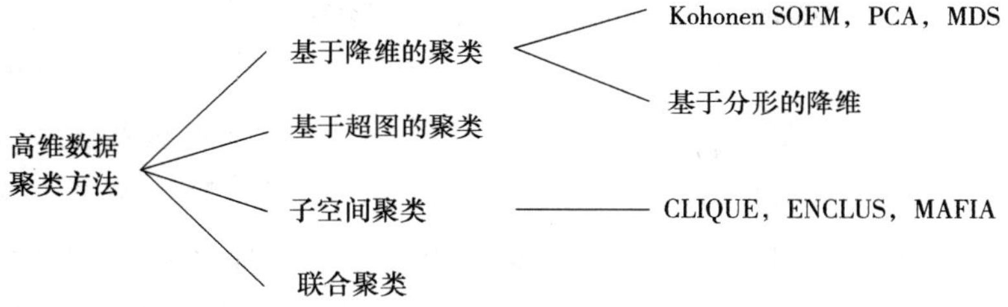

图 0－6　高维聚类算法分类

4. 文献高维向量表示与向量空间模型

文献的表示方法有多种①，但是使用最广泛的是代数表示方法，即把文献表示为一个词向量，下文称之为文献的向量表示方法。因为表示文本文献的特征词往往较多，或者文献集所处的文档空间往往是高维的，所以文献的表示向量也往往是高维的，一般不作特别强调。

向量空间模型（Vector Space Model，VSM）是本书表示的经典形式，广泛应用于信息检索和文本聚类系统中，但是由于文档空间的各维度之间往往不存在正交性，导致文献相似性的计算不准确。广义向量空间模型（General VSM，GVSM）通过升维，在文档空间的对偶空间中计算文献之间的相似性，在一定程度上解决了一些问题，但是不能改变文献表示向量中主题语义信息提取不充分的问题。因此，此后的研究主要是基于 VSM 或 GVSM 模型，通过本体或语料库中的统计信息构建语义网络，实现文献相似性的计算，这些模型都可以称为语义向量空间模型（Semantic VSM，SVSM）。这方面的研究可以分为三类：在表示向量中引入概念特征（Egozi 等，2011）；在表示向量中引入词组或短语（Mao 等，2006；SanJuan，2007）；或者采用语义核对表示向量进行平滑处理（Domeniconi 等，2011；Nasir J. A. 等，2013）。但新的问题是，本体具有学科属性，只有少量的学科本体可用，而且建设成本高，不具

① 宋胜利、陈平、王少龙：《面向文本分类的中文文本语义表示方法》，《西安电子科技大学学报》2013 年第 2 期。

有广泛的应用性。

面对文本资源的聚类，国内研究也主要采用 VSM 模型及其改进模型，对 SVSM 的研究也主要依靠自建的小型本体或通过共现矩阵获取语义信息（唐明伟等，2010，2011；胡吉明，2013）。国内在文档的向量表示和相似性的度量方面也有不少创新。魏建香（2011）提出了特征词的部分相似性方法，即词与词之间连续相同的字符串长度的比例，挖掘出了不相等关键词之间的部分相关语义信息，提高了相似度计算的精度。面对高维和语义相似的两个问题，苏喻等（2011）首先采用语义相似性将关键词合并，其次通过扭曲各平面重新计算两两向量的夹角，最后根据向量夹角进行聚类。白秋产等（2013）提出了利用同一篇文献中的词汇共现信息来提取文献的特征词对。以上研究从各自的角度提出了新的改进方法，但在文献表示向量中对文本主题信息提取不够，尚有广阔的改进空间。具体表现在两个方面：潜在语义利用不够；文献表示只考虑本身的特征，没有考虑其在文献集中的全局特征。

综上分析，(1)资源整合集成等概念不断发展，其研究内容正在寻求方向上的突破，但还没有形成统一的定位；(2)众多聚类算法的研究不会考虑文献表示向量的意义，因此单一依靠算法解决文献聚类问题比较困难；(3)在文献表示向量中引入语义信息的研究有较大的改进空间。

三　研究目的、方法与创新

（一）研究目的与思路

鉴于信息资源聚合思想提出不久，首先要分析文献聚合的目的和意义，诠释其概念的内涵和外在，理清其形成发展的脉络，研究其应用实践中的问题和不足，其次借鉴多学科的思想和方法来解决当前亟待解决的资源聚合问题，在整合融合等基础上形成新的聚合方法是本书研究的重点。

1. 从信息资源开发利用的角度来研究信息/文献聚合的范畴、目标、方式和发展阶段。在全面考察集成、融合、聚合、集成检索、聚合检索，以及 Integration、aggregation、refusion、collection 等相关研究内容的基础上，将信息/文献的聚合分为融合、整合和发现 3 个层次，重点论述聚合的发现功能和趋势，将知识发现和服务作为聚合的下一目标。分析比较现有聚合手段和方法，提出新的聚合思路。文献资源聚合兼有资源发现、集成和服务的功能，与文本挖掘、知识发现和知识服务等研究有很多的交叉重叠。而且聚类的思想和方法是这些研究领域的共同解决办法。因此通过对文献主题特征聚类来实现资源聚合是解决问题的主要思路。

2. 寻求篇—词高维空间向量模型的最优表示方法和聚类算法，构建聚合模型，实现数字文献资源的优化聚合。通过文献的特征词直接对文献聚类比通过关键词共现聚类得出的结果可靠而且更有用。但是篇—词矩阵存在高维稀疏的特点，影响了聚类效果。因此首先要在文献表示的方法和模型基础上进行创新性研究，降低表示向量的稀疏性，其次选择适合于文献资源聚合的度量方法和聚类算法，既要有理想的速度，还要有稳定的结果，最终实现数字文献资源的聚合，并可推广到具备特征词的普通信息资源的聚合。

3. 数字文献资源聚合模型的检验与应用实证分析。本书的研究是以应用为导向的，因此模型只有在实验检验中取得好的表现才能证明是好的聚合方法，才能应用于实践。通过新模型对部分学科领域进行实验，并与传统方法比较，作出评价和调整。相对于“聚合检索”——在资源聚合基础上的检索，本书聚合更多的应用是对检索结果的聚合（聚类）呈现及可视化，区别于目前主要的词匹配列表式检索结果，以其最终形成的数字文献资源聚合模型有广泛的实用性。

基于以上目的，本书研究的路线如下：

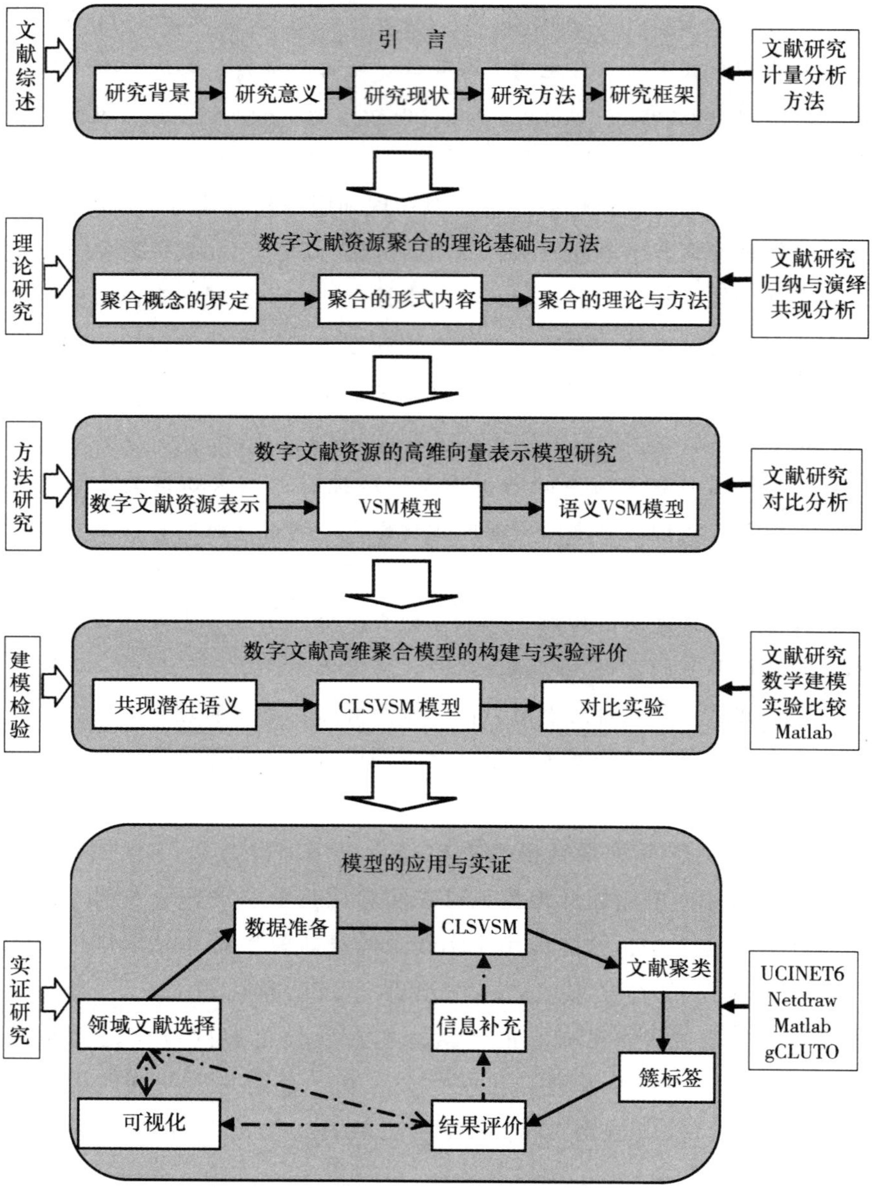

图0-7　本研究的总体技术路线图

以上研究路线遵循基本的“提出问题—分析问题—解决问题”思路，秉承理论研究与实验研究相结合的指导思想，首先在引言部分描述了目前文献聚合的现实需要和存在的不足；其次在第一章中通过对基本概念、理论基础和成功案例的分析，统一了文献资源聚合的内涵和外延，明确了聚类知识发现为资源聚合研究的核心问题；第二章从面向文献聚合的文献向量表示入手，深入研究了 VSM 模型和语义 VSM 模型等，为新的表示模型寻求解决办法；第三章在共现语义分析的基础上提出了共现潜在语义向量空间模型（CLSVSM）并做了详细的解释、拓展和简约，并通过第四章的多组实验对其进行了严格检验，相对于 VSM 和 GVSM，CLSVSM 模型取得了不少进步；在五章中对两个文献集进行了实证分析，基本展示了深度聚类对文献主题聚合的积极作用；最后，针对理论和应用中的问题，对模型进一步深入研究。

（二）研究方法与工具

1. 文献计量方法和可视化软件。在前期文献综述中应用文献计量方法研究主题论文的研究规律、热点和趋势，结合传统文献调研等方法发现关键文献和核心著者群等，为文献述评的科学性提供支持。会用到 CiteSpace、UCINET 和 Netdraw 等软件。

2. 数据存储和分析方法与软件。除了对数据集的统计描述外，重点是对高维具有高维属性的文献数据的聚类分析，要做多种方法的对比实验。对高维稀疏矩阵数据的存储和调用需要专业的软件支持。对数据的整理使用了 Excel VBA，高维矩阵的运算采用 Matlab 软件。

3. 聚合及其结果的分析。面对不可预测的数据维度大小，通常使用的软件存在聚类方法和数据维度的限制，因此采用 gCLUTO（Graphical Clustering Toolkit）平台实现高维表示的文献聚类，选择聚类的熵值、纯度、错误率和 BF 值进行聚类结果的评价，并辅助以矩阵视图、山丘视图以及主要的描述特征词和区别特征词对结果进行分析。

具体方法和技术路线可以简述为：首先通过多种方法实现文献的高维向量表示，其次应用 Matlab 工具对文献特征词（关键词）作共现分析，再次采用新模型的方法提取共现潜在语义信息并对文献表示向量做信息补充，最后在新的表示模型下选择 gCLUTO 平台进行聚类，并对聚类结果进行分析。

（三）本书的创新之处

1. 提出面向文献聚合的高维表示向量模型（CLSVSM），并通过了实验检验

面对高维稀疏的文献向量聚类问题，本书从文献自身的特征（向量）和文献集全局特征（空间）两方面出发，利用共现分析所提取的语义信息（称之为共现潜在语义信息），测度了文献与文档空间中每一维度的语义相似度，并将其作为相应文献高维表示向量中的分量，进而形成新的语义增强向量空间模型，称之为共现潜在语义向量空间模型（Co-occurrence Latent Semantic Vector Space Model），简记为 CLSVSM。考虑到模型在应用中的相关问题，提出了模型的简约和扩展形式，并参考 GVSM 核的做法，提出了 CLSGVSM 模型。新模型包含了比 VSM 模型更多的潜在语义信息，并在一定程度上降低了高维向量的稀疏性，在文献聚类实验检验中取得了比 VSM 和 GVSM 模型都好的效果。

2. 利用有限的元数据信息实现了文献资源的主题聚合，减少了聚合过程中对背景知识的依赖

文献的表示和相似性计算面临诸多困难，比如资源使用权受到限制，难以获得全文信息；表示文献的高维向量中的有效语义信息少且过于稀疏；自然语言处理技术水平还有待提高，制约了显性知识的提取和有效利用；等等。因此本书从元数据层提取文献的主题特征（主要是关键词），然后将共现潜在语义信息引入文献的向量空间模型（VSM）中，以形成新的高维语义表示向量，进而实现聚类，并取得了一定的成效。共现分析和 VSM 的结合是表示思路的创新，而且从元数据实现文献的主题聚合，还避免了高成本的本体等知识背景的构建。

3. 将资源聚合的概念拓展到知识发现的层面

面对多元异构的数据形式，需要数据融合的技术和方法；面对

“多源”的数据资源，需要整合集成的研究；而在大数据和数字文献资源为主要特征的时代，知识发现和服务将成为资源建设的下一个战略任务。因此，资源聚合的概念不仅涵盖了数据融合、资源整合集成等内容，还应将知识发现作为其外延。真正实现大数据时代资源聚合“归于整，理为序而求其真”的功能。

资源聚合不仅是一种状态，也是一套方法体系。信息检索、文献聚类都是资源聚合的重要方法。随着信息资源整合建设的不断进步，文献聚类知识发现将成为资源聚合的重中之重，深度聚类将是知识凸显的主要途径。因此本书对文献聚类模型的研究也丰富了资源聚合的方法体系。

第一章　数字文献资源聚合的概念与理论基础

一　数字文献资源的范畴

（一）数字化的信息资源

本书将要探讨的数字文献资源属于狭义的信息资源的范畴，即属于人类通过科学的手段获取、加工等创造的信息和知识。图情学界一般根据出版物的形式和内容来划分信息资源的类型，具体以出版物形式为主、知识的内容和载体形态为辅来执行。按照这种划分方式，信息资源主要包括图书、连续出版物、特种文献、非书资料和网络信息资源等几种基本类型。图书是人类历史上最重要的信息资源；连续出版物（serial）包括期刊（杂志）、报纸、年鉴和指南等，是当前科学研究的成果，又是今后研究的基础；特种文献主要包括科技报告、专利文献、标准文献、会议文献、学位论文、政府出版物、产品资料以及如档案资源、地图乐谱等其他资源等多种形式；非书资料又包括微缩资料、视听资料和机读资料等；网络信息资源是指以电子数据的形式将文字、图像、声音、动画等多种形式的信息存储在光磁等非纸张载体中，并通过网络和计算机等方式再现出来的信息资源。从信息资源建设的角度来看，网络信息资源不再是一个物理概念，也不是独立存在的实体，而是一个跨国家、跨地区的信息空间，一个网络信息资源库[①]。

① 安亮军：《图书馆虚拟信息开发前景探索》，《内蒙古图书馆工作》2000 年第 3 期。

网络信息资源应该属于数字（电子）资源的范畴，主要区别之处是网络信息资源的传播主要是以网络为媒介，但从其内涵来看完全具有数字资源的特征。而普通的数字资源发布到网上只是做与不做的问题。因此我们把所有以电子数据形式存在的文字、图像、声音和动画等多种形式的信息及其复合形式都统称为数字信息资源，自然包括了网络信息资源。

随着信息技术的不断发展和人类社会发展的需要，以上所提到的前四种信息资源——图书、连续出版物、文献、非书资料（统称为传统信息资源），都会以数字的形式保存或者以数字形式和纸本形式并存，而且传统形式的资源会不断地被数字化和网络化。文献资源的建设正在由传统的“图书秩序”走向现代化的“数字秩序”①。而图情学界对纸本信息资源的划分放之于数字形式的相应资源上也同样适用，因此就有了电子图书、电子连续出版物（如电子期刊）、电子特种文献、音频影像（非数字化存在形式）、网络信息资源等的分类。这种电子化的趋势将使得电子形式逐渐覆盖所有的纸本信息并成为信息资源的主要形式，也将成为我们研究的主要对象形式。

（二）数字文献资源

科学研究所利用的可能也只是数字信息资源的一部分，同样也是信息资源的一部分，统称为数字文献资源，或者称为“学术数字信息资源”。这里的数字文献又一次打破了对信息资源的固有分类，将科学研究所涉猎的电子图书、电子文献、电子非书资料等都囊括其中，亦称为数字图书馆。

马文峰认为数字文献资源是经过一定程度加工整序过的、一个个相对独立的不同类型不同学科的数字资源系统，但不包括互联网上无序的、内容没有控制的数字化文献类资源②。王菲菲所研究的数

① 郑建明：《数字文献资源的整合与服务——以江苏省高校文献资源保障体系建设为原型的个案研究》，《大学图书馆学报》2007 年第 5 期。

② 马文峰：《数字资源整合研究》，《中国图书馆学报》2002 年第 4 期。

字文献资源主要集中在数字图书馆馆藏的文献资源中①。数字图书馆中的数字文献资源以多种形式存在，以达到全面记录和表达资源知识的目的，主要涉及电子期刊论文、学术会议论文、学位论文、数字化报纸、网络书目数据库、科技报告、专利信息、标准信息等多种类型。也可以采用任何类型的文献内容与不同格式的表达方式进行组合②，如图书文献可以有文本、图像、声音等多种形式。本书所研究的数字文献资源亦属于数字图书馆资源的范畴，所提出的聚合方法适用于各种规范或比较规范的文献类，如具有题目、关键词等元数据信息的文献类。具体在实验和实证中选择标准的期刊数字文献为例说明。

在数字文献资源的建设中，新的资源快速增加，传统资源不断的电子化为“数字形式”，使得数字文献资源的总量迅速膨胀，也出现了数字信息过载、数据异构、“信息孤岛”等现象，导致信息检索效率低，文献资源利用不充分等问题，因此对数字信息聚合、聚合检索、检索聚类和知识组织等研究已成为当务之急。

二　数字文献资源聚合的内涵与外延

资源聚合源于资源整合集成等概念，但随着信息资源建设水平的不断进步，其概念必将继续延伸。信息资源建设正由信息服务向知识服务迈进。知识发现和知识服务作为信息资源建设的目标，也自然是资源聚合的目的。本书从内涵和外延两个层次构建资源聚合的概念的范畴，并将聚合知识发现作为其外延。

（一）聚合的缘起

聚合一词没有学科属性，很多学科都可以使用，而且基本词义是相

① 王菲菲：《基于计量分析的数字文献资源语义化研究》，武汉大学博士学位论文，2013 年，第 44 页。

② 孟广均、徐引篪：《国外图书馆学情报学研究进展》，北京图书馆出版社 1999 年版。

通的。我们最熟悉的就是化学中的聚合反应。此外，在文学中有用，例如王嘉良[①]在历史的维度上，聚合展示了在中国新文学背景下形成的7个作家群，称其为历史的聚合；在营销科学中有聚合营销[②]的概念，是聚拢可能的营销资源的意思，有整合之意。这些都是除化学以外，较早在学术研究和实践中使用聚合一词。而在互联网领域，通常指的是相关网站将互联网上的海量信息（如博客，论坛，影视，音乐，供求信息等）进行内容挑选、分析、归类，最后为网民提供优秀有用的更具针对性的信息，如 RSS（简易信息聚合，聚合内容）。

根据对现有文献的分析，聚合就是集零散之物以归于整，理为序而求其真的过程。聚合对象可以是有形的事物，也可以是无形的东西，且多数情况下为物。而在众多物物相聚中，最常见的就是物质（分子）的聚合，因此粒子聚合的含义成为人们对聚合先入为主的理解，即集小分子成大分子的质变过程。但聚合的内涵却不仅于此，已经超越于物质的范畴。王嘉良[③]对浙江新文学作家群按流派聚合，显然已不是物的层面。可见聚合也可面向抽象的事物，而且也不仅仅限于集成和整合而是理清脉络，发现本质或知识。而随着人类文明的进步，信息资源的重要性逐渐被人类所认识，已经与物质资源和能量资源一起构成支撑社会经济发展的资源体系。信息技术和计算机网络的普及，揭开了信息资源这个储量无限的“矿井”，对其开发和利用成为人类新时代的主要任务。正如对物质资源与信息资源的开发利用一样，对信息资源的整合、融合、集成等聚合研究是开发利用的必要前提和过程。但又不同于传统资源的开发利用那样简单化和程序化，聚合发现提炼“真金”，即求其真，这需要更高的智能化。

文献资源之聚合过程是以整合为前提，以组织为手段，以发现为目

---

① 王嘉良：《辉煌“浙军”的历史聚合：浙江新文学作家群整体透视》，中国社会科学出版社 2009 年版。

② 温德：《聚合营销：与“半人马”并驾齐驱：strategies for reaching the new hybird consumer》，中信出版社 2003 年版。

③ 王嘉良：《辉煌“浙军”的历史聚合：浙江新文学作家群整体透视》，中国社会科学出版社 2009 年版。

的的过程。其中用到了物以类聚的主要思想，聚类和分类都是信息组织的重要技术。文献资源聚合的基本形式是检索。信息资源的建设与检索技术的发展是相伴的。资源建设的成果体现在检索结果的查全率上，检索技术的提高会促进资源的建设。

随着对数字资源加工程度的深化和技术方法的进步，信息资源的聚合可以分为数据集成（融合）、信息整合、知识聚合三个状态层次[①]。数字文献资源也相应经过数据融合、文献整合和知识发现三个更迭的过程，不同阶段，不同侧重。

（二）文献资源聚合的内涵

根据上节中对聚合的主要研究和应用来看，聚合的内涵主要体现在“聚”和“合”的量变阶段，还没有达到通过资源聚合知识发现的求“真”的程度。对知识聚合或聚合知识发现之前的聚合研究可以分为两个阶段：其一是数据的融合；其二是资源的整合与集成。数据的融合偏重于技术层面上对资源的集成，而整合主要从来源的角度对资源集成。当然这两个阶段不能严格地界分，甚至是交错进行的，只是发展水平的差异和侧重不同而已，因此也可以说是两大特点。称之为阶段是因为从研究时间上来看对数据融合的研究略早。

1. 数据融合

姜灵敏等认为信息资源聚合可以简单理解为信息融合和信息聚集（Fusion & Aggregation）[②]。对信息融合的研究较早的可谓是美国军事界，主要是数据融合方面的研究，因此信息融合也称为数据融合（Data Fusion）。主要研究目的是处理不同测量仪器所测量数据的异构性问题，实现统一存储和分析。数据融合本是一个涉及对来自各种信息源的数据和信息进行检测、联合、相关、评价及合并的多级、多方面处理的过程[③]，也可看作是将不同来源、不同模式、不同媒质、不同时间、不同

① 黄传慧、李娟：《我国图书馆数字资源整合研究》，《图书与情报》2009 年第 4 期。

② 姜灵敏、马于涛：《信息资源聚合与数据挖掘》，华南理工大学出版社 2007 年版。

③ Waltz E, Llinas J. Multisensor data fusion [M]. Boston: Artech House, 1990.

表示的信息加以有机地结合①。信息资源建设中数据融合是资源集成的前提，随着互联网的普及，数据融合的重点转向 Web 数据的集成和分析，逐步走向信息资源集成研究。

数据的融合主要从技术上为文献聚合创造了条件，只有消除了不同数据源之间的差异问题，才能实现资源的集成。伴随着融合技术的进步，聚合检索应运而生，以满足更大范围内的检索需求，如跨库检索，对异构数据的检索等等。聚合检索是在资源聚合基础上的检索，其背景是对海量异构数据的检索需求而形成的跨库检索技术。根据跨库检索技术的发展路线，可分为两个阶段：依赖计算机能力和标准协议对异构数据库的实时检索阶段和基于元数据收集的同构聚合检索阶段。国内学者宋爽等②对国内外五大集合检索系统进行了比较。

此外，杜晖认为融合则是将分布的资源有机地整合（基于各种关联）到一起，形成对有关领域更深层次（从语法到语义层次）的理解和认识③。从这个角度看，信息融合是我们不断为之努力的目标。但资源深度聚合，将是实现内容完全融合不可跨越的过程。

2. 文献整合

信息资源的整合集成是信息组织研究的重点，相对于数据融合来讲，文献整合更偏重集成不同来源的文献。对于信息资源整合的概念可从狭义和广义两方面理解：从狭义方面讲，是将某一范围内的，原本离散、多元化异构的、分布的信息资源通过逻辑的或物理的方式组织为一个整体，使之有利于管理、利用和服务；广义的信息资源整合，是把分散的资源集中起来，把无序的资源序化，使之方便用户，它包含信息采集、组织、加工以及服务等过程④。从整合的狭义定义来看，整合的作

① 徐涛、杨国庆、陈松灿：《数据融合的概念、方法及应用》，《南京航空航天大学学报》1995 年第 2 期。

② 宋爽、张国栋：《国内外同构聚合检索系统比较研究》，《大学图书馆学报》2011 年第 5 期。

③ 杜晖：《基于耦合关系的学术信息资源深度聚合研究》，武汉大学博士学位论文，2013 年。

④ 金燕：《网络信息资源整合研究》，《现代情报》2007 年第 7 期。

用是对“多源”的资源进行“聚”和“合”，而其中对异构数据的整合与数据融合有相同之处，因此资源整合与数据融合是相互衔接的。从整合的广义定义来看，相对于“聚”和“合”，又进一步对资源进行了序化组织，可以理解为资源集成的过程。

面对海量、异构、孤立的信息，包括各种信息系统、数据库等，如何对它们集成开发利用，是“大数据”时代首当其冲的问题，已引起学者、政府和企业共同的关注。文献信息资源的集成可以分为四种方式：基于公共联机书目查询系统（Online Public Access Catalogue System，OPACS）的集成、基于跨库检索系统的集成、基于资源导航的集成和基于信息链接的集成①。图情和信息学界的理论探讨，政策的支持，以及相关公司的实践共同推动了信息资源的整合集成。对文献数字信息资源的整合，如 WoS 的引文数据库、知网等各类学术文献电子数据库，庞大的文献收录数量和不断提高的检索性能，正改变着人们学习和研究的方式方法。

信息检索是有效快速发现资源和知识组织的重要手段，而为信息检索提供重要保证的是信息整合集成等聚合的前期工作，因为信息集成可以保证信息的查全率。海量数据以及多元异构性促使了“整合检索”和“聚合检索”（基于内涵式聚合概念）的提出，以及相应系统和产品的开发应用。简言之，整合检索和聚合检索都是在资源整合的基础上进行检索。

（三）文献资源聚合的外延

对于聚合、整合和融合的概念也有更为宽泛或更为深入的理解。马文峰教授把“整合”（Integration）理解为由两个或两个以上事物、现象、过程、属性、关系、信息、能量等在符合一定条件、要求的前提下，融合、聚合或重组成一个较大整体的发展过程及其结果，因此她认

---

① 王薇：《基于关联数据的图书馆数字资源语义融合研究》，南京大学博士学位论文，2013 年。

为“整合”的实质就在于涵盖了整合后系统内部的功能和各要素之间的关系①，凸显系统论的理念。并进一步将“数字资源整合”定义为数字资源优化组合的一种存在状态，是依据一定的需要，对各个相对独立的数字资源系统中的数据对象、功能结构及其互动关系进行融合、聚类和重组，重新结合为一个新的有机整体，形成一个效能更好、效率更高的新的数字资源体系。后来的研究基本上都接受了这个定义，如栾芳芳等认为数字资源整合是指在网络环境下，采用数字化信息处理和集成整合技术，对多种来源的数字化信息资源有目的地进行重新组合的过程，同时为用户提供统一的检索界面，实现高效传播信息的一种服务方式，更是将集成整合具体化②。另外信息融合（数据融合）除了在数据层上的融合研究外，也有对内容层的融合研究。但内容上的信息融合是取得同一对象一致性的认识，如同一概念的多种表达，而非文献内容的糅合③。如果说文献的整合是结构上的整合，那么理想的信息融合就是语义上的整合，但在语义级的融合是整合的瓶颈。

马文峰教授对数字资源整合的定义不仅体现了整合是一个不断优化的发展过程，而且也涵盖了资源融合、类聚和重组的序化组织过程，已经有了知识发现和知识组织的意思。但相比文献资源聚合的概念，主要有两点区别：其一是主要偏重于“合”以及“合”以后的工作，而没有强调“聚”的过程，聚合可能面对的资源是未知的，而整合是对已知资源的集成；其二是资源组织的要求还不清晰，没有明确提出知识发现的目标。当然作为一个发展中的概念，十多年前的要求肯定与现在是不同的。

信息资源的聚合不会止于数据融合和信息的整合。数字文献资源的整合集成是为了更全面的检索，融合是将资源集成而形成更重要的信息

---

①　马文峰：《数字资源整合研究》，《中国图书馆学报》2002年第4期。

②　栾芳芳、韩全惜：《图书馆数字资源整合方式比较调查分析》，《现代情报》2007年第12期。

③　宋正德、魏震方：《云计算环境下信息资源的融合与集成》，《中国科技信息》2011年第24期。

或信息系统。在融合和整合的基础上，下一阶段的工作就应该是“知识发现”。当然发现知识的过程中我们不得不涉及整合检索、聚合检索或检索聚合等等相关过程。比如对既定文献集（如根据某检索条件得到的检索结果）的聚类，可以得到最想要的文献或文献集，这是对文献检索服务的一种拓展，却可以提高检索的效率。因此本书认为，聚合更能涵盖融合、整合和集成的含义。

其一，聚合本意有融合多种事物生成新事物的含义，相应英文 Aggregation。聚合常见于化学聚合反应，虽然我们不能将其理解为化学反应（Polymerization），但其意思已经延伸到其他领域，对该词的认识也不再局限于此，正如前面提到的文学流派的聚合、营销聚合等。

其二，当前对整合的定义主要是资源的集成和集聚，相应英文 Integration。资源的整合集成主要是为了信息检索，但对检索结果的好坏、形式等缺乏研究，还处于信息检索的前期准备阶段。显然这只是资源开发利用的中间过程，而不是其目的，因此整合一词不能包含聚合。聚合和整合还有一个区别就是，整合所面对的资源可能是确定的，而聚合所面对的可能还包括未知的，所以聚合的前期有“挖掘”的工作要做。

其三，信息融合是个相当宽泛的概念，也是一个技术不断更新发展的过程，相应英文翻译是 Fusion。该词有信息重构的意思。前期主要研究数据的融合，未来有可能实现内容的融合，这是一个看似不可企及的目标。但是在未来很长一段时间内，我们的研究都将是基于语义的文献资源聚合。

综上分析，聚合实际上是一个可以涵盖融合和整合，还需要数据挖掘的技术，并以知识发现为目的复杂过程。聚合检索将成为资源聚合的一个重要环节，以聚类知识发现为其功能拓展。

1. 文本聚合知识发现

从电子文献数据库的发展历程看，检索首先应满足用户查全率的要求，大量收录各种数字文献，每个数据库都想成为集大成者，使得检索从单一数据库检索发展到跨库检索、联机检索等聚合检索阶段。随着数字图书馆资源建设的不断扩大，文献种类和体量都在快速发展，伴随查全率提高的同时产生了查准率降低的新问题。将检索结果分类呈现业已实现，它将检索结果按图书、期刊、音频和视频等分类呈现，使得检索结果的分布清晰呈现。但是离用户的需求尚远，提供进一步的知识服务就是终极目标，因此需要研究深度聚合的知识发现。

通过对数字文献资源的聚类来发现有用的知识是最朴实的思路，而最常见的情形就是对检索文献的聚类和知识发现。因此检索聚类是资源深度聚合的重要途径，可以认为是资源聚合的第三个阶段，定义为“资源聚合知识发现”阶段，简称聚合发现，或发现阶段。

聚类的方法主要有统计方法和机器学习的方法。在统计学中，聚类一般称为聚类分析，主要研究基于几何距离的聚类。在使用上，首先要定义多维空间，在多维空间中计算对象间的距离，其次以距离作为对象间的相似性判别标准。在机器学系统中，聚类称为无监督学习（Unsupervised Study），主要体现在聚类学习的数据对象没有类别标记，需要由聚类学习算法自动计算①。

从数据库知识发现的角度来讲，对聚类问题的研究是从大量的数据集中智能地、自动地抽取出有价值的聚类知识②，武森等称其为聚类知识发现，比如对文献检索结果的聚类。

建立在资源整合或聚合基础上的检索，在当前的检索技术水平下，得到的是不同相关程度的所有结果，真正的目标集可能只是其中很小的一个集合而已，虽然按序排列，但也难以甄别。因此检索问题从整合前的“找不到”或“找不全”可能会发展到整合后“找不准”的新困境，即查准率被降低了。这就需要我们对检索出来的信息集进一步压缩或抽取。因此在未来的资源检索服务问题上，不仅要有检索服务，还要有对资源检索结果的聚合，以发现更贴近用户需求的知识。在我们常见的查阅文献过程中，我们不仅仅需要的是关键词匹配下的检索结果集，而且是要最相关最接近的部分文献，现有检索系统通过相似度给出的排

---

① 杨尚森、李玉海：《数据挖掘中聚类分析算法性能探析》，《计算机与数字工程》2007年第11期。

② 和亚丽：《基于高维空间的聚类技术研究》，中北大学博士学位论文，2005年。

列是有作用的，但是不能满足我们检索精确性的高要求，如果能对检索结果进行深层次的聚合，使得检索结果进一步以主题簇的形式呈现，将会迅速降低信息量为进一步的检索提供便利，甚至可以直接定位到精确的检索结果，这个过程就是对检索结果的聚类，可称之为检索聚合，以区别聚合检索。

2. 文献资源的深度聚合知识发现

如果说资源整合集成是整合检索的前提，那么聚合知识发现则是资源聚合的最终目的；如果说资源整合是资源聚合的初级阶段，那么我们在做的和今后一段时间内将要做的都是对资源的深度聚合。而数字文献资源的深度聚合就是从语义的层面实现文献内容的完全融合，从而使得智能发现和获取知识成为可能。然而在达到这个理想的终点之前，我们还有许多工作要做，许多问题要解决，许多难关要攻克。分词技术、词性标注颜料库的积累、序词表的建立、潜在语义分析、本体的构建等等都不断推进着语义层面的文本挖掘和知识发现。

当前我们面对海量而且不断快速增长的文献信息，首先要提高信息检索的全面性和准确性，其次要对信息作摘要，并能锁定主要信息源，最后就是信息的分析利用，获取知识。

对检索文献集的深度聚合就是当前从文献信息资源中发现知识的主要手段。在整合检索或聚合检索的基础上，通过对检索文献的特征抽取、向量化表示、相似性计算、聚类，实现对大量冗余信息的剔除，这是检索聚合的主要思想，而语义化的主要作用是使文献特征向量所提取的信息准确而充分。在聚合的基础上，我们可以根据类接近性，快速定位最需要的文献集，以达到知识发现的目的，或为二次检索深度挖掘创造有利条件。

从其发现知识的目的来看，资源深度聚合是创新过程，也是创新，深度聚合是发现过程，也是知识的形成过程。而聚类的思想，作为数据挖掘和知识发现的重要思想和工具，也将成为资源深度聚合的重要方法。通过深度聚合可以发现领域知识分布的模式、知识交叉的模式、某一主题知识发展演变的模式、合作模式等等，并可能对研究的方向做出预测。

数据库知识发现（Knowledge Discovery in Database，KDD）是资源聚合知识发现的基本理论。数据库技术与计算机网络通信已经成为当前计算机应用中两个重要的基本技术。随着数据量的飞速增长，从大量数据中智能地、自动地抽取出有价值的知识或信息成为人们追求的新目标，因此数据库知识发现技术应运而生。

数据库知识发现是一个高级处理过程，要从数据集中辨别出有效的、可信的、新颖的、潜在有用的以及最终可理解模式。在学界，数据挖掘（Data Mining，DM）和数据库知识发现多有重叠。一般认为："数据挖掘"是数据库知识发现中专门负责发现知识的核心环节；而"数据库知识发现"是一个交互式、循环反复的整体过程，除了包括数据挖掘之外，还包括数据准备和发现的结果解释、评价等诸多环节[①]。因此武森等把数据库发现过程分为三个阶段：数据准备（Data Preparation）、数据挖掘、挖掘结果的解释与评价（Interpretation & Evaluation）。其中核心过程是数据挖掘，它的主要任务包括分类知识发现、数据总结、数据聚类、关联规则发现、序列模式发现、依赖关系或依赖模型发现、异常发现和趋势预测等。分类和聚类都是数据挖掘中最常见的任务[②]。数据聚类用于发现在数据库中未知的数据类，依据"物以类聚"的思想，即按个体或数据对象间的相似性，将研究对象划分为若干类。与分类不同的是，聚类之前，数据划分的数量与类型都是未知的，因此在数据挖掘之后需要对数据挖掘结果进行合理的分析与解释。

为了使数据库中的数据变得更易分析，在数据库的技术上发展形成了数据仓库技术，它的主要设计思想是将分析决策所需的大量数据从传统的操作环境中分离出来，把分散的、难以访问的操作数据转化为集中

① 谭立云、高学东、武森：《数据挖掘方法与应用》，《华北科技学院学报》2004 年第 2 期。

② 李伟、赵卫利、刘冠群、曹忠民：《知识库和知识发现技术在知识服务方面的应用》，《现代情报》2009 年第 7 期。

统一的、随时可用的信息而建立的一种数据库存储环境①。数据仓库为数据挖掘提供了数据基础，在数据仓库中进行数据挖掘亦对数据仓库提出了更高的要求②。一般数据仓库中集成和存储着来自若干异构的数据源的信息和数据，因此在其中进行数据挖掘的算法必须是有效和快速的。

三　数字文献资源聚合研究的形式和内容

（一）数字文献资源聚合的形式

根据数字文献聚合的不同出发点，可以将其简单分为基于属性关联的聚合和基于语义关联的聚合。

基于文献属性关联的聚合主要利用元数据层的文献属性信息之间的联系构建文献关系网络，然后通过聚类实现文献聚合。文献的属性是多元的（本书在第二章详述），多元的属性就会有多元的关联，比如作者的合作、机构的合作、文献关键词耦合、文献共被引，以及作者机构关联、文献关键词共现等的关联。这些关联构建了文献之间不同角度和不同层次的关系，为文献的聚合提供了很好的线索。实现基于关联的文献聚合主要采用计量学的方法，比如共（被）引分析、共词分析和合作分析等，还有聚类分析。

基于语义关联的文献聚合更关注于文献的主题和内容，以计算机理解的方式聚合资源，因此语义化是内容聚合的关键。构建文献之间联系的语义可以是显在语义，也可以是潜在语义。显在语义是通过各种知识之间的直接语义关系，比如来自词典的语义解释、本体概念之间的语义关联、词与所属概念之间的层次关系和距离等。显在语义一般来源于人工构建，存在成本高、灵活性差等问题，甚至也会造成信息的丢失。潜在语义是语言使用过程中所表现的内在语义关联，比如词语共现对词义

① 张晓燕：《现代数据库技术》，《现代情报》1997 年第 1 期。
② 方富贵：《数据仓库与数据挖掘探析》，《信息系统工程》2012 年第 9 期。

的凸现，就是对词语之间潜在语义的凸显。潜在语义关联一般通过语料分析直接获得，优点是更能把握语言使用中的灵活性。基于潜在语义的文献聚合，虽然存在语义关系的不明确性，但是相比现有基于显在语义的聚合来讲，更有广泛应用的可能，而且有挖掘新知识的潜质。

基于属性关联的聚合和基于语义关联的聚合不是完全对立的，事实上主题词共现、文献引用等都蕴含着丰富的语义关系，而情报学所做的工作，如共现分析、引文分析多是对潜在语义的挖掘和利用。因此，从这个角度讲，某些基于属性关联的文献聚合也是基于语义关联文献聚合的重要手段和途径。

（二）数字文献聚合研究内容辨析

数字文献资源作为当前馆藏资源的重要形式，不仅是多元化的，而且也是“多源化”的。不管是文本、影像还是音频等多元的形式，还是中外文文献、中外文不同数据库的多种来源，相关研究和工作都始终在考虑和实践着对这些资源的整合、集成和融合问题，以形成结构化、有序化的资源体系，从而优化资源利用环境，满足用户需求，实现增值服务[①]。文献聚合究竟要做些什么，它与现有的技术和方法有什么关联又有什么区别呢？

1. 数字文献聚合与文献聚类

聚类是对既定事物集合的类分，主要依据是事物自身特征和在集合内的相互距离或相似性。文献的聚类就是对既定文献集按某种尺度的类分，如主题聚类、共现聚类、共（被）引聚类等。文献聚类的目的是使用机器学习方法对文献集进行自动有序的组织。文献聚类方法能够从所检索的文献中发现热点研究领域，并能识别具有学科融合性质的研究方向[②]。

聚类和分类不同的是聚类一般不知道要聚成多少类，而是根据数据

① 崔瑞琴、孟连生：《数字信息资源整合问题研究》，《图书情报工作》2007 年第 51（7）期。

② 刘勘、周丽红、陈譞：《基于关键词的科技文献聚类研究》，《图书情报工作》2012 年第 4 期。

和要求决定聚类簇数目；而分类的目标类是明确的，只需要判断和各类之间的距离或相似性，然后将事物归入最近的一类。对文献聚类更贴近主题的自然形成规律，在主题形成和演化等研究中好于人为限定主题分类。

文献聚类是文献聚合的重要手段。从资源整合的角度看，文献聚合为文献的聚类提供数据准备；从知识服务的角度看，文献聚类是文献聚合的重要手段。一方面文献量不足，聚类的结果关系不明显，主题不突出，意义不大；另一方面随着文献资源的井喷式增长，聚合的资源越来越多，会造成知识过载，因此必然要进行深入的挖掘和发现，而聚类是一种非常重要的思想和技术，可以将资源进一步分类筛选，快速定位相关的文献资源。

因此，文献聚合是包括文献资源融合、集成、整合、检索和聚类等的复杂过程，文献聚类是文献聚合的重要手段。

2. 数字文献聚合与文献分类的关系

对文献分类的研究早已形成了一门完善的学科。文献分类学，又称图书分类学，是研究文献分类理论、方法和历史发展规律的一门学科①②。文献分类对文献检索、组织、管理和服务意义重大，往往有统一的做法和规范，并以分类法的形式呈现，如《中国图书馆图书分类法》。因此叶新明等认为文献分类就是以分类法为工具，根据文献所反映的学科知识内容与其他显著属性特征，分门别类地、系统地组织与揭示文献。文献分类的最终目的是为了让读者更好地充分利用文献。分类时应以学科知识内容作为主要分类依据，辅以其他显著属性特征③④。不仅图书分类如此，科技论文也需要遵照分类号进行分类。分类法显然是不断发展变化，不仅要和学科目录相适应，还要和科技发展水平相适

① 白国应：《中国文献分类学研究 50 年（1949—1999）》，《中国图书馆学报》1999 年第 5 期。

② 白国应：《中国文献分类学研究的方向、重点及热点》，《大学图书馆学报》1995 年第 2 期。

③ 叶新明：《中文文献自动分类研究概述》，《情报理论与实践》1992 年第 5 期。

④ 叶新明、徐进鸿：《中文文献自动分类研究》，《情报科学》1992 年第 5 期。

应。但随着科学研究的深化发展，学科边缘逐渐模糊，交叉学科不断涌现，分类法的不足也暴露出来，主题分类成了一种新的分类形式。

文献分类中类的固化和界分对信息检索和知识发现是不利的，而文献的聚合则是跨界式的整合。如文献的主题聚合就可以实现跨学科的文献整合，跨文献形式的集成，以及跨库的异构数据的融合。当然文献分类仍然是文献聚合的重要参考，甚至在当前形势下文献聚合要以文献分类为指导，而随着技术的不断提高，文献聚类为文献分类提供重要的反馈，以提高文献分类的准确性。

3. 数字文献聚合与文献检索的关系

文献聚合和文献检索对知识发现来说可谓是异曲同工。我们几乎无时不用的检索系统本身就是实现对资源的聚合，只是受制于目前的技术和资源范围，检索系统不能提供更加全面和精确的结果，更做不到知识的发现和提炼。聚合就要在更大的范围内，从资源的形式和内容，属性和特征等多角度和多方位的联系来实现资源集中、融合和发现。

随着数字文献资源聚合发展的不断进步，文献检索水平有了进一步的提高。在文献整合基础上的检索称为整合检索，在文献元数据聚合基础上的检索称为同构聚合检索。除了在资源输入阶段的资源整合之外，在检索的输出阶段也需要资源的再加工，那就是对检索结果的聚类，实际上是对资源的再聚合。因为随着资源总量的快速膨胀，相关资源也在不断增长，检索出的结果也越来越多，使得检索的意义尽失。对检索结果的聚类之于检索结果的提炼和二次检索都很重要。

4. 文献分类和聚类与文本分类和聚类的差异

文本分析所研究的是一般化的文本信息，一般没有标准化的格式，而文献是规范的文本，因为其有标准的元数据。从全文分析的角度来看，文本分析的技术和方法都可以用于对文献的分析，比如文本分类和文本聚类的技术可以移植到文献分类和文献聚类中，向量空间模型（VSM）就是一个通用的重要方法。但是目前文献分析有其特殊的困难，由于资源权限的制约，基于全文的分析不能大量开展，而基于元数据的分析又会产生信息不足的问题。比如基于元数据的主题词建立文献的特征向量就有严重的稀疏性。幸好的是，文献关键词的标注是经过慎重选择的，对文献主题有很强的代表性和区分能力，而一般文本中是通过全文分词，然后提取特征词来表示文献，存在分词不准确，信息冗余等问题。

除了以上所提到的联系和差异，文献聚合和其他相关技术都有一个共同的目标，那就是实现自动化和智能化。比如文献分类自动化就是要实现分类检索、分类标引、分类表编制及管理趋向于自动化或计算机化①。文献聚合的智能化就是要实现聚合检索、多角度聚类、分类呈现和选优等整个过程的机器处理，同时要提高准确性和运行速度。

四 数字文献资源聚合研究的理论基础

（一）文本挖掘理论

随着信息技术的纵深发展，我们所面对的文本信息越来越多，除了传统的纸质媒介上的文字信息以外，还有多种形式存在的文本形式，如计算机可处理的电子文档，包括网页、文献、技术文档、电子邮件等。有数据显示，一个组织甚至有80%的信息是以文本的形式存在的②。而且大多是非结构化的数据。随着“大数据”时代的到来，从有限的结构化数据中获取的知识已不足以满足需要，大量的半结构化或非结构化数据需要去分析，因此文本挖掘对知识发现显得尤为重要。

文本挖掘的概念是费尔德曼（Feldman）③ 于1995年提出的，他认为文本挖掘是一个新的研究领域，它是通过数据挖掘、机器学习、自然语言处理、信息检索和知识管理的技术解决信息过载的问题。它涉及文档集合的预处理、中间处理过程以及结果的可视化，其中间过程包括分

① 白国应：《中国文献分类学研究50年（1949—1999）》，《中国图书馆学报》1999年第5期。

② 常青：《文本挖掘　挖掘知识》，《中国计算机用户》2004年第24期。

③ Feldman R, Dagan I. Knowledge Discovery in Textual Databases (KDT) [C] //KDD. 1995, 95: 112 - 117.

类、聚类、趋势预测、关联规则等。

文本挖掘和文本数据库中的知识发现被认为是具有相同含义的两个词。文本挖掘也被称为文本数据挖掘（Hears，1997）或文本知识发现（Feldman，1995）。文本挖掘是以文本数据或文本信息为对象，应用数据挖掘的技术，发现文本知识的过程。尽管对文本挖掘的方式是千变万化的，但其基本的目标是一致的，即发现文本中的知识。

温有奎等总结了文本挖掘关注的两个重要问题和三个层次。两个重要问题是基于关键词的关联分析，文档分类分析；三个层次是数据、特征和模板三个层次。基于关键词关联分析的目的是找出经常一起出现的关键字或词汇之间的关联或相互关系。一组经常连续出现或紧密相关的关键字可形成一个词或词组，关联挖掘可以找出复合关联，即领域相关的词或词组。利用这种词和词组的识别，可以进行更高层次的关联分析。关键词的共现分析是对关键词关联分析的一种手段，可以通过共现关键词来确定主题或主题群，进而发现文本主题的聚合模式，本质上也是潜在语义分析的方法。文档自动分类是一种重要的文本挖掘工作，特别是对大量联机文件分类有利于检索和进一步的分析。关联分类方法的处理过程一般有三个步骤：第一，提取关键字或词汇；第二，使用已有的词类组，或基于专家知识，生成关键字或词汇的概念层次；第三，用于发现一组关联词，最大化地分类同类文档。

文本挖掘是从非结构化的数据中提取可以表达成结构化数据的知识，其难度在当前的技术水平下是不言而喻的。但是提取的知识本身又是分层次的，大体上可以把文本挖掘分为元数据、特征和模板三个层次。基于元数据层的文献聚合是本书的初衷①。

（二）共现理论与共现网络

1. 共现理论

共现理论（Co-occurrence Analysis）是一种时空相关分析方法，应

---

① 温有奎、焦玉英：《基于知识元的知识发现》，西安电子科技大学出版社 2011 年版，第 33—34 页。

用非常广泛。共现分析是将各种信息载体中的共现信息定量化的分析方法，以揭示信息的内容关联和特征项所隐含的寓意。共现网络（Co-Occurrence Netword）则是通过对实体在特定文本单元中成对出现的情况来反映实体间关系的一种网络可视化方法，一般要借助于可视化网络分析软件，如 Ucinet、NetDraw、Pajek 等，来呈现共现的结果①。

科技论文中的共现是指相同或不同的特征项共同出现的现象。如：多篇论文中共同出现的主题（关键词）、共同出现的合作者、共同出现的合作机构以及论文与关键词、机构与作者共同出现等都属于共现研究的范畴。文献计量学研究中认为共同出现的特征项之间一定存在着某种关联，关联程度可用共现频次来测度。例如：两位作者共同出现在同一篇文章中，说明两位作者存在一定的合作关系：共同出现的频次越高，说明两位作者合作的强度越高，关联程度越大。同样，一篇论文中共同出现的多个关键词在研究内容上具有相关性，作者在撰写论文时用到的关键词与作者的研究内容密切相关。

在科技论文的相关研究中主要有两种共现类型：一是不同类型特征项的共现。例如：具有直接关联的论文与论文作者的共现和具有间接关联的机构与关键词的共现等。二是相同类型特征项的共现；相同类型的特征项之间的共现包括论文共现（文献耦合、文献同被引、共篇）、关键词共现、作者共现（作者同被引、作者合作、机构和国家合作）、期刊共现。下面分别详细介绍共现分析中的两种主要形式论文共现和词共现：

（1）论文共现

在文献的引证关系中除了文献之中单一的引证关系之外，还存在两篇或两篇以上文献同时引证同一篇文献，或两篇文献同时被别的文献共同引证等多种复杂各异的网络和聚类关系。

文献耦合。在科技文献的被引文献中，人们经常可以看到不同文章

① 牛奉高、王菲菲、邱均平：《中国高等教育评价研究的主题及其演变分析》，《重庆大学学报》（社会科学版）2013 年第 1 期。

的作者不约而同地引证某篇或某几篇完全相同的文献。针对这一现象，麻省理工学院的教授开斯勒（M. M. Kessler）于 1963 年首次提出了“文献耦合”（Bibliographic coupling）这一术语。开斯勒在对《物理评论》进行引文分析研究时发现，越是学科、专业内容相近的论文，他们参考文献中相同文献的数量就越多。于是，他把两篇（或多篇论文）同时引证一篇论文的论文称为“耦合论文”（Coupled papers），并把他们之间的这种关系称为文献耦合。并给出如下定义：如果 A 和 B 两篇文献共同引证了一篇或多篇参考文献，或者说他们共同具有一篇或多篇同样的参考文献，则称 A 和 B 两篇文献具有引文上的耦合关系。具有耦合关系的论文可以认为他们必然在学科内容上存在某种联系或相关性，其耦合程度可以用“耦合强度”指标来衡量。“耦合强度”的量度单位是 A 和 B 共有的参考文献的篇数。耦合强度越高，意味着两篇文献在学科内容与专业性质上越接近，文献间联系也越紧密。引文耦合是相对而言的。随着耦合的对象不同，耦合标准而有不同，可以形成具有不同特点的引文耦合群。其耦合范围可用“耦合幅度”这一指标来衡量。因此，引文耦合现象使大量科学文献分群聚类。

文献同被引。在分析文献的引证关系时不仅可以从论文具有的相同参考文献的角度来看，而且还可以从一篇论文被后来的文献共同引证的角度来研究文献结构的动态规律。1973 年，美国情报学家亨利·斯莫尔（Henry Small）和苏联情报学家伊琳娜·玛莎科娃（Irina Marshakova）分别在研究文献的引证结构和文献分类时，同时首次提出了文献“同被引”（Co-citation）的概念，作为测量文献间关系程度的另一种方法。其定义如下：指两篇（或多篇）论文同时被后来的一篇或多篇论文所引证，则称这两篇论文（被引证论文）具有“同被引”关系。换言之，如果 A 和 B 两篇（或多篇）文献，不管其发表的时间如何，只要同时被后来一篇或多篇论文引证，则称文献 A 和 B 具有“同被引”关系。同时引证这两篇论文的论文篇数为“同被引强度”（Co-citation Strength）或“同被引频率”（Co-citation Frequency）。若同时引证这两篇论文的文章数越多，则它们的同被引频率越高，说明它们之间的关系越密切。同时，文献同被引相关簇的跨度可用“同被引幅度”指标来衡量，若簇内的同被引文献越多，则其“同被引幅度”就越大。

共篇。共篇分析属于论文关系研究，论文之间的基于相同关键词会产生关联，认为两篇共同拥有（出现）相同关键词的数量越多，两篇论文的相关性就越强。

（2）共词分析

共词分析的思路最初是在20世纪70年代由法国文献计量学家提出。1986年，法国科研中心（CNRS）的M. Callon、J. Law和A. Rip出版了*Mapping the Dynamics of Science and Technology*。当时被称作“Leximappe”（法语，关键词）。共词分析法利用文献集中词汇对或名词短语共同出现的情况，来确定该文献集所代表学科中各主题之间的关系。一般认为，词汇对在同一篇文献中出现的次数越多，则代表这两个主题的关系越紧密。统计一组文献的主题词在同一篇文献出现的频率，便可形成由这些词对关联所组成的共词网络，网络内节点之间的远近便可以反映主题内容的亲疏关系。然而，共词分析对词的选择非常敏感，作者的取词习惯、未经规范的关键词、关键词在表征论文内容的完整性等其他原因都会造成结论的模糊、晦涩。一些研究甚至认为共词分析甚至存在随意性较大，不确定性的缺点。

共现分析方法结合聚类分析方法就形成了一系列共现聚类分析方法。如在同被引分析的基础上进行聚类分析就是同被引聚类分析，它可以从研究基础的角度分析文献研究主题的热点、关系和结构[①②]。在共词基础上的聚类分析就是共词聚类，它可以反映出词之间的亲疏关系，进而分析这些词所代表的学科或主题的结构与变化[③]。共现分析作为一种普适的思想已经被多行业多领域广泛应用。

---

① 崔雷：《专题文献高被引论文的时间分布与同被引聚类分析》，《情报学报》1995年第1期。

② 崔雷：《专题文献高被引论文的连续同被引聚类分析》，《情报理论与实践》1996年第1期。

③ 崔雷：《专题文献高频主题词的共词聚类分析》，《情报理论与实践》1996年第4期。

2. 共现网络

共现网络（Co-Occurrence Netword）是通过对实体在特定文本单元中成对出现的情况来反映实体间关系的一种网络可视化方法，通常用顶点（Vertex）来表示实体，用边（Edge）来表示实体在特定文本单元中同时出现的情况。这里的特定文本单元，是指在构建网络时所设定的窗口，它既可以是句子，也可以是段落或篇章。与共享网络偏重于用户服务不同，共现网络从空间属性上反映了信息实体本身之间的相关性，因此可以用于挖掘实体之间的关系以及内部规律。在实际应用中，依据实体的不同，可以将共现网络分为词汇共现网络、人物共现网络、组织机构共现网络等。

在关键词共现加权网络构建中，一个节点表示一个关键词，边表示两个关键词同时出现在同一篇文献，边权值表示这两个关键词同时出现的次数（共现频次）。在实际研究中共现网络中必定存在大量边权值非常小的边，边权值小意味着相关关键词共同描述一个科研问题的概率很小，同时研究发现这些边权值较小的网络往往分布在网络边缘，不影响网络的总体结构。因此可以设置不同的边权值阈值对该网络进行简化，去除边权值较小的边及相关点。

共现网络的相关研究早期来源于复杂网络领域。所以复杂网络为共现网络提供了许多的分析方法，其中包括复杂网络提供了很多分析方法，例如最短路径、边介数、中心性等，其中网络社区是复杂网络的一个重要特性。社区中包含的节点具有相似的性质，共同完成某种功能。

随着科学的蓬勃发展，各个领域积累了大量的科技文献，针对专业领域的科技文献分析有助于包括非专业领域在内的研究人员快速地从海量的科技文献获得所关注领域的知识结构和研究热点，有助于交叉学科的研究。通过构建研究领域的词共现网络或引文关系网络可以发现该领域的热点问题；通过构建作者共现网络有助于发现该领域的核心人物；通过构建用户、标签、网络资源的三维网络关系可以实现用户群的聚合；同时，网络分析还可以用于发现研究主题内和主题间的关联关系等等，共现网络的研究十分广泛。

（三）LSA与LSI理论

潜在语义分析（LSA）又称为隐含语义分析，都是Latent Semantic Analysis的翻译。LSA是一种通过分析大量的文本集，自动生成关键字－概念（语义）之间映射规则的方法。LSA的立论基础是认为词语与词语之间在文本中的使用模式内存在潜在的语义结构，比如同义词之间应该具有基本相同语义结构，多义词的使用必定具有多种不同的语义结构。LSA就是通过统计方法，提取并量化这些潜在的语义结构，进而消除同义词、多义词的影响，提高文本表示的准确性。从算法上来看，依然采用了向量空间模型的文献表示方法，但进一步采用了奇异值分解（Singular Value Decomposition，SVD）方法来获取语义结构，一般提取前k个最大奇异值及其对应的奇异向量构成新矩阵来近似表示原文档空间，进而消除了同义词、多义词的影响，提高了后续处理的精度。

隐含语义索引（Latent Semantic Indexing，LSI）理论与LSA是异曲同工，因为潜在语义分析的思想最初由Deerwester S C[①]于1990年应用于文本信息检索领域，且有效地解决了同义词和多义词的问题。LSI可以捕捉词间的语义信息并插入文献的表示向量中，已经成为信息检索的一项核心技术。通过识别文本中的同义词，LSI可以将信息检索提高10%—30%[②]。随着应用领域的不断拓展，LSI在信息过滤、信息分类、信息聚类、交叉语言检索、信息理解、判断和预测等众多领域中得到了广泛的应用[③]。美中不足的就是其计算成本很高。

针对中文文献的聚类，俞辉提出了一种改进的LSA文档聚类算法，

---

① Deerwester S C, Dumais S T, Landauer T K, et al. Indexing by latent semantic analysis [J]. JASIS, 1990, 41 (6): 391-407.

② Berry M W, Dumais S T, O'Brien G W. Using linear algebra for intelligent information retrieval [J]. SIAM review, 1995, 37 (4): 573-595.

③ 盖杰、王怡、武港山：《潜在语义分析理论及其应用》，《计算机应用研究》2004年第3期。

称之为 Modifid - LSA[①]。该方法首先采用一种新的特征提取算法，即在传统 TF - IDF 权重算法的基础上乘以一个能反映特征词分布贡献度的因子——这个因子是根据信息熵得到的，然后基于潜在语义分析理论，通过奇异值分解实现冗余信息过滤和降维的目的，最后在低维的文档空间上进行文献聚类。Modifid - LSA 方法事实上主要是在权重上改进，而没有提高信息的提取力度。

（四）FA 与 PA 理论

特征聚合（Feature Aggregation，FA）理论是首先在向量空间模型（VSM）的基础上，构造文本书献的特征向量（矢量），其次通过合并一定的特征，最后再使用聚类算法实现文本书献的聚合。一般选择文本的特征词条来构造文档空间中的向量点，当然所选择的特征词条集要最大可能地反映文本的真实内容。特征聚合应用于很多领域，特征也称为模式，因此也称为模式聚合（Pattern Aggregation，PA）。比如词条矩阵中的每一个特征词向量（词条矩阵的每一列），即特征空间的其中一维，就被视为一个初等模式[②]。模式（特征）聚合理论的主要思想是：将那些对分类贡献相同的初等模式聚合为一个新的模式，所得到的这些模式将代替原有初等模式用于分类操作，因此一个新模式将代表一个或多个初等模式[③]。经过模式聚合后用于分类操作的模式数量将大大减少，从而使得聚类算法得以有效发挥。王金凤将模式聚合理论和潜在语义检索（Latent Semantic Indexing，LSI）理论相结合，提出了一种文本降维新方法[④]。

---

① 俞辉：《基于改进 LSA 的文档聚类算法》，《小型微型计算机系统》2009 年第 17（5）期。

② 王煜、王正欧：《基于模式聚合和决策树的文本分类规则抽取》，《情报科学》2006 年第 1 期。

③ 王明春：《基于粗糙集的数据及文本挖掘方法研究》，天津大学博士学位论文，2005 年。

④ 王金凤：《一种基于特征聚合理论和 LSI 的文本分类新方法》，《北京理工大学学报》（社会科学版）2004 年第 5 期。

特征（模式）聚合理论采用的主要方法是 CHI 概率统计方法。CHI 概率统计方法假设词条 w 与类别 c 之间非独立，且词条的类别分布服从一维卡方（χ^2）分布，其值越高，词条和类别之间的独立性越小，相关性越强，词条对这一类别的贡献就越大，词条所包含的与类别相关的鉴别信息就越多。若文档总数为 N，记 A 为包含词条 w 且属于类别 c 的文档数量，B 为包含词条 w 但不属于类别 c 的文档数量，c 为不包含词条 w 但属于类别 c 的文档数量，D 为既不包含词条 w 也不属于类别 c 的文档数量。A、B、C、D 也被称为词条 w 对类别 c 的四种贡献，用集合分别表示为 (w,c)、$(w,\bar{c})$、$(\bar{w},c)$ 和 $(\bar{w},\bar{c})$①。卡方统计量的计算式为：

$$\chi^2(w,c)=\frac{N(AD-BC)^2}{(A+C)(B+D)(A+B)(C+D)}.$$

特别地，当特征词条与类别相互独立时，卡方统计量为 0；反之，相关性越强，卡方值越大②。特征词条的 CHI 取该词条卡方值的类平均值，或最大值，即

$$Z_j=\sum_{i=1}^{s}\chi_{ji}^2/s \text{ 或者 } Z_j=\max\{\chi_{j1}^2,\chi_{j2}^2,\cdots,\chi_{js}^2\}.$$

式中 χ_{ji}^2 为词条 j 在类别 i 中的卡方统计量，s 为总类别数。实际应用中设置阈值选择 Z 较大的词条，作为初始模式特征。本质上 CHI 是一个特征选择的方法。

（五）信息熵理论

熵作为一个热力学概念是德国物理学家克劳修斯（R. Clausius）于 19 世纪 60 年代提出的，其核心的熵增原理称为热力学第二定理。此后玻尔兹曼（L. Boltzmann）对熵本质的微观解释使熵的概念得以泛化，成为衡量某一系统有序性程度的重要衡量指标，即熵越大系统越无序，熵增的过程就是从有序到无序的过程。香农（C. E. Shannon）在玻尔兹曼熵的

---

① 李冠军、陈雪松、徐建锁：《基于模式聚合理论的文本特征降维方法及其在文本分类中的应用》，《北京理工大学学报》2005 年第 12 期。

② 裴英博、刘晓霞：《文本分类中改进型 CHI 特征选择方法的研究》，《计算机工程与应用》2011 年第 4 期。

思想基础上提出了信息熵，作为信息不确定性的数学度量，即信息熵是“信息中排除了冗余后的平均信息量”。因此有了“信息是确定性的增加”的定义。知识发现的过程就是信息有序组织的过程，就是社会系统熵减的过程，是具有耗散结构型熵变社会系统进化的重要保证。

聚合本来就是对文献有序组织的过程，因此熵值的大小可以衡量文献资源聚合前后的序化效果和程度。对文献的聚类来说，如果聚类效果好，也就使文献有序组织，因此文献集整体的熵值会降低；如果聚类效果不好，文献资源没有得到合理组织，甚至比原来的秩序更混乱，那么文献集的熵值就会增大。熵值还可以衡量文献特征选择的好坏。

（六）长尾理论

长尾现象与“二八定律”、幂率分布有非常相似之处，都是表征事物的一种不平衡分布特征，比如信息分布，资源分配等情形。图书馆信息资源的长尾现象表现在10%的图书占全馆90%的流通量，80%的用户只利用了全馆20%的图书期刊等。但是应对长尾现象不能采用传统的“取头截尾”的简单做法，因为处在分布后面的80%的资源以其庞大的总量对总体起着不可低估的作用，完全忽略是不合理的。比如共词分析，研究者往往只注重高频词及其之间的共现，而忽略了低频词以及高频词与低频词的共现，使聚类主题过于宽泛，达不到深度分析的要求，不能很好地提供知识服务，也难以对未来的研究热点进行预测。

为了不丢弃“尾部”，长尾理论主张应有尽有（Make Everything Available），也就是说要实现资源供应的聚合。但是限于成本、空间等的限制，目前是做不到的。虽然权威的数据库收集了更多更重要的文献，但是购买全部文献全文相当昂贵，真正做到数字文献资源完全整合也是不可能的。因此很多商业知识服务提供商都是基于数字文献元数据来进行检索和聚合的。这也是本书采用元数据信息，而不是依据全文的词频语义等信息聚合的主要原因。

如果做不到“全盘照收”，根据长尾理论对尾部信息总量优势的重要性论断，我们就要从中提取有用的知识，努力做到信息提炼“简而不漏”，即简化信息但不丢失重要信息。在文档空间的构造中，选择合适的维度，在文献特征向量的构建中，选择哪些特征词，我们都需要考虑长尾分布的情况。

五　数字文献资源聚合的应用方法研究

信息技术的快速发展，使得 Internet 无形中构建了一个容量无限的庞大信息库，而且网络成为最主要的传播途径。当快速准确查询信息成为当前信息获取中一大难题时，检索聚类的思想看起来就非常有效可行。在众多实际的案例中，我们已经看到了聚类的方法对信息检索的降噪能力。已有学者对文本聚类在信息资源聚合中的应用进行了总结①②，主要应用于 Web 新闻聚合并自动摘要、检索聚合与主题分类、个性化推送服务和改善过去的文献分类等方面。

（一）新闻聚合与自动摘要

由哥伦比亚大学计算机科学学院自然语言处理小组研制开发的多文档自动文摘系统 Newsblaster③④ 就是一个典型的成功案例（图 1 - 1），现在仍然备受关注。

该系统将网上每天发生的重要新闻进行聚类处理，并对同主题文档进行冗余消除、信息融合、文本生成等处理后生成一篇简明扼要的摘要文档。主要新闻来源是一些大型知名媒体网站，如 CNN、Reuters、ABCNews、Fox News 等，系统每日自动从这些网站获取新闻。聚类的作用

① 姚清耘、刘功申、李翔：《基于向量空间模型的文本聚类算法》，《计算机工程》2008 年第 18 期。

② 吴林静：《基于语义场模型的学科资源聚类及应用研究》，华中师范大学博士学位论文，2013 年。

③ Columbia Newsblaster [EB/OL]. [2013 - 12 - 13]. http://newsblaster. cs. columbia. edu/.

④ Hatzivassiloglou V, Klavans J L, Holcombe M L, et al. Simfinder: A flexible clustering tool for summarization [C]. Proceedings of the NAACL Workshop on Automatic Summarizatio, 2001.

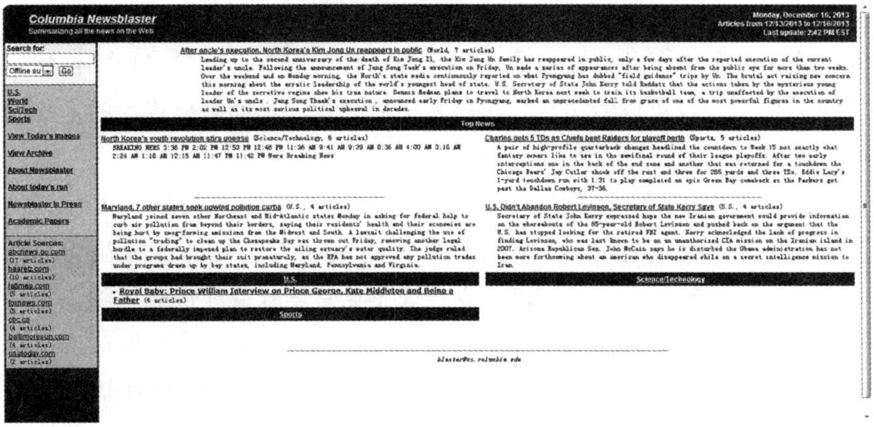

图 1－1　哥伦比亚大学 Newsblaster 新闻聚合界面

主要在于根据新闻内容将其聚合成不同的类，为自动文摘等自然语言处理阶段提供预处理。

文本聚类是基于相似性算法的自动聚合技术，自动对大量无类别特征的文档进行归类，把内容相近的文档归为一类，并自动为该类生成特征主题词或摘要（相当于聚类的副产品）。文本聚类适用于自动生成热点舆论专题、重大新闻事件追踪、情报的可视化分析等诸多应用。国内致力于文本聚类的研究和开发也比较多，比如北京灵玖软件（LingJoin）公司①先后研制的 LJCLuster 文本聚类中间件软件、LJParser 文本搜索与挖掘开发平台。LJParser 文本搜索与挖掘开发平台的功能包括：全文精准搜索，新词发现，汉语分词标注，词语统计与术语翻译，自动聚类与热点发现，分类过滤，自动摘要，关键词提取，文档去重，正文提取等十余项，是针对互联网内容处理的需要，融合自然语言理解、网络搜索和文本挖掘的技术，提供了用于技术二次开发的基础工具集。

（二）对检索结果的聚类

现行的检索系统多是将结果按相关度或出版时间等进行排列，如果

---

① 灵玖软件［EB/OL］.［2014－01－20］. http：//www. lingjoin. com/.

检索结果较多，还是难以精炼结果而获取最理想的文献。检索聚类即是对搜索引擎所返回的检索结果进行聚类分析，以帮助用户迅速定位到所需要的信息，也可以为用户二次检索提供线索。早期有代表性的系统有 Vivisimo Velocity Platform① 和 infonetware②。

搜索引擎 Vivisimo 创立于 2000 年 6 月，由卡内基梅隆大学计算机学院研发。主要是应用文本聚类技术对 Internet 信息进行优化组织，以帮助企业挖掘相关的业务信息，以提高企业管理效益和规避风险。该系统最大的特色就是对搜索结果进行自动分类，从而让用户能够对搜索结果一目了然。该系统后为 IBM 所拥有，并更名为 InfoSphere Data Explorer③，但“仍然忠实于其前身给予一个广泛的企业内容提供联合导航和发现的初衷，以帮助用户从已有的数据中发现更多有用的知识”，主要提供文本挖掘和知识发现服务。

搜索引擎 Infornetware Real Term Search④，原为检验网络分类技术而设计，它以元搜索引擎而知名，但有强大的对搜索结果进行主题分类的功能。与众不同的是，用户可以选择不同的主题，并得到来自所有主题的搜索结果，而不是仅仅把搜索结果限定在一个主题范围内。

此外，Carrot 系统⑤也是一个极负盛名的文档聚类系统，该系统由波兹南工业大学的 Dawid 等人研发，是一个开源的检索结果聚类引擎（Search Results Clustering Engine），可以用于对小规模的文献检索结果进行二次组织。该系统可以自定义文档的检索来源，如 Google、Bing、Yahoo 等著名搜索引擎的返回结果，也可以是通过检索工具包 lucene 所建立的索引文件或者符合一定格式的 xml 文件，这一特性使得其应用非常广泛。在聚类算法上，该系统除包含了经典的后缀树（Suffix Tree

---

① 原网址 http：//www. vivisimo. com.

② 原网址 http：//www. infonetware. com.

③ InfoSphere Data Explorer ［EB/OL］. ［2014 - 01 - 20］. http：//www - 01. ibm. com/software/data/information-optimization/.

④ InfornetwareRealTerm Search ［EB/OL］. ［2014 - 01 - 20］. http：//www. infonetware. com. br/.

⑤ Carrot^2 ［EB/OL］. ［2014 - 01 - 20］. http：//project. carrot2. org/.

Clustering，STC）算法和 k-means 算法之外，Lingo 算法也是首次在该系统中被提出并实现。该算法注重对语义标签的生成，通过使用潜在语义索引模型进行标签的提取，可以获得较好的可理解的聚类标签，但是由于潜在语义索引的复杂度很高，该算法在大数据集中的性能不够理想。此外，除了通过文字的方式显示聚类结果之外，该系统还提供了多种可视化的聚类结果呈现方式，帮助用户更好地了解各个主题的分布情况。表 1－1 是其中算法的比较。

表 1－1　**三种文本聚类算法比较**

Algorithm	Author	Speed [s]*			Hierarchical clustering	Other features	Papers	Example results
		100	200	400				
Lingo***	Stanislaw Osinski	0.48 0.16**	0.34 0.17**	0.74 0.31**	no		[2] [3]	london
STC	Oren Zamir (Impl: Dawid Weiss)	0.01	0.02	0.06	no		[5]	london
Lingo3G****	Stanislaw Osinski (Carrot Search)	0.01	0.03	0.05	yes	multilingual clustering, synonyms, advanced tuning, scalability (10,000 snippets in 530ms*)		london

*　Clustering speed measurements were done for 100，200，400 snippets downloaded from Yahoo! for query "lucene"，Benchmark environment：Intel Core 2 Duo E8400 3GHz，3GB MB RAM，Windows XP. Java Virtual Machine：Sun JDK 1.6.0，JVM switches：-server -Xmx512m. Time presented in the table is an average of 100 runs，for each algorithm time measurement was preceded by 100 untimed warm-up runs.

**　Clustering time when native matrix computations are enabled.

***　Lingo is the default clustering algorithm used in the Carrot^2 live demos.

****　Lingo3G is a commercial document clustering engine and is not avaitable in the Open Source part of Carrot^2. Please contact Carrot Search for details.

LingPipe① 是 Alias 公司开发的一款自然语言处理软件包，可以对 Twitter 检索结果自动分类。Mahout② 是 Apache Software Foundation（ASF）旗下的一个开源项目，提供一些可扩展的机器学习领域经典算法的实现，旨在帮助开发人员更加方便快捷地创建智能应用程序，聚类算法采用 K-Means 和 Fuzzy K-Means。后三者都有文本分类、聚类等多种功能，都是机器学习研究者常用的软件，但只有 Carrot² 是开源的。

如果把这些案例的思想方法，应用到数字图书馆的文献管理和知识服务中，其作用肯定是行之有效的，意义也是巨大的。譬如 SOMlib 系统③就是通过 SOM（自组织映射）等方法，将高维空间的文档向量拓扑保序地映射到二维空间，使得聚类结果可视化和便于理解。国内知网和超星发现检索系统也实现了检索聚类和可视化展示服务，使得二次检索大大提高了效率，也使得查准率有一定上升。

（三）文档管理与个性化信息服务

对既定文档集自动进行整理，对于单位和个人都是一种不错的工具。像 Scatter/Gather④ 就可以对文档集合进行自动整理，其整理的方法就是对文档聚类，然后在聚类的基础上提供文档浏览。而微软的 Ji-Rong Wen 等人⑤则利用聚类技术对用户提出的查询记录进行聚类，并利用结果更新搜索引擎网站的 FAQ。

在商业领域应用较普遍的是，根据用户网页浏览记录或个性资料等，形成用户感兴趣的文档聚类，从而发现用户的兴趣模式并用于信息

---

① LingPipe [EB/OL]. [2014-01-20]. http://alias-i.com/lingpipe/index.html.

② Mahout [EB/OL]. [2014-01-20]. http://mahout.apache.org/.

③ Rauber A, Frühwirth M. Automatically analyzing and organizing music archives [M] //Research and Advanced Technology for Digital Libraries. Springer Berlin Heidelberg, 2001: 402-414.

④ Cutting D R, Karger D R, Pedersen J O, et al. Scatter/gather: A cluster-based approach to browsing large document collections [C] //Proceedings of the 15th annual international ACM SIGIR conference on Research and development in information retrieval. ACM, 1992: 318-329.

⑤ Wen J R, Nie J Y, Zhang H J. Clustering user queries of a search engine [C] //Proceedings of the 10th international conference on World Wide Web. ACM, 2001: 162-168.

过滤和信息主动推荐等服务①。目前像亚马逊、天猫等电商网站根据用户浏览的商品信息推荐同类或相关商品的功能已经比较成熟。

（四）改善文献分类的结果

利用无监督学习的文献聚类分析所形成的类，可以对已有分类结果进行检验，进一步修正，使得在分类规则制定中做到主观和客观相结合。比如俄亥俄州立大学的 Fang Y C 等人的工作②，以及后续的相关研究③。

分类是将样本归入已知的类别中，而聚类是在未知类别和未知类数的情况下根据样本的特性聚集成簇，因此在机器学习中聚类属于无监督学习方法。朴素贝叶斯方法（Naïve Bayes，NB）是一种分类方法，PDDP（Principle Direction Divisive Partitioning）是一种聚类方法。在 Fang Y C 的研究中，就是先用 PDDP 方法把标记类别的训练集进行聚类，除去争议点，然后作为固有类别去对样本进行分类，以达到提高分类准确性的目的。

六　数字文献资源基于元数据聚合的探索

根据以上对数字文献资源乃至一切信息资源的聚合理论方法和应用案例的分析可见，提取资源特征，然后根据资源特征进行组织和服务是聚合最基本的思路。然而限于数字文献资源使用权的问题，以及文本挖掘技术的不成熟，本书探索在元数据层提取文献特征，并在此基础上探索资源聚合的方法。

---

① 林鸿飞、马雅彬：《基于聚类的文本过滤模型》，《大连理工大学学报》2002 年第 2 期。

② Fang Y C，Parthasarathy S，Schwartz F. Using Clustering to Boost Text Classification [C] //Proc. of the IEEE ICDM Workshop on Text Mining. Maebashi City，Japan：[s. n.]，2002：1 – 9.

③ Xu S，Zhang J. A parallel hybrid web document clustering algorithm and its performance study [J]. The Journal of Supercomputing，2004，30（2）：117 – 131.

（一）元数据是数字文献资源的特征信息

元数据是关于数据的数据，即描述某一资源的结构化数据。它为各种形态的数字化信息单元和资源集合提供规范、普遍的描述方法和检索工具[①]，可用于描述、解释和定位资源，也能够方便检索、使用和管理信息源。依据功能或形式的不同可将元数据体系分为三类[②]：描述型元数据，结构型元数据和管理型元数据。描述型元数据，主要包括题名、关键词、作者、机构、出版物、出版日期、卷期号等资源发现和鉴别的描述信息。由于描述性元数据通常都属于公共信息，因而它往往比别的元数据更容易得到较好的标准支持。针对图书馆的描述型元数据标准有MARC 和 AACR2 等，Dublin Core 也是一种典型的描述性元数据，可应用于描述数字对象、馆藏管理和元数据交换。

图书馆数字文献资源主要以文本信息资源为主，如 pdf 格式文档、doc 格式文档以及中国知网采用的 caj 格式和 kdh 格式等等。由于受使用权的限制，以及文档格式的不同，使得基于全文的分析耗时费力。当前较多的检索系统是基于元数据的，优点是速度快，查全率高，对初次检索似乎也就够了，缺点是查准率低。但是现实需要的是对检索结果的精练或为二次检索创造条件，这就需要聚合的手段，它要比目前普遍流行的按相似度排列的结果更有利于文献发现，进一步实现知识发现。

前文中已指出文献聚合是一个广义的概念，而且可以在多个层次（角度或维度）来聚合，比如按前面提到的文献类型聚合、按主题聚合、按作者聚合、按作者单位聚合等，当然也可以按主题和文献类型同时聚合。本书所指的文献聚合主要是文献主题的聚合，因此需要从元数据中选择最能反映研究主题的信息，如关键词和题目等。按主题聚合是最复杂的，仅仅利用特征词是不够的，还需要研究主题间的直接或间接的语义关联。

---

① 刘嘉：《元数据导论》，华艺出版社 2002 年版。

② 聂茹、李政伟：《基于本体和语义网格的空间元数据管理研究》，《计算机工程与设计》2007 年第 28（8）期。

（二）基于元数据实现文献聚合的可行性

对文献的主题聚合主要有两个方向：一个是利用自然语言处理、文本挖掘等的技术和方法不断推进基于全文语义的文献聚类；另一个是通过文献元数据或所提取的特征信息及其相关信息来计算文献相似性进而聚类。前者更注重自动化，还不尽完美；后者兼重效率，在现有条件下快速提供更准确的结果。本书基于第二种思想，即在不增加更多计算量的前提下，通过文献特征信息向量的聚类来实现文献的聚合，以电子期刊文献为主要研究对象，对于具备相关特征的其他数字文献形式，其聚合的方法是相同的。

元数据最主要、最基本的应用在于对信息对象的内容和位置进行描述，从而为信息对象的存取与利用奠定必要的基础。事实上，元数据本身就蕴含着文献的主题语义，元数据刻画的既是数据的含义，也就是语义网的语义。① 有研究表明，元数据与语义表达的关键——本体之间也存在一定的关联。② 因此通过大量的元数据分析可以获取相互之间的潜在语义关联。在具体的应用中，元数据与本体也是可以互为补充的。③ 一方面，本体可以采用元数据的组织方式对信息资源进行开放式的标记、描述、挖掘与交换，即，若把本体中的类与子类看作元素和子元素，则本体便转换成了元数据的方式；另一方面，针对不同资源对象的本体亦可被视为不同的元数据模式，如针对文献的本体可以利用 DC（Dublin Core）元素集进行描述，针对个人信息的本体则可采用 VCARD 元数据进行转换刻画。实际上，很多本体在构建时已经融入了相关的元数据模式并将其中的元素作为本体中的类、子类或属性值等。④ 本体概念的建立利用了元数据的使用规则，如此可见，在元数据层挖掘潜在语

① ［美］Antoniou G，Van Harmelen F：《语义网基础教程》，陈小平等译，机械工业出版社 2008 年版，第 12—14 页。

② 潘小蕊：《本体与元数据关系研究》，《图书情报论坛》2009 年第 2 期。

③ 李金定：《叙词表、元数据与本体之间关系探究》，《图书馆学研究》2007 年第 8 期。

④ 王菲菲：《基于计量分析的数字文献资源语义化研究》，武汉大学博士学位论文，2013 年，第 42 页。

义关联，进而实现主题聚合是可能的。

七　本章小结

在现有研究的基础上结合时代背景，拓展了资源聚合的概念，总结了文献聚合的形式和内容，介绍了文献资源聚合的理论基础，以及典型应用案例和方法，最后落脚在基于元数据对文献聚合的探索。具体分以下几点：

（1）研究了文献资源聚合的内涵和外延，通过与数据融合、文献整合集成的比较，拓展了文献聚合的研究范围。信息资源建设的水平随着社会经济发展的需要在不断提高：面对多元异构的数据形式，提出了数据融合的技术和方法；面对“多源”的数据，积极推动数据整合的研究；而面对大数据和数字文献为主要形式的时代特征，知识发现和服务逐渐成为资源建设的下一个战略任务。因此，资源聚合的概念不仅涵盖了数据融合、资源整合集成，还要将聚合知识发现作为其重要的目标，真正实现聚合“归于整，理为序而求其真”的功能。而且响应时代的要求，聚合知识发现将成为资源聚合的重中之重。当然数据融合和资源整合的工作并不会停止，一方面作为信息资源聚合的前期工作；另一方面也会不断向信息资源聚合一体化和智能化水平发展。

（2）概括了文献聚合的形式和内容，明确了本书的研究方向是基于潜在语义关联的文献聚合。根据文献聚合的不同出发点，将文献聚合分为基于属性关联的聚合和基于语义关联的聚合，但两者也不是完全对立的，有的属性关联也蕴含着潜在语义关联，属性关联分析也可以获得语义关联的结果，因此基于属性关联的文献聚合也是基于语义关联文献聚合的重要手段。

（3）文献聚合主要理论基础的论述，为下文的研究提供重要支持。文本挖掘理论是文献聚合的基础理论，它为文献特征提取、语义信息挖掘等提供了重要理论和方法支持；共现分析理论是传递和度量潜在语义关系的重要基础；潜在语义分析理论可以有效压缩和挖掘潜在语义信息；模式聚合理论和特征聚合理论为文献聚合提供了可行的思路；信息熵理论为聚合评价提供了很好的方法；长尾理论也为资源聚合提供了指导。

（4）成功案例应用方法的分析，为本书的研究提供了建设性意见。结合现实中文献聚合的成功案例，了解了它们的主要思路和方法，以及主要的应用领域，学习它们的可借鉴之处。

（5）对在元数据层实现文献主题聚合的可行性进行探索。元数据不仅有对文献描述和定位的作用，还反映文献的重要主题，可以为本体的建立提供重要的语义补充。元数据获取容易，信息准确，避免了全文分析中文本分词等处理带来的错误信息，还降低了成本。基于关键词向量的文献聚合抓住了文献主题的关键信息，其聚合效果理论上可行有效，实际表现需要在后面章节中进行实验检验。

第二章　数字文献资源的高维向量表示与语义相关性研究

文献资源迅猛增长为信息检索、文献服务、知识发现等带来了困难，如何找到想要的文献成了现实中的关键问题。数据挖掘、文本聚类等技术，也面临同样的问题，那就是文献的特征抽取和表示，以及文献语义相似性的度量等问题。文献的特征是多元的，在某一特征元上的表现又可能是高维的。文献的聚合首先要解决的就是文献的特征表示问题，而且在表示中要充分体现文献的主题信息，这样的表示才能作为文献的代表，从而保证文献主题聚合的准确性。本章将从文献的高维特征向量的建立、向量空间模型和语义向量空间模型等几个方面进行研究。

一　数字文献资源的多元和高维特征

（一）文献属性的多元特征

随着信息科技的不断发展，数字文献资源逐渐成为文本资源的重要形式。经过多年的信息资源建设，数字文献资源相对于一般的文本，有了更加规范的元数据，比如大部分文献具有元数据的基本标识，如题目、作者、机构、摘要和关键词等。目前主要元数据的格式或标准有[①]：艺术作品描述类目（CDWA），编码文献描述（EAD），VRA 核心类目（VRA

① 郭志红：《元数据的多角度透视》，《图书馆》2002 年第 5 期。

core)，机读目录（MARC），都柏林核心集（DC）等。其中，DC 元数据是传统图书情报领域文献编目与分类经验的集中化体现，同时又引入了计算机自动索引与编目检索的技术成果，从而演变成了一种结构简单、易于编码和解读、便于推广使用的元数据形式。相对于复杂的 MARC 格式，DC 格式元数据以简制胜，主体包括 15 个核心元素：题名（Title）、创建者（Creator）、主题（Subject）、描述（Description）、出版者（Publisher）、其他责任者（Contributor）、日期（Date）、类型（Type）、格式（Format）、标识符（Identifier）、来源（Source）、语种（Language）、关联（Relation）、覆盖范围（Coverage）、权限（Rights）。这些元素都是文献的特征，其中题目、摘要和关键词等能表示研究主题，作者和机构反映归属，我们称这些元数据指标为文献的属性元。

元数据最主要、最基本的应用在于对信息对象的内容和位置进行描述，从而为信息对象的存取与利用奠定必要的基础。元数据的各个元素之所以称之为文献的属性元，是因为它可以反映文献的基本特点，是定位文献的重要信息。利用统一的元数据标准描述数据资源，有助于对不同来源数据的理解，实现数据共享；标准化的元数据结构还有利于长期有效地进行数据保存；元数据还实现了资源数据的有序化，即资源组织，而对于分布异构的数据资源进行统一规范的描述和组织便促进了异构资源的互操作；元数据中所包含的网络信息资源的位置信息，还有助于信息管理者或需求者对资源进行搜寻和定位，从而促进了网络环境中信息对象的发现和检索。

我们将元数据中反映文献特征的每一项属性，比如文献的题目、关键词、作者或机构（单位）等等，视为一个属性元，那么一篇文献的特征属性无疑是多元的。这些属性可以较完整描述一篇文献的基本信息。每一篇文献都可以表示成一条元数据向量，那么一个文献集的元数据向量集就是这个文献集的信息概要，他们就可以作为文献检索的基础，事实上，在很多数据库中也是按向量的方式来展示文献的题录，以便管理和服务。这种多元的属性是一篇文献区别于其他文献的主要信息，也是文献元数据存储和管理的主要信息。文献的这种多元属性，又表现为一种结构型数据，因此称之为文献的“结构多元性”。元和维在数学上的意思是相近的，只不过前者多用于代数中，后者在几何中常见。文献的结构多元性表现在空间中也是一种高维性，因此也可称之为文献的“结构高维性”。

（二）文献主题的高维特征

文献的结构多元属性对研究作者或机构合作、引用等是非常重要的，不仅可以发现主要的合作团队、学术流派、研究路线，还可以进行专家推荐等。但是对文献主题挖掘和聚合的作用是有限的，比如在元数据基础上的词面匹配的检索精确性还不够高。目前对文献主题的聚类研究主要的方法都是非度量的，比如共现分析。如通过作者和关键词的共现，可以发现作者研究的方向以及相同或相近领域的作者群，进一步发现该领域或学科的领袖人物或核心人物；通过关键词共现还可以发现研究热点及其演变；通过引用关系可以了解知识演化脉络等等。如果要分析更多属性元的关系难度就大了，而且这些属性元之间不具有相同的度量尺度，从度量角度对它们进行多维分析还不具备可行的方法。

对文献主题的研究主要从关键词、题目或者摘要等方面入手，如通过（高频）关键词的共现分析对某领域研究主题聚类，可以发现研究热点、主要的研究子领域等。但目前共现分析的主要问题是忽略了低频词，以至于对文献中的知识挖掘不够。实际上，单独研究文献结构属性的一个元的特征，其实也具有高维性。从文本挖掘的角度来看，任何文献都可以用特征词表征，特征词可以通过语义分析自动提取生成。文献的特征词一般与文本的篇幅成正比，即篇幅越长代表这篇文献的特征词就会越多，如果将每个特征词视为一维，那么篇幅越长，其特征词的维度就越高。这就是文献的又一种高维属性，称之为“特征高维性”，以区别于上面的结构高维性。

此外，还有一种情形就是，文献集群表现出的特征高维特性。比如考虑关键词特征，对一篇文献来讲，关键词一般只有几个，但对一个容量较大的文献集来讲，其所有相异关键词数量就很多，往往远大于文献的数量。文献集中的任何一篇文献用文献集的特征词来表示，就是一个高维的向量。因为这两种高维特征一个指文献本身，一个指文献集，因此也可以将前一种定义为文献的“自然高维特征”，后一种称为文献的“相对高维特征”。

从这个角度看，文献在每个属性上都具有高维性。因为这种高维性也是文献某一特征方面的表现，因此也归为“特征高维性”。本书从后一种高维特征出发来研究文献聚合。

如果说文献元数据的维数还不算高，那么其中任何一元以上的特征维度都要高得多。文献的特征词可以是关键词，如果选用关键词作为文献的特征词，虽然每篇文献的特征词不算多，但是将一个文献集或某一学科领域的文献的关键词放在一起，则构成一个关键词的高维向量（暂不考虑近义词），向量的长度就是关键词的总数（不妨记为 m），而相应的每篇论文的关键词对照这个高维关键词向量，相应有的记为 1，没有的记为 0，则可以得到一个只含 0 和 1 的 m 维向量，即每一篇文章对应于文献集互异关键词总数决定的 m 维空间中的一个 0，1 向量。随着 m 的增大，以关键词表征的文献就具有高维稀疏的特征。这是向量空间模型的基本描述框架，也是本书要改进的前提。

二 文献主题的特征选择与评价方法

（一）文献主题特征的选择问题

从凸显主题的角度将文献元数据中的多个属性分为描述性属性和语义属性。描述性的属性有出版日期、文献类型等，而文献题目、关键词、摘要等都可以视为文献的语义属性。在文本挖掘的研究中，文本特征词是通过分词和抽取关键词来得到的，但要对文献聚类的应用来说，从内容全面获取其特征目前还不易实现。相比于一般的文本，文献的元数据是结构化的，提取其特征相对要容易一点，可以选择题目、关键词、摘要或者它们的组合与叠加提取文献的特征词。面对多项反映主题的语义属性，是全部选择作为文献主题特征还是选择部分，选择题目还是选择关键词，如何选择等是首要考虑的问题。

文献题目对判断文献研究主题来说往往是关键的，但是需要人为判断，至少不能全机器化处理，因为涉及分词以及语义歧义等难题。相比而言，关键词就是一种结构化的数据，而且在合理选择关键词的前提下，关键词可以涵盖文献题目的主干，能够充分反映该文献的主题。此外，关键词不仅仅是单独的词，也包括很多词组和短语，其中一些是专业术语，它们所包含的语义信息对凸显主题是很有效的，远远好于多个单独的词的作用。至于关键词标注不规范的现象可以认为是小概率事件，予以忽略。我们充分相信对于专业的研究人员在一定水平的期刊上发表的文献，其中的关键词都是合理的，有代表性的。更深入地了解一篇文献的内容需要研读其摘要部分，但需要更先进的深层次的语义分析技术，目前语义分析的精确度还不够高。而其他元数据信息，比如作者和单位等信息更多表示文献的非内容关系层次的相似性，而较少反映主题。

因此，选择关键词作为文献相似性比较的主要特征，其具有规范化、结构化、分析效率高等特点。但是单一使用关键词是否相同来比较两篇文献的相似性又过于粗略，主要存在两方面的问题：一方面关键词数量有限；另一方面也存在一词多义的问题，此外还有同（近）义词的现象。本书的宗旨是在保证聚合效率的前提下，深度挖掘关键词的共现潜在语义信息，必要时可以将题目词或摘要词作为补充信息，但不一定有好的效果。

（二）特征子集的选取与评价

如果需要对文献表示向量补充信息，比如增加题目和关键词信息，则需要经过分词和选词等处理程序。对一篇文献的特征词的选择容易控制，在不失主要信息的前提下可以选择尽量少的特征词。但是对一个文献集来讲，不同的特征词构成的集合往往是文献数量的数倍，数量庞大。这种情况在普通文本挖掘和 Web 挖掘中尤为严重。有研究者采用词串作为文献特征，对 Yahoo 上 49600 个文献提取作为特征的词串（最大长度为 5），一共得到 320000 个特征词串，是文献数的 6 倍以上，可见数量之大。因此很多研究都会选择部分特征词来表示整个文献集。对普通文献集亦然，如果以关键词为文献的特征词，一般需要从所有关键词集合中选择部分关键词来构造文献空间，选择的依据是关键词的词频。用已选出的关键词集来表征文献空间，既不能包含太多冗余信息，也不能丢失过多的关键信息。可见选择最佳子集至关重要。具体表现在如何选择关键词和选择哪些关键词的问题上。

对于一般的文本信息挖掘，特征提取是至关重要的。首先要对全文分词，但是这样会产生大量的词汇，其中有很多是不重要的，因此第二步就要从中选择部分重要的词汇作为该文本的代表。既要选择重要的词汇，同时又要尽可能多地保留原文的信息，这是一个矛盾。因此最终落脚在选择哪些词和选择多少词的问题上，这就需要一些客观的评价方法。

若用 F 表示对应关键词 w 的特征，关键词 w 出现意味着该事件发生，$\bar{w}$ 表示关键词 w 不出现的事件，$P(w)$ 表示关键词 w 出现的概率，$\{C_i\}$ 表示所有关键词可以划分的类别，$P(C_i \mid w)$ 为关键词 w 出现且属于第 i 类的条件概率，$P(w \mid pos)$ 表示类 pos 中关键词 w 出现的条件概率，$P(w \mid neg)$ 表示类 neg 中，关键词 w 出现的条件概率，$TF(w)$ 为关键词 w 在文献集中出现的频次，或关键词中包括 w 的文献数量占文献总数的比例[①]，则主要的选择评价方法可表示如下：

（1）信息增益（Information Gain）：

$$InfGain(F) = P(w)\sum_i P(C_i \mid w)\log\frac{P(C_i \mid w)}{P(C_i)} + P(\bar{w})\sum_i P(C_i \mid \bar{w})\log\frac{P(C_i \mid \bar{w})}{P(C_i)}.$$

（2）期望交叉熵（Expected Cross Entropy）：

$$CrossEntryTxt(F) = P(w)\sum_i P(C_i \mid w)\log\frac{P(C_i \mid w)}{P(C_i)}.$$

（3）互信息（Mutual Information，MI）：

$$MultualInfoTxt(F) = \sum_i P(C_i)\log\frac{P(w \mid C_i)}{P(w)}.$$

（4）文本证据权（the Weight of Evidence for Text）：

$$WeightofEvidTxt(F) = P(w)\sum_i P(C_i)\left|\log\frac{P(C_i \mid w)(1-P(C_i))}{P(C_i)(1-P(C_i \mid w))}\right|.$$

---

① 温有奎、焦玉英：《基于知识元的知识发现》，西安电子科技大学出版社 2011 年版，第 33—34 页。

(5) 优势比 (Odds Ratio):

$$OddsRatio(F) = \log \frac{P(w \mid pos)(1 - P(w \mid neg))}{P(w \mid neg)(1 - P(w \mid pos))}.$$

(6) 词频法 (Word Frequency): $Freq(F) = TF(w)$.

以上 6 种方法中，词频法最为简单也最为实用，但有的高频特征词并不具备明显的特征，因此采用 TF - IDF 频次权重；优势比适合于两两比较问题；其余 4 种都体现了期望的思想。

三 文献特征的高维表示与文献相似性测度方法

(一) 文献特征的高维向量表示

文献的特征表示是进一步主题聚合分析的前提。然而，即使是面对结构化的文献特征，计算机程序还是难以识别，因此需要构建特征表示模型。目前，学界广泛使用的文本特征表示模型是向量空间模型(VSM)，在本章第四部分会详细介绍，本节为了给出相似性计算的表达式，先给出其基本的表示。VSM 模型的思想是：利用文献集所有正交特征词条构建高维文档空间，每篇文献通过其特征词条表示为这个空间中的高维向量。此处的正交性是一个几何概念，相互垂直的向量称为正交向量。这个由一组 (m 个) 正交特征词条向量所构成的 (m 维) 文献空间，实际上是语义结构空间，即由 m 个语义不重叠的词条生成的可以涵盖文献集中所有文献特征的语义空间。严格地讲正交的词条向量是难以选择的，因为同一概念往往有很多种表述形式，同义词或近义词的存在使得很多词条是相似或相近的，这是构造向量空间模型的一个难点。

一篇文献 d ，可以表示为 m 维文献空间中一个泛化的特征向量，仍用 d 表示，记为 $d = (t_1, a_1(d); t_2, a_2(d); \cdots; t_m, a_m(d))$ ，其中 t_i 为词条项，$a_i(d)$ 为 t_i 在相应文献 d 中的权重。对应于 m 维空间，一般简记为 $d = (a_{t1}, a_{t2}, \cdots, a_{tm})$ 。进一步，含有 n 篇文献的文档空间就可以表示为如下矩阵，

并记为 A：

$$
\begin{array}{c} \\ d_1 \\ d_2 \\ \vdots \\ d_i \\ \vdots \\ d_n \end{array}
\begin{array}{c} \begin{array}{cccccc} t_1 & t_2 & \cdots & t_j & \cdots & t_m \end{array} \\ \begin{pmatrix} a_{11} & a_{12} & \cdots & a_{1j} & \cdots & a_{1m} \\ a_{21} & a_{22} & \cdots & a_{2j} & \cdots & a_{2m} \\ \vdots & \vdots & \cdots & \vdots & \cdots & \vdots \\ a_{i1} & a_{i1} & \cdots & a_{ij} & \cdots & a_{im} \\ \vdots & \vdots & \cdots & \vdots & \cdots & \vdots \\ a_{n1} & a_{n2} & \cdots & a_{nj} & \cdots & a_{nm} \end{pmatrix} \end{array} = A \tag{2-1}
$$

如果文献特征词权重取布尔值，即 A 中元素为 0 或者 1，则 A 即为“篇—词”矩阵，其转置就是“词—篇”矩阵（terms by documents）。

（二）文献相似性与距离的测度

文献相似性或距离的度量是聚合的前提。距离一般是两事物空间位置的相对表示，相似性则是两事物之间关系更抽象的度量，而且两者之间是一种此消彼长的密切关系，有时相似性的计算可以通过距离的测量来表示，反之亦然。主题相似性或距离是文献分类和聚合的主要依据，以下是一些主要的度量方法。

设文献 A 和 B 的特征向量分别表示为 $d_A = (a_1, a_2, \cdots, a_m)$，$d_B = (b_1, b_2, \cdots, b_m)$，其中 m 为文献特征最大维度，a_i 和 $b_i (i = 1, 2, \cdots, m)$ 分别为相应文献在相应特征维上的权重，可以是连续型数值也可以是布尔值。下文用 $dist_{AB}$ 表示两文献的距离，用 Sim_{AB} 表示两文献的相似性。那么主要的距离计算方法可以表示为：

（1）绝对值距离（Manhattan）：$dist_{AB} = \sum_{i=1}^{m} |a_i - b_i|$.

（2）欧氏距离（Euclidean）：$dist_{AB} = \sqrt{\sum_{i=1}^{m} (a_i - b_i)^2}$.

（3）闵可夫斯基距离（Minkowski）：$dist_{AB} = \left[\sum_{i=1}^{m} |a_i - b_i|^q\right]^{1/q}, q > 0$.

（4）加权距离：有时候需要采用加权的形式来区别不同维度的重

要性，设各维的权重为 $w_i(i=1,2,\cdots,m)$。如果是标准权重，要求 $\sum_{i=1}^{m} w_i=1, w_i \geqslant 0$，非标准权重则无约束。此时各维度的距离表示为 $(d_w)_{ab}^i = w_i|a_i-b_i| = w_i d_{ab}^i$，进一步得到以上三种距离的加权形式为：

$$dist_{AB}=\sum_{i=1}^{m} w_i|a_i-b_i|, \quad dist_{AB}=\sqrt{\sum_{i=1}^{m} w_i^2(a_i-b_i)^2},$$

$$dist_{AB}=\left[\sum_{i=1}^{m}|w_i(a_i-b_i)|^q\right]^{1/q}(q>0)。$$

有了距离的测度方法，就可以度量相似性。

（1）$Sim_{AB}=1-dist_{AB}$，其中 $dist_{AB}\in[0,1]$。

（2）$Sim_{AB}=\dfrac{1}{1+dist_{AB}}$，其中 $dist_{AB}\in[0,+\infty)$。

此外，用于相似系数计算的方法还有：

（3）余弦相似度：

$$Sim_{AB}=\cos\varphi=\frac{d_A\cdot d_B}{\|d_A\|\ \|d_B\|}=\frac{\sum_{i=1}^{m} a_i b_i}{\sqrt{\sum_{i=1}^{m} a_i^2 \sum_{i=1}^{m} b_i^2}} \tag{2-2}$$

其中，$d_A\cdot d_B$ 表示两向量的内积，$\|\cdot\|$ 为模长，一般地 $\varphi\in[0,\pi/2]$。文献 A 和文献 B 所研究的内容越相似，它们的特征向量的夹角越小，因此余弦值越大。反之，余弦值越大，则两向量夹角越小，说明两文献越相似。从距离的角度考虑，可以用夹角大小定义余弦距离如下：

$$dist_{AB}=\varphi=\arccos\frac{V_A\cdot V_B}{\|V_A\|\ \|V_B\|}=\arccos\left(\frac{\sum_{i=1}^{m} a_i b_i}{\sqrt{\sum_{i=1}^{m} a_i^2 \sum_{i=1}^{m} b_i^2}}\right).$$

（4）Jaccard 相似度：

$$J(A,B)=\frac{V_A\cdot V_B}{\|V_A\|^2+\|V_B\|^2-V_A\cdot V_B}=\frac{\sum_{i=1}^{m} a_i b_i}{\sum_{i=1}^{m} a_i^2+\sum_{i=1}^{m} b_i^2-\sum_{i=1}^{m} a_i b_i}$$

同上（3），$V_A\cdot V_B$ 表示两向量的内积，$\|\cdot\|$ 为模长。

（5）相关系数：

$$Sim_{AB} = r_{AB} = \frac{\sum_{i=1}^{m}(a_i - \bar{a})(b_i - \bar{b})}{\sqrt{\sum_{i=1}^{m}(a_i - \bar{a})^2}\sqrt{\sum_{i=1}^{m}(b_i - \bar{b})^2}}$$

其中 $\bar{a} = \frac{1}{n}\sum_{i=1}^{m} a_i$ 和 $\bar{b} = \frac{1}{n}\sum_{i=1}^{m} b_i$，分别表示两特征向量的均值。一般 $r_{AB} \in [0,1]$，0 表示完全不相关，即完全不相似；1 表示完全相关，即相同。

（6）数量乘积：

$$Sim_{AB} = \begin{cases} 1, & a = b \\ \frac{1}{M}\sum_{i=1}^{m} a_i b_i, & a \neq b \end{cases}$$，其中，$M > 0$ 且 $M \geqslant \max\limits_{a \neq b}\{\sum_{i=1}^{m} a_i b_i\}$。

（7）最大—最小值法：$Sim_{AB} = \frac{\sum_{i=1}^{m}(a_i \wedge b_i)}{\sum_{i=1}^{m}(a_i \vee b_i)}$，其中 $(a_i \wedge b_i)$ 等于两者之间的最小值，$(a_i \vee b_i)$ 等于两者之间的最大值。

（8）算术平均—最小值法：$Sim_{AB} = \frac{2\sum_{i=1}^{m}(a_i \wedge b_i)}{\sum_{i=1}^{m}(a_i + b_i)}$.

（9）几何平均—最小值法：$Sim_{AB} = \frac{2\sum_{i=1}^{m}(a_i \wedge b_i)}{\sum_{i=1}^{m}\sqrt{a_i b_i}}$.

（10）绝对值指数法：$Sim_{AB} = e^{-\sum_{i=1}^{m}|a_i - b_i|}$.

（11）指数相似系数法：$Sim_{AB} = \frac{1}{m}\sum_{i=1}^{m} e^{-(a_i-b_i)^2/s^2}$.

（12）绝对值倒数法：

$$Sim_{AB} = \begin{cases} 1, & a = b \\ \dfrac{M}{\sum_{i=1}^{m} |a_i - b_i|}, & a \neq b \end{cases}$$，其中 $M < \sum_{i=1}^{m} |a_i - b_i|$，适当选取 M 使得 $Sim_{AB} \in [0,1]$ 且易分开。

（13）绝对值减数法：

$Sim_{AB} = 1 - c\sum_{i=1}^{m} |a_i - b_i|$，其中 c 的取法要求同（12）中 M 的取法。

（14）非参数法：

令 $a'_i = a_i - \bar{a}$，$b'_i = b_i - \bar{b}$，记 n_{ab}^{+} 为 $\{a'_1b'_1, a'_2b'_2, \cdots, a'_mb'_m\}$ 中正数的个数，记 n_{ab}^{-} 为 $\{a'_1b'_1, a'_2b'_2, \cdots, a'_mb'_m\}$ 中负数的个数，则 $S_{AB} = \frac{1}{2}\left(1 + \frac{n_{ab}^{+} - n_{ab}^{-}}{n_{ab}^{+} + n_{ab}^{-}}\right)$。

（15）贴近度法：假设 V_A 和 V_B 所表示的向量是经过归一化处理的，及其各维的分量都属于［0,1］，则距离贴近度定义为 $Sim_{AB} = 1 - c(dist(d_A, d_B))^{\varphi}$。

除此之外，还有主观的方法，如专家打分法，即由专家根据自己的知识直接给两两对象的相似度进行评分，采用十分制或百分制没有本质区别。①

以上距离或相似性度量方法，各有侧重。其中欧式距离和余弦相似性（距离）在文本分类中应用最为普遍。相比之下，余弦相似函数无量纲，在度量高维向量表示文本书献的相似性时计算快捷，因此本书以余弦相似性来计算文献之间的主题相似性。

四　向量空间模型及其衍生模型

（一）经典 VSM 模型

向量空间模型（VSM）是哈佛大学的 Gerard Salton 等人于 20 世纪

① 史忠植：《知识发现》，清华大学出版社 2011 年版，第 97—99 页。

60 年代末提出的，并在 SMART 文本检索系统中成功应用①②③。SMART 系统是一个信息检索系统，但它已超出了简单的词匹配检索思想，不再是单单借助于人为添加的关键词或索引词来检索，也不是凭借某些词汇或短语在文本中的频次工作，而是采用一系列的智能化辅助处理，其中包括同义词表，主题标识（概念）的层次结构（类似于本体）和短语生成方法。

VSM 模型在提出之后的 30 多年中，一直是信息检索的标准模型，Gerard Salton 也因此被称为现代信息检索的奠基人④。VSM 的基本思想是通过对文本的处理，将文本内容表示为向量空间中的向量，采用空间相似度表征语义的相似度，当文本被表示为文本空间的向量后，利用向量之间的相似性来度量文献间的相似性。VSM 最主要的假设是不同特征词之间是正交的，即没有考虑词之间的语义关系。

在基于经典 VSM 模型（Basic VSM，指最初的 VSM 框架）的信息检索中，用项的向量空间来表示用户查询需求和文献信息，然后根据向量空间中的文献与需求的相似度对查询结果进行排序。其中的项是用来表示文献内容特征的基本语言单位，可以是字、词、短语、词组等，常称为文献的特征词，基于文献特征词的表示向量称为特征向量（不同于矩阵的特征向量）。理论上，如果文献空间被看作是一组由（词义）正交的项张成的向量空间，那么每篇文献 d 就可以表示为其中一个特征向量，仍用 d 表示，即 $d = (t_1, t_2, \cdots, t_m)$。如果考虑权重的话，可以表示为 $d = (t_1, w_1(d); t_2, w_2(d); \cdots; t_m, w_m(d))$，其中 $w_i(d)$ 等同于本章第三部分中的 $a_i(d)$。

因此，文献向量的构建可以分两步来实现：（1）提取特征词 t_1，

① Salton G. The SMART retrieval system—experiments in automatic document processing [J]. 1971.

② Salton G, Wong A, Yang C S. A vector space model for automatic indexing [J]. Communications of the ACM, 1975, 18 (11): 613 - 620.

③ Salton G, McGill M J. Introduction to modern information retrieval [J]. 1983.

④ 贺德方等：《数字时代情报学理论与实践——从信息服务走向知识服务》，科学技术文献出版社 2006 年版。

$t_2,\cdots,t_m$，可能用到分词等技术，也可取关键词为特征词；（2）计算每篇文献中的每个关键词的权重，一般视为频次的函数 $w_i(d)=\varphi(tf_i(d))$。

在自然语言处理和机器学习等研究中，常采用带权重向量。主要权重算法有以下几种①：

（1）布尔权重：

$$w_i(d)=\begin{cases}1, & tf_i(d)\geqslant 1\\0, & tf_i(d)=0\end{cases}.$$

（2）频率权重：$w_i(d)=tf_i(d)$.

（3）平方根权重：$w_i(d)=\sqrt{tf_i(d)}$.

（4）对数权重：$w_i(d)=\lg(tf_i(d)+1)$.

（5）TF－IDF 权重：$w_i(d)=tf_i(d)\cdot\lg(n/df_i)$. 包含特证词 t_i 的文献数为 df_i。

如果采用频率权重 TF（*term-frequency*），每篇文章就表示为：

$d_{tf}=(tf_1,tf_2,\cdots,tf_m)$

其中 tf_i 是该文献中第 i 个特征词的频率。但更广泛使用的是改进模型 IF－IDF 权重，其中 IDF（inverse document frequency）称为逆文献权重，是为了降低出现在很多文献中的词的重要性，因为在多篇文献中都出现使得这些文献难以区分，自然就有碍聚类，因此在原有频率权重 TF 基础上乘以 IDF 权重得到最常用的 IF－IDF 权重。设 n 为总文献数，df_i 为以 t_i 为特征词的文献数。采用 TF－IDF 权重的文献表示形式记为：

$d_{tf-idf}=(tf_1\cdot\log(n/df_i),tf_2\cdot\log(n/df_2),\cdots,tf_m\cdot\log(n/df_m))$

可见，当包含该特征词的文献越多，该词的权重越低，直至降到0，不管其频率有多高。如果一词的权重为0，就视为停用词。考虑到文献向量在文献空间中模长不一致的问题，可以对其标准化，使得所有文献向量有一致的模长。若取 $\|d_{tf-idf}\|=1$，则每个文献就是指向单位超球面上的一个单位向量。

---

① 温有奎、焦玉英：《基于知识元的知识发现》，西安电子科技大学出版社 2011 年版，第 33—34 页。

虽然 IF - IDF 权重在文本分类、聚类和检索中效果很好，但是在实践应用中基于全文的词频的统计难以获得，如果没有词频信息，只能采用布尔权重（相当于没有权重）来表示文献是否包含某一特征词，而更多的语义信息只有从词的使用规律中挖掘。

（二）广义向量空间模型

在 VSM 模型中，每个词代表的维度之间被假设是正交的，意味着它们的词义之间是语义独立的。但这种假设是不现实的，一种语言中的词语大多是有相关性的，而 VSM 忽略了这种关系。1985 年 Wong 等①分析了 VSM 中关于词向量正交的问题，提出了广义向量空间模型（General VSM，GVSM）。GVSM 模型的目的是构造一组真正正交的向量来表示所有文献，新正交向量组张成的空间正是原文献空间的对偶空间。

同前记号，文献集 $D = \{d_i, i = 1,2,\cdots,n\}$ 含 n 篇文献，共提取 m 个特征词。设篇—词矩阵为 A（2 - 1），记 $G = A'A$，称 G 为关联矩阵。m 个特征词在标准 VSM 模型中被视为 m 个正交向量。但因为这些词之间是有相关性的，除了 m 个词以外，可能有两两相关、多多相关关系，所有这些关系组合最多有 2^m 个。若将每种关系（包括 m 个词本身）映射为 2^m 维笛卡尔空间中的标准单位向量，即：

$$\begin{aligned}
\vec{r}_1 &= (1 \quad 0 \quad 0 \quad 0 \quad \cdots \quad 0)\\
\vec{r}_2 &= (0 \quad 1 \quad 0 \quad 0 \quad \cdots \quad 0)\\
\vec{r}_3 &= (0 \quad 0 \quad 1 \quad 0 \quad \cdots \quad 0)\\
\vec{r}_4 &= (0 \quad 0 \quad 0 \quad 1 \quad \cdots \quad 0)\\
\vdots \quad &\quad \vdots \quad\ \ \vdots \quad\ \ \vdots \quad\ \ \vdots \quad\ \ \cdots \quad \vdots\\
\vec{r}_{2^m} &= (0 \quad 0 \quad 0 \quad 0 \quad 0 \quad 1)
\end{aligned} \qquad (2-3)$$

则这组向量之间是两两正交的（称为新空间的标准正交基），而且

① Wong S K M, Ziarko W, Wong P C N. Generalized vector spaces model in information retrieval [C] //Proceedings of the 8th annual international ACM SIGIR conference on Research and development in information retrieval. ACM, 1985: 18 - 25.

原来 m 个词向量也单独对应一个标准单位向量。新的向量组构成的空间是原空间的对偶空间，原来的每个词向量可以用以上一组基（式 2－3）线性表出（非严格意义上的线性组合），进而任何两文献的相似性度量计算公式为：

$$Sim(d_i,d_j) = \frac{d_iGd'_j}{\sqrt{d_iGd'_i}\sqrt{d_jGd'_j}}.$$

显然，当 G 等于单位矩阵时，上式就退化为一般的相似性计算公式——余弦函数（式 2－2），这也正是 VSM 模型中的假设条件 $G = E$。如果词—篇矩阵中特征词的权重采用布尔权重，则 G 就是共现矩阵，因此在 G－VSM模型下考虑到了词的共现情形，即体现了词共现的潜在语义关联。

在其他 G－VSM 的改进模型中，指出当 G 取词向量（A 的列向量）的协方差矩阵时性能最好，即

$$G_{\text{cov}} = \frac{1}{n_0 - 1}QHQ'$$

其中 Q 为 A 列向量的抽样，$H = I - \frac{1}{n_0}ee'$，n_0 为样本量，e 为全 1 的列向量。不难看出，G_{cov} 其实是一种加权的共现矩阵。

广义向量空间模型通过提升空间维数，解决了向量空间中特征维度的非正交性问题，但它还是接受了 VSM 模型中关于词向量线性独立的假设。此后的很多工作都是在 VSM 或 G－VSM 模型的基础上，研究语义信息的获取和植入向量模型中。

（三）面向中文文献聚类的 VSM 类模型

VSM 模型在检索、聚类等领域有广泛的适用性，但在使用中由于语言的差异还是有区别的，比如英文中单词之间会有空格，而中文没有，因此英文不涉及分词的问题。以下简单介绍中文文献聚类应用中的 VSM 改进模型，较详细的模型类比见第三章。

针对中文的文献聚类对 VSM 的改进主要在文献的向量表示和相似性的度量两方面。魏建香提出了词间部分相似性概念，即关键词与关键词之间

连续相同的字符串长度的比例[①]。该方法通过特征词的比较，挖掘出了不相等关键词之间的部分相关语义信息，提高了相似度。面对高维和语义相似的两个问题，苏喻等先采用语义相似性（相似度阈值为0.9）将关键词合并，再通过扭曲各平面重新计算两两向量的夹角，然后根据向量夹角进行聚类。最传统的权重设置方法是TF－IDF方法，但利用词频、文献频数等统计信息进行权重的计算，仅考虑了词本身对文献特征表达的作用，而没有考虑词与词之间的关系，并且作为一般文本特征词没有很好地反映文本主题特征[②]。而同一篇文献中多次出现的词对（共现）表明这两个主题的关系比较紧密。如果采用这些共现词实现文本聚类，在特征选择中选取合适的共现词对过滤阈值，产生的共现词对数要远远低于一般特征词汇个数，可大大降低文献空间维度，同时也能提高文本聚类效果。因此白秋产等提出了一种基于关联规则词共现的层次聚类算法，即利用同一篇文献中的词汇共现信息来提取文献的特征词对，进一步根据共现词对计算文献相似性，在此基础上实现聚类，提高了准确性[③]。

虽然国内外的学者都对文献相似性的计算提出了很好的方法，但有的是语义信息挖掘不够，有的是计算成本太高，广泛应用可能性不高。本书要在成本可控的情况下，根据文献的特征和内容来深度挖掘词间的语义关系，更精确地计算文献的相关性，以提高信息检索、文献聚类的效果和质量。

五　语义向量空间模型

经典的向量空间模型以词袋（Bag of Words，BOW）思想为基础，将文献的特征词映射为一个向量，通过测度向量之间的相似度或距离来

---

① 魏建香：《学科交叉知识发现及可视化》，南京大学出版社2011年版。

② 苏喻、郑诚、马中杰等：《基于语义的VSM模型改进》，《计算机应用与软件》2011年第28（8）期。

③ 白秋产、金春霞、章慧、周海岩：《词共现文本主题聚类算法》，《计算机工程与科学》2013年第7期。

估计文献之间的相似性，在信息检索、文本分类和聚类中有着广泛的应用。但是也存在很多不足，仅仅用词面的硬匹配在检索中查准率低，甚至有的检索结果完全不相关，原因在于VSM模型所基于的BOW模型认为词是独立离散的集合，没有考虑词之间的语义关系，如多词同义（synonymy）、一词多义（polysemy）等问题。比如“评价”和“评估”意思相近，如果只查询“评估”就可能得不到很多关于“评价”的文献，使得查全率（召回率）降低。再比如“本体”既是一个哲学概念，又是计算机信息领域的一个新名词。英文中也存在类似的问题，比如“bank”既指河岸又指银行。这都会降低查准率。当然除此之外，更多的时候少数词是不能表明文献主题意思的，因此需要通过多词的关系发现主题，这就是我们研究语义向量空间模型的初衷。

语义向量空间模型（Semantic Vector Space Model，SVSM）是1997年由Geoffrey Z. Liu①提出的，最初用于信息检索中的文本表示。语义向量空间模型是在VSM框架基础上，引入了探索性的语法分析和语义情形结构（Semantic case structure）的分布信息。文献2还在SMART的基础上建立了一个称为“SMART + +”的新系统，在信息检索中，检索式和被查找的文章都被表示为语义阵列，然后通过系统计算代表阵列之间的相似性。但是通过对该系统的评估发现如果检索式和文献的表示都太短时，特别是少于两列（2 lines）时，基于语义向量空间模型的系统效率还不如基于传统VSM的系统，但是当它们的表示长度足够长时，这种技术的效率就明显好于SMART。

此后，语义向量空间模型（SVSM）发展为一种新的文献表示标准，凡是将语义信息引入表示向量中的模型和方法都属于语义向量空间模型的范畴。例如唐明伟等②称关键词潜在语义的量化表示为“语义增量”，将引入权重和语义的文献—关键词关联矩阵称为“权重—语义矩阵”，并给出一种

---

① Liu G Z. Semantic vector space model: Implementation and evaluation [J]. Journal of the American Society for Information Science, 1997, 48 (5): 395 – 417.

② 唐明伟、卞艺杰、陶飞飞等：《基于领域本体的语义向量空间模型》，《情报学报》2011年第30（9）期。

语义向量空间模型的表示形式，其中文献对应向量中的每个词有两个权重：一个是普通权重；另一个是与文中主关键词的语义相似度，并通过他们提出的 STF－TDF 权重算法将两者结合起来，作为特征词的新权重，以区别于传统的 VSM 模型。其中所用到的语义信息来自于自建的领域本体。

（一）基于 VSM 的语义相关性研究

目前基于 VSM 模型研究文献相似性的研究中，重要的环节是基于已有知识的语义相关性计算，相关的方法可以分为三类：一是提取概念特征；二是提取词组或短语；三是通过语义内核（semantic kernels）提取词间的语义关系或信息。

第一类方法的主要思想是使用概念特征来提高聚类的效果，典型的以 WordNet 为背景知识库来获取概念特征。Voorhees[①] 将这种表示方法用于文本检索及其效果评估，Egozi 等[②]通过对 Wikipedia 抽取的概念特征提出了基于关键词的文献表示的增强模型。这些工作都是基于显在语义分析（ESA），而且在信息检索中，他们的实验表现好于标准的 BOW 文献表示的结果。

第二类方法是基于词组或短语比单词有更强的表意能力的思想，在索引词表中加入相关的短语以增强文献的向量表示。Mao 等人以 UMLS 系统（生物医学领域最大的本体）为基础提取相关短语，将 VSM 模型扩展到基于短语的表示形式[③]。SanJuan 提出了 symbolic 方法，用多词的短语表示文献增强了 VSM 模型[④]。这两项工作都是面向医学领域中的文献检索，但结

---

① Hotho A, Staab S, Stumme G, Wordnet improves text document clustering, in: Proceedings of the SIGIR 2003 Semantic Web Workshop, 2003, pp. 541－544.

② Egozi O, Markovitch S, Gabrilovich E. Concept-based information retrieval using explicit semantic analysis [J]. ACM Transactions on Information Systems (TOIS), 2011, 29 (2): 8.

③ Mao W, Chu W W. The phrase-based vector space model for automatic retrieval of free-text medi-caldocuments [J]. Data & Knowledge Engineering, 2007, 61 (1): 76－92.

④ SanJuan E, Ibekwe-SanJuan F, Torres-Moreno J M, et al. Combining vector space model and multi word term extraction for semantic query expansion [M] //Natural Language Processing and Information Systems. Springer Berlin Heidelberg, 2007: 252－263.

果比扩展前表现卓越。类似的表示还有 Zhou 等的工作①，但他们的方法是与领域无关的。为了可以在不同领域具有可推广性，采用了基于上下文的平滑方法，可以识别多词短语，并将短语映射到每篇文献。

第三类方法从本体、主题词表或者大型语料库的统计分析结果中挖掘有效的语义信息。这些研究在有可用本体的领域利用尽可能多的结构和关系的文本特征，或者利用语料库中获得的语义相关性信息，但这两种情形都要使用语义核。Cristianini 等将语义核引入文献相似性的计算中②，Domeniconi 等还将语义核用于半监督学习中③。语义核提供了一种将背景知识融入文献相似性计算的有效手段，然后用于文本聚类和文本分类。

前两类方法虽然都在文献表示上有很好的表现，但也有很多不足，比如在拓展 VSM 的同时，维数也增加了，计算复杂度也增加了，如果采用本体概念代替原词语将会丢失信息，如果通过本体概念增加特征将会增加信息噪声，另外对可用的语义关系使用非常有限，充其量只起到了词典的作用，达不到本体的作用，更何况建立本体的领域并不多，因此不具有广泛适用性。此外，很多的研究都是面对英文文本对象，这些方法对汉语文本的适用性有待考察。第三类方法的目的是弥补以上不足，可分为两个分支：基于已有的本体或叙词表的语义信息提取和基于大型文本语料库的统计分析结果提取语义信息。但是前者的运行成本依然很高，而后者具有更宽泛应用，即通过大量统计分析提取更多语义相关性信息。

（二）语义信息增强模型

文献特征词之间语义关系的测度无疑对文献相似性的度量是非常重

① Zhou X, Zhang X, Hu X. Semantic Smoothing of Document Models for Agglomerative Clustering [C] //IJCAI. 2007: 2928-2933.

② Cristianini N, Shawe-Taylor J, Lodhi H. Latent semantic kernels [J]. Journal of Intelligent Information Systems, 2002, 18 (2-3): 127-152.

③ Domeniconi C, Peng J, Yan B. Composite kernels for semi-supervised clustering [J]. Knowledge and information systems, 2011, 28 (1): 99-116.

要的，因此捕捉词与词之间，或词组之间的语义信息，并合理引入文献的表示向量中，就成为很重要的一项技术。基于向量空间模型对词间语义信息的获取和植入表示向量中的方法至少有两大类：其一是通过各种语义结构关系计算词间语义的相关性；其二是基于大型语料库等统计的共现信息。以下是几种模型的做法。

1. 基于 WordNet 的 Omiotis 模型

Omiotis[①] 方法是基于词与词之间的语义相关性（semantic relatedness，SR）来测度文本之间相关性[②]。词间的语义关联主要来自于叙词表或词库（word thesaurus）——WordNet（WN）。WordNet 由普林斯顿大学认知科学实验室于 1985 年建立，是一部在线词典数据库系统，采用了与传统词典不同的方式，即按照词义而不是词形来组织词汇信息。WordNet 将英语中的名词、动词、形容词、副词组织为 Synsets，每一个 Synset 代表一个基本的词汇概念，并建立了这些概念之间的多种语义关系，如同义关系（synonymy）、反义关系（antonymy）、上下位关系（hypernymy & hyponymy）、部分关系（meronymy）等。不同的边代表不同的语义关系（图 2－1）。

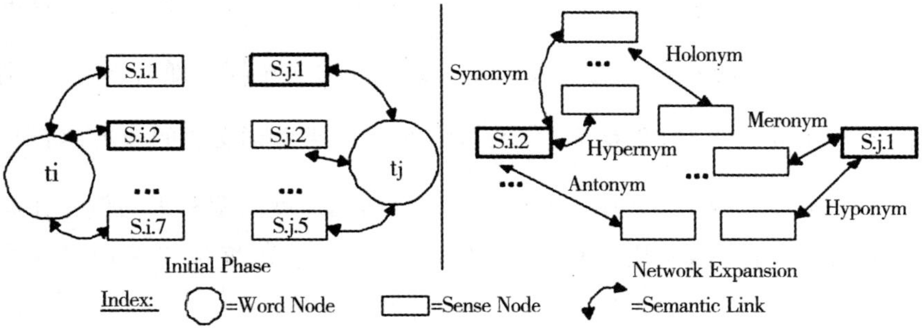

图 2－1　基于词库构建语义网示意图（WN）

① Omiotis is the Greek word for relatedness or similarity.

② Tsatsaronis G, Varlamis I, Vazirgiannis M. Text relatedness based on a word thesaurus [J]. Journal of Artificial Intelligence Research, 2010, 37 (1): 1－40.

通过语义网络结构方法，可以充分利用 WordNet 中的语义关系来计算词对的相似性，具体公式如下：

$$SR_{Omiotis}(t_i,t_j) = \max_{nm}\{\max_k\{SCM(S_{ij}^{nm},P_{ij}^{k}) \cdot SPE(S_{ij}^{nm},P_{ij}^{k})\}\}$$

其中 SCM（Semantic Compactness）为词间语义紧密度，用词间语义关系的路径加权长度表示，也称为路径长度；SPE（Semantic Path Elaboration）为语义路径深度。分别定义如下：

SCM：给定叙词表或词库 O，其中关系边的权重 $w \in (0,1)$，对一个词义对 $S = (s_1,s_2)$，P 为联系它们的一条长度为 l 的路径，定义两两词义之间的 SCM 为：

$$SCM(S,O,P) = \prod_{i=1}^{l} w_i$$

其中 w_i 为路径 P 所经各边的权重。若两词义相同，即 $s_1 = s_2$，则 $SCM(S,O,P) = 1$；反之，若两词义之间没有联系（边），则 $SCM(S,O,P) = 0$。显然 $SCM \in [0,1]$，紧密度越高，语义关系越强。

SPE：给定叙词表或词库 O，对一个词义对 $S = (s_1,s_2)$，$s_1,s_2 \in O$ 且 $s_1 \neq s_2$，记连接它们的一条长度为 l 的路径 $P = < p_1,p_2,\cdots,p_l >$（无方向，即不论谁为起点，谁为终点），定义两词义之间的 SPE 为：$SPE(S,O,P) = \prod_{i=1}^{l} \frac{2d_i d_{i+1}}{d_i + d_{i+1}} \cdot \frac{1}{d_{\max}}$，其中 d_i 是词义 p_i 相对词库 O 的深度①，$d_{\max}$ 是词库 O 中的最大深度。如果两词义相等，即 $s_1 = s_2$，则 $d_1 = d_2 = d$ 且 $SPE(S,O,P) = \frac{d}{d_{\max}}$；反之如果两词义之间没有路径相连，则 $SPE(S,O,P) = 0$。可见，SPE 是两两深度的调和平均值，并通过最大深度将其标准化为 0 到 1 的量，这种调和深度优于平均深度的做法。

在计算语义关系中 Omiotis 方法用到了两两词之间 SCM 与 SPE 乘积，就包含了所有与词对语义相连的词义权重，以及词义之间的所有路

① 表示词义结构的上下位关系。

径长度、语义边的类型①和中间节点在词义层次结构中的深度。当两个词至少有一个不在词库中，那么它们之间的语义关系就是0。该算法的本意是语义关系应该基于两个词的任意词义对的最大路径值来计算，而最大值的计算正反映了对上面的多种因素的考虑。

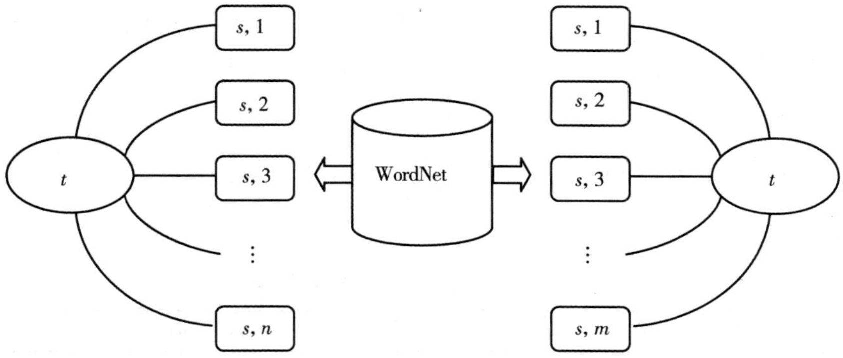

图 2-2　词与词义关系图

假设词 i 在词库中有 n 个词义，词 j 有 m 个词义，而词义之间的关系通过语义网络建设模式已经构建，且每条边都赋予了权重（WordNet 已做到），图 2-2 为两个词的所有词义间的关系图。Omiotis 方法就是要遍历所有词义间的关系，有以下几种情形②：

（1）如果 $s_{i,*}$ 与 $s_{j,*}$ 之间没有任何路径，则

$SCM(S_{ij}^0, P_{ij}^0) = 0$，因此 $SR(t_i, t_j) = 0$，也就意味着词 t_i 与词 t_j 之间没有语义关系；

（2）如果 $s_{i,*}$ 与 $s_{j,*}$ 仅有一对词义之间存在一条路径时，则两词的语义相关性为

$SR(t_i, t_j) = SCM(S_{i_0 j_0}^1, P_{i_0 j_0}^1) \cdot SPE(S_{i_0 j_0}^1, P_{i_0 j_0}^1)$；

① 边的类型就是词义之间的关系类型，其权重通过概率分布得到，原文中的取值参见表 2-1。

② 郑小波、郑诚、尹莉莉：《基于 GVSM 的文本相似度算法研究》，《微型机与应用》2011 年第 3 期。

（3）如果 $s_{i,*}$ 与 $s_{j,*}$ 仅有一对词义之间存在多条路径时，则两词的语义相关性为

$SR(t_i,t_j) = \max_k\{SCM(S^1_{i_0j_0},P^k_{i_0j_0})\cdot SPE(S^1_{i_0j_0},P^k_{i_0j_0})\}$；

（4）如果 $s_{i,*}$ 与 $s_{j,*}$ 的两两词义对之间存在路径，且路径数任意，则两词的语义相关性为

$SR_{Omiotis}(t_i,t_j) = \max_{nm}\{\max_k\{SCM(S^{nm}_{i\cdot j\cdot},P^k_{i\cdot j\cdot})\cdot SPE(S^{nm}_{i\cdot j\cdot},P^k_{i\cdot j\cdot})\}\}$，当然这种情形包括有多对词义存在路径的非平凡情形；

（5）如果 $s_{i,*}$ 与 $s_{j,*}$ 有相同的词义，则

$SR(t_i,t_j) = SPE(S_{i_0j_0},P_{i_0j_0}) = \frac{d}{d_{\max}}$.

表 2－1　　WordNet 2.0 中各种边的出现概率

WordNet 2.0 Edge Type	Probability of Occurrence
hypernym/hyponym	0.61
nominalization	0.147
category domain	0.094
part meronym/holonym	0.0367
region domain	0.0238
similar	0.02
usage domain	0.016
member meronym/holonym	0.014
antonym	0.0105
verb group	0.01
also see	0.0091
attribute	0.00414
entailment	0.00195
cause	0.00158
substance meronym/holonym	0.00089
derived	0.0003
participle of	3.4E－06

2. 基于 Wikipedia 的 WLM 模型

基于维基百科（Wikipedia）的 WLM（Wikipedia Link-based Measure）测度①是一种低成本的计算词间语义相关性的方法。WLM 以维基百科中的文章和链接结构为基础知识，但相比维基文章的分类层次和内容，该方法更注重实用链接的结构。

判定两个词之间的语义相关性是一件看似常规却很复杂的事情，以往常用的手段可分为两类：一些研究是通过大型语料库（large corpora）的统计分析获取语义相似性；另一些通过自建的词语结构系统，如分类法（taxonomy）和叙词表（thesauri）。但是它们所凭借的知识基础都存在很多限制，如语料库是非结构化且不严密的，分类法或叙词表只有一些领域构建，且扩展性差。其实在考察任何词的语义信息时，不仅要依据其概念背景知识，还要考虑这些概念的外延。WLM 方法就很好地做到了这一点，并且成本很低。图 2－3 就是 Milne 和 Witten 根据维基百科的连接关系对“汽车”和“温室效应”建立的语义关系网。

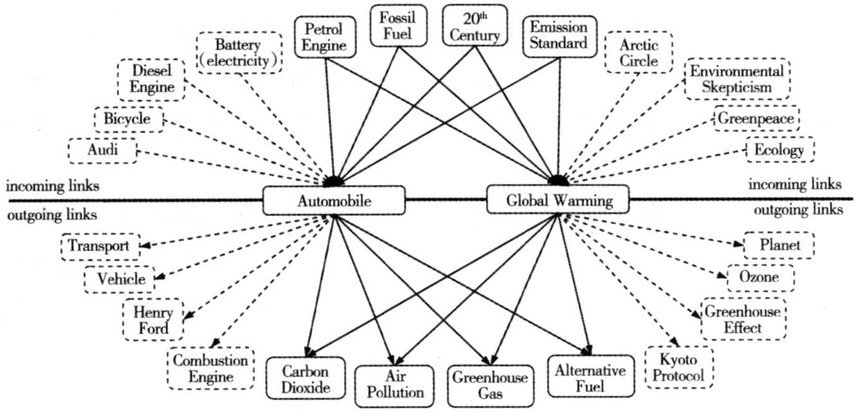

图 2－3　基于维基百科链接度量 Automobile 和 Global Warming 的语义相关性

① Witten I, Milne D. An effective, low-cost measure of semantic relatedness obtained from Wikipedia links [C] //Proceeding of AAAI Workshop on Wikipedia and Artificial Intelligence: an Evolving Synergy, AAAI Press, Chicago, USA. 2008: 25－30.

WLM 方法对文献相似性的计算公式如下：

$$SR_{Wiki}(d_i,d_j) = \frac{\log(\max\{|a_i|,|a_j|\}) - \log(|a_i \cap a_j|)}{\log(|W|) - \log(\min\{|a_i|,|a_j|\})}$$

其中 a_i,a_j 分别为链接到 d_i,d_j 的文章集合，W 为 Wikipedia 中所有文章的集合，$|\cdot|$ 表示集合中的文章数量。

相应的词间语义相关性计算公式如下：

$$SR_{Wiki}(t_i,t_j) = \frac{\log(\max\{|In(d_i)|,|In(d_j)|\}) - \log(|In(d_i) \cap In(d_j)|)}{\log(|W|) - \log(\min\{|In(d_i)|,|In(d_j)|\})}$$

其中 $In(d_i)$ 表示链接到 d 的文章中包含 t_i 的文章数，其余符号同上。

3. 词对语义互信息的度量

词对互信息（Pointwise Mutual Information，PMI）是基于信息熵度量事物联系的一种统计方法，比如通过统计语料库中的词共现来发现词间的关系，不同的共现频率就意味着词语之间不同的亲疏关系，这种关系看似为使用习惯的表现，但也包含着词义之间的必然联系。也就是说经常在一起出现的，比如在一个句子中多次出现，那说明它们之间有着很强的关系，需要共同表达一个意思；反之，经常一起使用的词，所表达的意思是明确和稳定的，因此可以通过共现来发现表达的主题。

假设以句子为单位，$P(w)$ 表示包含词 w 的句子数占总句子数的比例，$P(w_1,w_2)$ 表示同时包含词 w_1,w_2 的句子比例。两个词的同时出现不考虑上下位关系，也不考虑是否邻接，可以认为是一种共现情形。词间的两两互信息定义为：

$$PMI(w_1,w_2) = \ln \frac{P(w_1,w_2)}{P(w_1) \cdot P(w_2)}$$

由定义可见，如果 w_1,w_2 在文中独立出现，则 $PMI(w_1,w_2) = 0$；如果 w_1,w_2 总是同时出现，那么 $PMI(w_1,w_2) = -\log P(w_1) = -\log P(w_2)$，$PMI(w_1,w_2)$ 达到最大值；如果 w_1,w_2 从没有共现过，那么 $PMI(w_1,w_2)$ 接近负无穷（$-\infty$）。为了避免以上互信息定义取值的无界性，一般采用

其标准化形式①：

$$PMI(w_1,w_2) = \frac{1}{2}\left(-\frac{1}{\ln P(w_1,w_2)}\ln\frac{P(w_1,w_2)}{P(w_1)\cdot P(w_2)}+1\right)$$

4. 其他综合方法

因为 WordNet 提供了词汇的语义概念知识，而 Wikipedia 考虑的是概念的扩展联系，因此 Nasir 等将 Omiotis 方法和 WLM 方法相结合，取它们计算结果的平均值作为词间的语义相关性，即

$$SR_{OWavg}(t_i,t_j) = \frac{1}{2}\left(SR_{Omiotis}(t_i,t_j)+SR_{Wiki}(t_i,t_j)\right).$$

（三）语义核与文献主题相似性

语义核（Semantic Kernel）或语义平滑核（Semantic Smoothing Kernel，SSK）的概念由 Siolas G② 提出，并将其作为支持向量机（Support Vector Machines，SVM）方法中的基本核用于文本分类。2005 年 Mavroeidis 等给出了正式定义③。

SSK（Mavroeidis，et al.，2005）：两文献 d_1 和 d_2 之间的语义平滑核定义为：

$$\kappa(d_1,d_2) = d_1P'Pd'_1 = d_1P^2d'_1$$

其中 P 为对称矩阵，即其元素满足 $p_{ij}=p_{ji}$，p_{ij} 表示概念 i 和 j 间的语义接近性。

语义核本质上是语义关系的一种度量，起到了平滑文献表示向量所含语义信息的作用，因此也被称为语义平滑核。平滑语义核的目的是避免语义向量表示中语义的离散形式，如只有 0 和 1，更合理的分量应取

① Bouma G. Normalized (pointwise) mutual information in collocation extraction [J]. Proceedings of GSCL, 2009: 31 -40.

② Siolas G, d'Alché-Buc F. Support vector machines based on a semantic kernel for text categorization [C] //Neural Networks, 2000. IJCNN 2000, Proceedings of the IEEE - INNS - ENNS International Joint Conference on. IEEE, 2000, 5: 205 -209.

③ Mavroeidis D, Tsatsaronis G, Vazirgiannis M, et al. Word sense disambiguation for exploiting hierarchical thesauri in text classification [M] //Knowledge Discovery in Databases: PKDD 2005. Springer Berlin Heidelberg, 2005: 181 -192.

0和1之间的连续值。

核函数方法（Kernel-based learning Methods，KMs），如支持向量机（Support Vector Machines，SVM）方法，已经在文献分类中得到成功应用。类似于经典的信息检索（Information Retrieval，IR）方法，核函数的选择标准一直是语义信息向量之间的内积。核方法将数据对象映射到更高维的空间，然后利用它们变换之后向量之间的相互信息（如内积）来构建分类、回归和聚类的方法。1998年Joachims将GVSM作为核使用①。

1. GVSM核

广义向量空间核（GVSM Kernel）最先由Mavroeidis等②于2005年基于WordNet中的名词及其上位词关系构建并使用。广义向量空间核（GVSM Kernel）和语义平滑核有相似的语义信息，Mavroeidis等在GVSM的基础上正式定义。

GVSMK（Mavroeidis，et al.，2005）：两文献 d_1 和 d_2 之间的GVSM核定义为：

$$\kappa(d_1, d_2) = d_1 A' A d'_2$$

其中 A 是篇—词矩阵。

GVSM方法的目的是通过共现信息捕捉词间的相关性，因为两个词经常一起出现说明它们之间是有语义相关性的，这就使得两篇文献即使没有相同的特征词也可能是相似的。GVSM所采用的技术实际上提供了一种度量方法，使得它很容易构建一个核函数（定义2）。在词—词矩阵 $A'A$ 中，非0值对应元 (i,j) 就是表示至少有一篇文献同时包括 i 和 j 这两个词，因此GVSM核提取了共现信息。

① Joachims T. Text categorization with support vector machines: Learning with many relevant features [M]. Springer Berlin Heidelberg, 1998.

② Mavroeidis D, Tsatsaronis G, Vazirgiannis M, et al. Word sense disambiguation for exploiting hierarchical thesauri in text classification [M] //Knowledge Discovery in Databases: PKDD 2005. Springer Berlin Heidelberg, 2005: 181-192.

2. 潜在语义核

潜在语义分析（LSA）是 1990 年由 Deerwester 等[①]提出的一种借助语义信息计算两文献相似性的方法，从其概念来看，其所用的语义信息也来自于语料的共现分析。LSA 的核心技术是通过词—篇矩阵的奇异值分解（SVD），将原先高维的特征空间（词—篇矩阵）投影到前 k 个较大的特征值对应的 k 个特征向量张成的子空间，理论上可以实现同义词的合并和降维，其中 k 是根据具体词—篇矩阵的特征值人为选择，比如设置词频阈值。

2002 年 Cristianini 等[②]在 LSA 的基础上构造了潜在语义核（Latent Semantic Kernel，LSK），而不需要 SVD 分解，做法如下：

假设词—篇矩阵 A' 的 SVD 分解如下：

$$(A')_{m\times n} = U_{m\times m}\sum\nolimits_{m\times n}V'_{n\times n}$$

其中 $\sum$ 是一个对角矩阵（除对角线以外元素全为 0），对角线上的元素为 A' 的特征值的平方根，维数与 A' 相同，U 和 V 都是正交矩阵（即 $U'U = I$），U 的列向量正是特征空间的奇异向量，并按奇异值的大小降序排列。将空间投影到前 k 维子空间的投影算子可以表示为

$$P = U'_k = I_kU'$$

其中 I_k 是只有前 k 个对角元为 1 的类单位矩阵，U_k 就是由 U 的前 k 列构成的矩阵，因此新的核函数就可以表示为

$$\kappa(d_1,d_2) = (d_1UI_k)(d_2UI_k)' = d_1UI_kU'd'_2 \triangleq d_1P'Pd'_2$$

以上核函数将经常共现的词所在的维度合并为新空间的一个维度中（某一奇异向量所决定的维度），是一种基于语境的相似性度量方法。

考虑到 $U_kU' = UI_kU'$，以上核函数可以变形为

$$\kappa(d_1,d_2) = (d_1U_kU')(d_2U_kU')' = d_1U_kU'UU'_kd'_2 = d_1P'Pd'_2$$

---

① Deerwester S C, Dumais S T, Landauer T K, et al. Indexing by latent semantic analysis [J]. JASIS, 1990, 41 (6): 391 - 407.

② Cristianini N, Shawe-Taylor J, Lodhi H. Latent semantic kernels [J]. Journal of Intelligent Information Systems, 2002, 18 (2 - 3): 127 - 152.

Cristianini 认为这是对 LSA 做法的解释。

一般来说词—词矩阵是比较大的，核矩阵也可以通过相对较小的文—篇矩阵（documents by documents）来得到。将最原始的词—篇矩阵构造的核记为

$$K = AA'$$

根据 SVD，得

$$K = AA' = (V\sum U')(U\sum V') = V\sum{}^{2}V' = V\Lambda V'$$

其中 $\Lambda = \sum^{2}$ 依然是对角矩阵，对角元为 K 的特征值，V 的列为其相应的特征向量。那么取前 k 个奇异值的 LSA 方法就相当于将每个文档向量 d 映射为 $d(U'I_kU)$ ，进而得到核矩阵：

$$\hat{K} = AU'I_kUU'I_kUA' = (V\sum U')UI_kU'(U\sum V') = V\sum I_k\sum V' = V\Lambda_kV'$$

其中 Λ_k 是 Λ 的左上角 k 阶主子阵，也即将其 k 以后的所有元素置为 0。可见新的核矩阵可以直接从 K 中获取：首先对 K 进行特征值分解，然后再乘以分量矩阵将第 k 个以后的特征值设置为 0 即可。

3. 语义平滑核

如果要在度量两文献或词之间的相似性时结合语义信息，最自然的办法就是直接应用外部资源，如语义网。2000 年 Siolas 等①在支持向量机方法用于文本分类的技术中指出了外部语义信息矩阵对文献表示向量的语义平滑作用（Semantic Smoothing）。在他们的研究中，采用了 WordNet 语义网以获得词间的相似信息，并整理为一个对称方阵 P ，其中元素 $P_{ij} = P_{ji}$ 表示 i 和 j 两个词之间的语义接近性，而接近性根据它们在语义网中的拓扑距离来定义。这种先验的语义关系将原来向量表示中孤立的词重新联系了起来。在 P 的作用下，文献相似性的计算就构成了如下的核函数：

---

① Siolas G, d'Alché-Buc F. Support vector machines based on a semantic kernel for text categorization［C］//Neural Networks, 2000. IJCNN 2000, Proceedings of the IEEE-INNS-ENNS International Joint Conference on. IEEE, 2000, 5: 205 – 209.

$\kappa(d_1, d_2) = d_1 P'Pd'_2 = d_1 P^2 d'_2$

2013 年 Nasir 等①基于 GVSM 提出了语义核平滑 VSM 模型（semantic smoothing vector space kernel，S－VSM），目的是增强词袋模型（BOW）中的语义信息，并给出了如下语义核：

$\kappa(d_1, d_2) = d_1 R'Rd'_2$

其中的 d_1, d_2 依然是相应文献的向量表示，而 R 为自建的语义关系矩阵，语义信息来自于先验知识或基于语料库计算的相似性，并将其标准化，主对角线上全为 1。在 R 的作用下，文献的表示向量相当于做了如下的变换：

$\bar{d} = dR$

这个变换实际上是一种线性变换，它根据特征词的关系将语义相近的文献组织到了一起，正是这种变换使得文献表示向量中各个词的信息得到了语义上的平滑组合。

六　本章小结

本章主要就文献的高维特征、特征选取与评价、向量的表示模型和语义模型进行了归纳性研究，为文献的语义表示和相似性计算寻找新的解决办法。

（1）基本方法研究。文献的属性是多元的，从不同角度都可以实现文献的聚合，相比之下本书更关注基于主题的聚合。文献的主题特征具有高维性，要实现按主题的聚合，首先要解决特征词的选择、文献的表示形式和相似性的计算等基本问题。本章的第一部分就总结了相关理论和方法。

（2）向量表示模型研究。以 VSM 为代表的文献向量表示方法，为信息检索、文本聚类和分类提供了很好的表示框架，其表示简单，应用

① Nasir J A，Varlamis I，Karim A，et al. Semantic smoothing for text clustering［J］. Knowledge-Based Systems，2013，54：216－229.

方便，但也存在不合理之处。GVSM 通过升空间维数解决了特征维度非正交情况下相似性的计算问题，使得向量空间模型应用更加广泛，并推动了核方法在文本处理和机器学习方面的研究。

（3）语义信息的获取、语义增强与语义平滑。在 VSM 或 GVSM 的基础上，模型的改进似乎没有多大空间，更多的研究是与实践应用结合，根据多样的已有知识或语义网中的语义信息，用于增强文献向量表示或者用于计算词间、词篇之间以及文篇之间的语义相关性，进而实现文献的检索、聚类和分类等目的。与此同时通过语料库的分析，如共现分析，来挖掘潜在语义信息，用于文献相似性的度量也是一种行之有效的方法。不管是哪种思路都用到核方法，核方法可以挖掘特征词间的相似语义，起到语义平滑的作用。GVSM 方法因其对同义词的识别能力成为核方法的最简单形式，而潜在语义核是潜在语义分析方法和核方法的结合，不仅起到了语义平滑的作用还降低了运算复杂度。

第三章　共现潜在语义向量空间模型（CLSVSM）

数字文献资源的聚合是多元的，本书更关注数字文献的主题聚合，这与文献主题检索、文献主题分类等实践工作密切相关。文献的主题聚合可以通过文献特征向量的聚类来实现，其基本思想和文本分类、文本聚类相似。

然而一直以来，相关研究或者关注聚类的方法，或者关注语义信息的提取，而少有对文献表示向量进行语义信息充实的研究。本书认为，文献主题聚合结果的好坏，不仅与聚类方法、借助的背景语义信息有关，更与文献语义信息是否充分提取、合理表示和语义相关性的计算是否科学等密切相关。正所谓“巧妇难为无米之炊”，如果没有很好的表示向量，再好的聚类算法都不能发挥到极致；如果没有语义充分表示的向量，再强大的语义信息背景面对很多0的稀疏表示向量也无能为力。因此，算法固然重要，向量表示更重要。

在第二章提到，关于从语义“背景知识”中所提取的语义信息，根据提取的方法可以将其分为显在语义和潜在语义，相应的方法被称为显在语义分析（Explicit Semantic Analysis，ESA）和潜在语义分析（Latent Semantic Analysis，LSA）。基于序词表、本体和语料库等专业的、大型的“背景知识”来获取词汇语义及语义相关性，进一步得到文献的相似性用于文献聚类的方法是比较理想的。但是这些“背景知识”尚不完善，如语义信息丢失、增加计算复杂性等①，因此在此基础上的分析结果就不准确，再加上本体的学科领域限制、语料库的建设成本较高等问题，使得显在语义分析方法不能广泛应用。虽然这些因素不能否定相关研究的价值，但是另外一些“捷径”我们也是可以探索的。本章将介绍共现潜在语义向量空间模型，及基于这种表示的文献聚合流程。

一　共现潜在语义的概念

（一）语义与语义信息

语义是语言系统中最复杂的要素，性质多样，类型多样。不同的学科对语义有不同的理解：语义学认为语义就是语言的意义，是语言形式所要表达的内容；语言学将语义理解为词义，是语言表达中的内在解释，伴随语言使用规律，因此“语义是客观事物现象在人们头脑中的反映，即人们对客观事物现象的认识，这种认识用语言形式表现出来，就是语义”②。可见，语义与客观世界、主观世界、语言世界都有密切的联系。

更多的时候我们关注的只是语义信息，如传媒行业研究语言文字提供的信息，计算机行业研究数据提供的信息，科学哲学研究一切语言、文字、符号、数据、理论、公式等提供的信息。本书所要研究的潜在语义也是一种语义信息，简称语义。从信息的角度看，语义本质上就是概念及概念间的关系，概念是由数据（符号）承载，而关系则是对数据概念的抽象或更高层次的逻辑表示③。语义可以通过两种途径获取或产生，即人类赋予和计算机模型自动产生。因此计算机科学理解的语义是数据（包括文本数据）的含义，即数据所蕴含的意思，其研究的主要目的是将自然语言处理为计算机所能理解的形式，即语义化或语义网，

① Nasir J A, Varlamis I, Karim A, et al. Semantic smoothing for text clustering [J]. Knowledge-Based Systems, 2013, 54: 216 -229.

② 邢福义：《语言学概论》第2版，华中师范大学出版社2010年版。

③ 夏翠娟：《数字图书馆的语义互操作及其实现》，华东师范大学博士学位论文，2005年。

但自然语言处理的基础还是语言学中的语义。

本书主要关心名词的语义，因为文献的特征词一般为名词，如关键词等。而且名词也是词项共现的主要单元，动词则为其指明方向，陈述结果等。但不论是汉语，英语还是其他语系，名词存在着“一词多义”（Polysemy）和“多词同义”（Synonymy）等语义复杂性，只有在具体表述中根据上下文才能确定其准确的意思。一词多义会造成在字面匹配的检索中查准率降低，多词同义会造成查全率降低。

语义是不确定的：语义是可以抹去的痕迹，痕迹随着语言的演进而变化，意义也随之变化（Derrida，1988）；词语没有固定不变的词义（Carston，2002）。语义的不确定性、多义性和时变性，使得在试图把语义固定下来并通过语义关系构建语义网的结构的过程中有失真失准的可能，而且很难抓住语义的变化。

（二）潜在语义与共现潜在语义

传统的语义学通常研究字、词的含义以及词与词之间的关系，如同义，近义，反义等等，而潜在语义分析探讨的是隐藏在字词背后的某种关系，这种关系不受词典定义的限制，而是以字词的使用环境作为最基本的参考。可见潜在语义就是字词在使用中未明确表现的意思，与不同的词搭配可能有不同的意思，用在不同的学科也可能有不同的意思。这些潜在语义信息如果可以通过智能的手段将其显现，将能发挥更大的作用。

潜在语义可以显化的原因是语义的表现是有规律的，这些规律通过使用习惯和使用环境得以凸显，而且根据具体的使用规则来挖掘一个词的语义更符合其真实的义项。语言学家认为“世界上数以百计的语言都应该有一种共同的简单的机制，任何人只要是在某种特定的语言环境下长大都能掌握那种语言”。潜在语义分析用于信息检索之前，是语义学的一个新的分支，其思想来源于此。我们现在所提到的潜在语义分析多指基于潜在语义学的分析技术和方法，其主要应用就是通过对同义词的合并实现向量空间的降维。

共现分析是潜在语义挖掘的一种形式。共现分析是将各种信息载体中的共现信息定量化的分析方法，以揭示信息的内容关联和特征项所隐含的寓意。共现分析的方法论基础是心理学的邻近联系法则和知识结构及映射原则。心理学的邻近联系法则是指：曾经在一起感受过的对象往往在想象中也联系在一起，以至于想起它们中某一个的时候其他的对象也会以曾经出现时候的顺序想起。文本挖掘中的共现是指相同或不同类型的特征项（词、词组，短语等）共同出现的现象，将共现分析理论应用于文本挖掘中潜在语义信息的提取是可行的。①

首先词组或短语的共现蕴含了潜在语义，可以表现主题。语言的应用看似是灵活的，其表现在能用少量的字词合理构成各种复杂的句子，并且表达明确的意思。也正是为了构成和表意的灵活性，字词往往都有多种意思，但不能表达明确的意思。正如文献完整的主题由多个句子来准确表达，而每个句子是由多个有独立意思的字或词构成。如果拿出其中一个单独的字词却几乎看不明白原句的意思，那么就更无法确定原文的主题。如何用一些重要的字词来凸显主题是一个看似困难的问题。在介于句子和字之间有很多固定的词组或短语，特别是专有名词。句子中的一个词汇或短语虽然不能体现句子的意思，但比单个字或词来说意思往往要明确得多。而且同一句子中的多个词汇或短语（共现词）所包含的信息就非常接近原句的完整意思，更何况是专业术语的共现。如果选择恰当的词组或短语，则可获得一个句子的简洁意思。对于一篇文章也是大同小异，如果适当选择一篇文章主题相关的重点词汇或短语，如专有名词，专业术语等，就可以大致确定文章主题，这大概也就是文献标注关键词的意义所在。当然，这种潜在语义已经超出了最初潜在语义所研究的多词同义或一词多义等范围，扩展为潜在主题的发现，但它们的原理是一致的，都依赖于使用环境和共现。

其次共现可以凸显语义，进而使主题明确。语境是多义名词词义凸

---

① 王曰芬、宋爽、卢宁、朱烨：《共现分析在文本知识挖掘中的应用研究》，《中国图书馆学报》2007 年第 2 期。

显的重要环境。具体义项凸显是在语篇建构中通过词语共现的方式来实现的。语境共现的作用在于使多义名词的各义项无法同时激活，保证在一个语境中只激活一个义项，忽略其他语义域，尽量避免曲解、误解或不解。这里的词语共现超出了语义层词项的习惯搭配和用来表示一个或一类词所处的语法特征的类联接（colligation）。英国语言学家 J. R. Firth 提出的 collocation 和 colligation 概念只是词语构成横向组合关系（syntagmatic relation）时的“结伴关系”（刘润清等，1988：96）。词项共现也超越了 Sinclair（1991），Gitsaki（1996）和 Wray（1999）等人关注的同时提取的多词单位。Halliday 于 1994 年提出的“共现趋势”（co-occurrence tendency）比 Firth 的“共现”包容（inclusion）量更大。张殿玉基于英语语料从语言学的角度研究了多义名词词义凸显与词项共现的关系，结果发现名词词义可以在共现中产生语义凸显，并指出通过构式共现和语篇词项共现使多义词在语境中不再多义，而是一个词形与一个意义的相互映射[①]。

从上可见，词语共现实际上成为了潜在语义的载体。

（三）共现潜在语义的挖掘

将语言使用中的共现关系所蕴含的语义信息转化为显在语义就是对共现潜在语义的挖掘。共现分析是其主要的手段，潜在语义分析思想是重要的基础。

共现分析是将各种信息载体中的共现信息定量化的分析方法，在计算机技术的辅助下，共现分析在构建概念空间和本体论（Ontology）实现语义检索、改进知识组织中的文本分类效果、分析文献中的知识内容关联、挖掘知识价值等方面彰显出独特的功能，正在成为支撑知识挖掘和知识服务的重要手段和工具。南京理工大学王曰芬等[②]通过

---

① 张殿玉：《多义名词的词义凸显与词项共现研究》，《外语教学与研究》2005 年第 5 期。

② 王曰芬、宋爽、卢宁、朱烨：《共现分析在文本知识挖掘中的应用研究》，《中国图书馆学报》2007 年第 2 期。

对文本知识的内容特征和外表特征进行不同组合的共现分析研究，探索了共现分析方法在基于空间分布、时间分布和内外关联映射的文本知识挖掘中的应用。北京师范大学的耿骞等[①]甚至还尝试利用词语共现获取领域概念，用于支持领域 Ontology 的构建，有一定的作用。这些工作都在寻找使得共现现象所蕴含的语义信息得以呈现和利用的方法。

词语共现现象承载着词语的语义信息，但这种语义不同于词典、序词表等中的明确语义，而是一种潜在（隐含）的语义关系。潜在语义分析方法采用奇异值分解方法，在一定程度上消除了同义词和多义词的影响，简化了文献向量的表示形式，但也会将重要关键词分解。

本书不同以往研究的是，不仅要将词语共现中的潜在语义相关性挖掘出来，而且要合理引入文献的表示向量中，以增强文献的语义表示。简单来说，共现潜在语义就是基于词语共现关系强度来衡量特征词之间的语义相关性，进而为度量文献之间的主题相似性提供支撑。相比以“知识”形式存在的显在语义，共现所蕴含的语义更容易凸显，更体现灵活性和实用性，而且也更有前瞻性。因此基于共现来研究文献主题聚合是基本可行的。

二　基于共现潜在语义的文献高维向量表示模型

基于特征词共现分析来挖掘其内部的潜在语义关系，进而得出文献之间的主题相关性，是文献相似性度量模型提出的基本思想，也是文献聚合模型的核心组成部分。本书所提出的共现潜在语义向量空间模型是以 VSM 模型为基本表示框架，创新之处是在文献表示向量中合理补充与主题有关的共现语义信息。

---

① 耿骞、耿崇：《利用词语共现进行 Ontology 的概念获取》，《现代图书情报技术》2006 年第 2 期。

（一）文献高维向量表示的困境

1. 文献的表示方法

文献的表示是对文献实体的一种抽象，以便于文献间关系的建立、主题的比较等量化研究。常见的文献表示方法有：

（1）集合论方法。将文献视为词的集合，这是词袋模型的表现，一般选择频次较高的词作为文献的特征词，但忽视了词间的顺序和相关性。

（2）代数方法。将文献表示为高维空间中的向量，各特征词代表空间的坐标轴，文献集表示为矩阵。文献的向量表示相当于一个映射，即

$$\varphi : d \mapsto \varphi(d) = (a_{1,d}, a_{2,d}, \cdots, a_{n,d}) \in \mathfrak{R}^n.$$

然后，文献间关系的度量就转化为空间中相应向量的运算，比如用代表向量的内积计算文献相似性或相关性，但需要考虑各坐标轴之间的正交性。

（3）概率统计方法。利用马尔可夫模型等将文献处理看作概率推理，能够考虑有限的组合关系①。

（4）图论方法。利用相似度建立文献间的关系图，利用有向图描述文献概念之间的语义关系。

（5）混合方法。以上（部分）方法的混合使用。

在众多表示中，基于代数方法的空间向量表示最常用，它不仅是词袋模型的优化体现，也是图论方法的基本表示形式。向量表示模型具有良好的可扩展性，因此 VSM 模型提出之后，很多的研究都是在它的基础上改进或增强语义。

2. 文献向量表示的困境

相对于文本向量的表示，文献向量表示也有很多难处：

---

① 宋胜利、陈平、王少龙：《面向文本分类的中文文本语义表示方法》，《西安电子科技大学学报》2013 年第 2 期。

（1）文献关键词少，表示向量具有严重的稀疏性。即使加入元数据中的其他主题词，比如对题目和摘要分词以后提取特征词作为文献特征词的补充，相对于文档空间（维数一般随着文献数量的增加而增加）来说，还是微不足道。这样的问题在文本表示中也存在，但一般的文本分析是基于全文提取特征词，可以选择适当数量的特征词，降低稀疏性。

（2）权重的作用是有限的。频次或语义信息加权可以区别相同关键词的重要性，但对没有相同关键词的文献无法区别。因此，在计算文献两两相似度时，存在很多相似度为零，忽视了词间关系所表示的、可能在主题上相近的文献。

（3）难以发挥语义增强方法的效果。通过语义关系来度量文献间的相似性，也是建立在表示词的显性关系上，对于文献与其不包括的关键词之间的潜在关系也少有挖掘和利用。

（二）模型提出的基础

文献的表示形式有多种，但是最基本的就是向量表示模型，而且有的方法也是建立在向量表示的基础上，比如图论方法是通过文献向量相似性构建相似结构的。本书面向文献聚合而提出的共现潜在语义向量空间模型基于以下基础：

1. 基于 VSM 框架

经典的 VSM 模型是 1971 年由 Salton 和他的同事们为信息检索系统 SMART 专门设计的，其表现优于很多其他方法，在信息检索和文献文类聚类中得到了广泛的应用，而且长达 30 年之久。其表示简洁，便于运算，并有良好的可扩展性（比如语义信息增强），成为此后相关研究的基础，也是本书的首选。

2. 基于关键词共现潜在语义相关性

共现潜在语义就是基于词语共现关系强度来衡量特征词之间、特征词和文献之间的语义相关性，进而建立文献之间的主题相似性。举例说明如下：

假设文献 A 有特征词“图书馆”，文献 B 含特征词“云计算”，但两文献没有相同特征词。根据学科领域（或一定的文献集）的特征词共现网络图（见图 3－1），知“图书馆”与“云计算”有共现，即两词有研究关联，从而推测文献 A 和文献 B 的研究主题有一定的相关性。因为没有相同特征词，所以两文献之间的这种主题相关性就是潜在的，通过多词关联即共现网络所表现出来。如果按照传统的方法，这两篇文献因为没有相同特征词导致相关性为 0，不管采用什么权重都体现不出这种潜在语义关系。

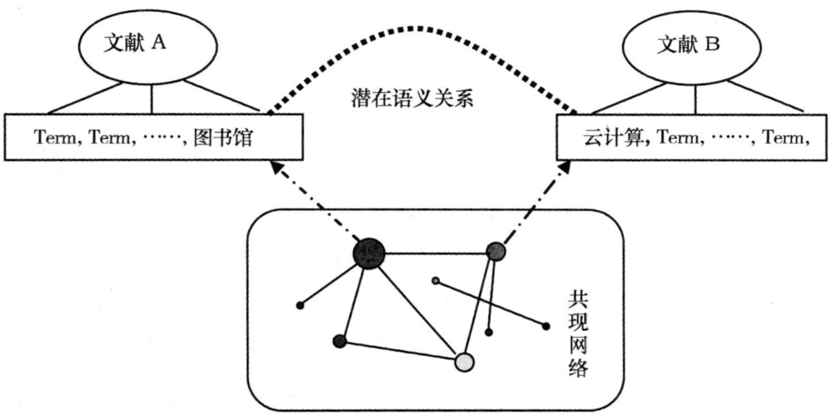

图 3－1　文献关键词潜在语义相关性示意图

本模型主要是面向数字文献资源聚合而提出的，因此不仅要考虑表示方法的优劣，还要考虑现存数据资源的特征，如数据格式、集成程度和资源成本。因此本模型的建立还注重查全率，节约资源成本的问题。因为从资源整合的角度看，大量购买全文数据库成本巨大。而且目前文献数据库众多，需要统一的检索平台。从技术角度看，目前的科技水平还达不到完全智能的内容语义分析和检索。这些因素可能促使基于元数据检索成为聚合检索的主流。因此本模型的基本形式是只利用文献元数据中的主题特征词（关键词），在不加权的布尔值文档表示基础之上建立的。后面将介绍相应带权重的扩展和语义再加强扩展模型，对于大量文献导致维度过高的问题，也相应提出了简约版的 Top k 模型。

3. 基于全局的视角

文献在特征词向量空间中表示为一个 m 维布尔值向量，由于每篇文献的特征词数量较少，一般不超过十个，因此在很多分量上取值为0，在高维空间中稀疏性非常严重，而且加权不能缓减稀疏性。由这些文献向量构成的文献—特征词矩阵 A（也称为篇词矩阵）就是一个高维稀疏矩阵。此外，基于特征词是否出现的布尔型文献向量表示，是对该文献最简单的数量刻画。虽然在这个向量空间上定义距离就可以得到任何两篇文献之间的数量距离，进一步进行分类、聚类等分析。但这种向量表示所代表的语义信息太少，因此计算得到的文献相似性偏小。

若在文献的表示向量中加入文献自身的重要语义信息，如题目和摘要信息等，可以增加语义信息。但这些方法只是考虑了单个文献的主题特征，没有分析它与文献集的关系，没有利用潜在的语义相关性。因此本书结合局部（文献本身）和全局（文献集的共现矩阵）两个角度的语义特征，提出了共现潜在语义向量表示模型：既考虑了文献所有的特征词，也考虑了其特征词与文献集中其他特征词的共现语义相关性；不仅使文献表示中的语义信息更加丰富，同时还降低了表示向量的稀疏性。

（三）相关定义和记号

设既定文献集中有 n 篇不同的文献，记为 $D = \{d_1, d_2, \cdots, d_n\}$，所有文献共有 m 个互异的特征词，它们构成文献集的特征词集，记为 $T = \{t_1, t_2, \cdots, t_m\}$。再假设聚类后的簇数为 k，各簇用 $s_1, s_2, \cdots, s_k$ 表示，所含文档数分别为 $n_1, n_2, \cdots, n_k$。

定义3－1（文献—特征词矩阵 A）：每篇文献 d_i 对应 n 维特征词空间中的一个行向量，仍记为 d_i，每个分量取0或1。当该文献的特征词中包含 t_j 时 $a_{ij} = 1$，反之则 $a_{ij} = 0$。n 篇文献按列排列构成如下布尔值

型矩阵 A，定义为文献—特征词矩阵，或称为篇—词矩阵。

$$\begin{array}{c} \\ d_1 \\ d_2 \\ \vdots \\ d_i \\ \vdots \\ d_n \end{array}\begin{array}{c} \begin{array}{cccccc} t_1 & t_2 & \cdots & t_j & \cdots & t_m \end{array} \\ \begin{pmatrix} a_{11} & a_{12} & \cdots & a_{1j} & \cdots & a_{1m} \\ a_{21} & a_{22} & \cdots & a_{2j} & \cdots & a_{2m} \\ \vdots & \vdots & \cdots & \vdots & \cdots & \vdots \\ a_{i1} & a_{i2} & \cdots & a_{ij} & \cdots & a_{im} \\ \vdots & \vdots & \cdots & \vdots & \cdots & \vdots \\ a_{n1} & a_{n2} & \cdots & a_{nj} & \cdots & a_{nm} \end{pmatrix} \end{array} = A \qquad (3-1)$$

其中 $a_{ij} = 0$ 或 1，A 是 $n \times m$ 矩阵。

矩阵 A 中每行数值的和，即行中 1 的个数，等于相应文献所含特征词的个数；每列数值的和，即列中 1 的个数，等于相应特征词的总频次。

根据矩阵的运算性质和共词的定义易知，A 中任意两行的向量内积即为相应两篇文献相同特征词的个数，而自乘的结果是该文献特征词的个数；相应的，A 中任意相异两列向量的内积即为相应两个特征词共现的次数，而自乘的结果正好是该特征词出现的总频次。因此，文献—特征词的耦合矩阵、特征词的共现矩阵可以通过矩阵运算的形式定义如下：

定义 3－2（文献—特征词耦合矩阵 P）：若 A 为布尔值型文献—特征词矩阵，则文献—特征词耦合矩阵 $P = (p_{ij})_{n\times n}$ 定义为 $P = AA'$。其中 $p_{ij} = \sum_{k=1}^{n} a_{ik}a_{jk}(i \neq j)$，表示文献 d_i 和 d_j 使用相同特征词的个数（绝对耦合强度）；$p_{ii} = \sum_{k=1}^{n} a_{ik}^2$，表示文献 d_i 的特征词个数。

耦合关系建立了文献基于关键词的相关性，共同的关键词越多，耦合关系越强。关键词是文献主题的重要代表，因此耦合关系越强可以推断研究主题越接近。

定义 3－3（特征词共现矩阵 C）：若 A 为布尔值型文献—特征词矩阵，则特征词共现矩阵 $C = (c_{ij})_{m\times m}$ 定义为 $C = A'A$。其中 $c_{ij} =$

$\sum_{k=1}^{n} a_{ki}a_{kj}(i \neq j)$，表示特征词 t_i 和 t_j 的共现次数；$c_{ii} = \sum_{k=1}^{n} a_{ki}^2$，表示特征词 t_i 的总频次。

两个特征词的共现次数反映了绝对共现强度，共现次数越多表明这两个特征词在共同表现某一主题时语义上的互补性越高，对该主题的代表性越强。因此在共现基础上作聚类分析可以大致划分文献集的研究主题，进一步，可以对文献进行分类。这种方法虽然有一定的效果，但文献区分度不高，因为共现特征词组可能出现在两个或多个主题的交集中。本书的目的是要实现直接对文献的聚类，只凭借共现矩阵是做不到的。

文献集的各特征词频次差异是比较大的，一般来说频次的高低排列服从幂率分布，最少是 1 次，理论上最大次数可以等于文献数。因此词对共现的次数，即共词绝对频次的差距也是比较大的。数据差距过大会造成分析不准确，为此有学者提出共现度的概念，它是对共现次数进行标准化。本书根据 Salton 指数定义特征词共现强度矩阵如下：

定义 3 - 4（特征词共现强度矩阵 B）：若 A 为布尔值型文献—特征词矩阵，$C = A'A$ 为特征词共现矩阵，则特征词共现强度矩阵 B 定义为：

$$B = (b_{ij})_{m \times m} = GA'AG = (AG)'(AG)$$

其中，

$$G = diag\left(\frac{1}{\sqrt{c_{11}}}, \frac{1}{\sqrt{c_{22}}}, \cdots, \frac{1}{\sqrt{c_{mm}}}\right) = \begin{pmatrix} \frac{1}{\sqrt{c_{11}}} & & 0 \\ & \ddots & \\ 0 & & \frac{1}{\sqrt{c_{mm}}} \end{pmatrix}$$ 为对角矩阵，对角线元中 c_{ii} 为特征词 k_i 的总频次；$b_{ij} = \frac{c_{ij}}{\sqrt{c_{ii}}\sqrt{c_{jj}}}(i,j = 1,2,\cdots,m)$，特别地当 $i = j$ 时，$b_{ii} = 1$。B 依然为对称矩阵。

可以证明耦合矩阵、共现矩阵和共现强度矩阵都是非负定的。

（四）CLSVSM 模型的表示

1. 共现潜在语义信息的提取

CLSVSM 模型具体的思路是根据特征词共现对主题语义的凸显作用，用共词强度量化文献在空间中与各维度的相关性，从而使文献的向量表示能呈现更多主题信息，也使得文献在相关的维度上有连续取值，而不是只取 0 和 1 的离散数值，同时还一定程度上缓减了稀疏性，使聚类的结果更加可信。

定义 3 - 5（文献 d_i 与特征词 k_j 的语义相关性）：给定文献集 D ，及其特征词集 T ，篇词矩阵 $A = (a_{ij})_{n \times m}$ ，共词矩阵 $C = (c_{ij})_{m \times m}$ ，共词强度矩阵 $B = (b_{ij})_{m \times m}$ 。记所有 $a_{ij} = 1$ 的 j 的指标集为 I_{i1} ，即 $I_{i1} = \{j \mid a_{ij} = 1\}$ ，称 $\max_{t \in I_{i1}}\{b_{jt}\}$ 为文献 d_i 与特征词 t_j 的语义相似性，记为 q_{ij}，即 $q_{ij} = \max_{t \in I_{i1}}\{b_{jt}\} = \max_{t \in I_{i1}}\{b_{tj}\}$ 。当 $a_{ij} = 1$ 时，易知 $q_{ij} = 1$ 。当 $a_{ij} = 0$ 时，$0 \leqslant q_{ij} < 1$ 。

文献与特征词的语义相似性主要衡量该文献与其不包括的特征词（特征坐标向量）的接近性，并作为文献在文档空间中该维度上的坐标分量，与其所含特征词共同表征文献的语义信息。在以上定义中选取与文献每个特征词共现强度的最大值作为文献与该特征词的语义相关性，即文献表示向量中相应该特征维上的坐标，原因是为了最大程度地表现主题相似性。在取关键词为特征词的情况下，只有文献的所有关键词都与该特征维没有共现，即文献与该特征词既不存在直接关系也不存在潜在关系，那么该文献表示中相应于该坐标的分量才是 0。

2. 共现潜在语义向量空间模型

通过定义文献与某一特征词的相似性（定义 3 - 5），我们将原先只有 0 和 1 表示的文献特征向量，用包含更多语义信息的新的向量表示，即得到以下模型：

定义 3 - 6（CLSVSM）给定文献集 D ，及其篇词矩阵 $A = (a_{ij})_{n \times m}$ ，共现强度矩阵 $B = (b_{ij})_{m \times m}$ ，定义基于共现潜在语义信息补充的文献向量空间表示模型为

$$\varphi(d_i) = \tilde{d}_i = (q_{i1}, q_{i2}, \cdots, q_{im}) \in \Re^m$$

其中，$q_{ij} = \begin{cases} 1, & a_{ij} = 1 \\ \max\limits_{t \in I_{i1}} \{b_{jt}\}, & a_{ij} = 0, \max\limits_{t \in I_{i1}} \{b_{jt}\} \neq 0 \\ 0, & others. \end{cases}$.

易知 $0 \leqslant q_{ij} \leqslant 1$ 。当 $q_{ij} = 1$ 表示特征词 t_j 是文献 d_i 的特征词，$q_{ij} = 0$ 表示文献 d_i 不包含特征词 t_j ，且 d_i 所有的特征词也与该特征词没有共现关系，即在文献集内不存在潜在语义关系。

新的向量表示实际上是布尔型表示向量与增强向量的叠加，该向量不仅保留了原有特征词（取值为1），而且还在不包含的特征词分量上增加了通过共现潜在语义分析所提取的信息（取值小于1），因此称之为共现潜在语义向量空间模型（Co-occurrence Latent Semantic VSM），简记为 CLSVSM。

当然可以在这个模型基础上增加权重，比如以标准化的频次作为权重指标。但本书的思想是不增加过多获取信息的成本，因此本书中未设权重。

从 CLSVSM 模型也可看出，任何特征词与不含该词的文献之间的共现潜在语义相关性都不会超过 1，也就是其贡献不会超过该文献自有关键词的作用。因为共现度为 1 的两个特征词都会同时出现在一篇文献中，它们的共现信息对区分所在的文献不再起作用，因为这两个词本身的主题意义已经包含在了文献向量中。

定义 3－7（基于 CLSVSM 的篇词矩阵）采用 CLSVSM 表示的文献集的篇词矩阵定义为 $Q = (q_{ij})_{n \times m}$ ，即

$$Q = \begin{array}{c} \begin{matrix} t_1 & t_2 & \cdots & t_j & \cdots & t_m \end{matrix} \\ \begin{pmatrix} q_{11} & q_{12} & \cdots & q_{1j} & \cdots & q_{1m} \\ q_{21} & q_{22} & \cdots & q_{2j} & \cdots & q_{2m} \\ \vdots & \vdots & \cdots & \vdots & \cdots & \vdots \\ q_{i1} & q_{i1} & \cdots & q_{ij} & \cdots & q_{im} \\ \vdots & \vdots & \cdots & \vdots & \cdots & \vdots \\ q_{n1} & q_{n2} & \cdots & q_{nj} & \cdots & q_{nm} \end{pmatrix} \end{array} \begin{matrix} d_1 \\ d_2 \\ \vdots \\ d_i \\ \vdots \\ d_n \end{matrix}$$

新篇词矩阵中元素的取值是连续型的，对每篇文献而言，元素 1 所

对应的特征词就是它的特征词，介于0和1之间的是与其有共现关系的特征词，而元素0对应的就是既没有显在关系也没有潜在关系的特征词。可见，相对于基于VSM的表示矩阵，新的词篇矩阵既考虑了其本身的主题词，也考虑了全局空间的相关主题词，并用共现强度来表示文献与各个词（维度）的相关性。

（五）CLSVSM模型的解释

本书对文献的向量表示是建立在一个假设之上，那就是文献都是由词（term，individual word）和主题短语（topic signature，multiword phrase）组成，而不是自然语言处理中最小单元的词集合。而主题短语就是由几个词构成的，能表示一定研究主题的词，比如关键词，其中的多词短语没有再分。

对一篇文献而言，元数据中表示其主题的主要有题目和关键词，这两者都是由单词或主题短语构成。题目在切分过程中存在不准确的问题，因此本书主要以关键词来构建文档空间。显然，关键词之间的语义也不是完全正交的，而且恰恰相反，语义相关性更大。在这种用关键词构造的文档空间中，文献在各个维度上的取值被理解为文献主题与该主题词之间的相似性，比如，文献以该词为关键词，那么它们的相似度就是1。现有的向量表示中，将不包含的关键词对应分量都定义为0，即没有相关关系。CLSVSM模型的核心就是采用语义平滑（Semantic smoothing）的思想弥补这种离散型的语义相关性度量方法。具体采用共现潜在语义相关性来估计文献与其不包含的关键词之间的主题相似性，即通过文献的所有关键词与某一关键词（空间的一个维度）的共现强度来作为文献与这个维度的主题相关性，或者该主题词与文献的相关性。如果文献的多个关键词都与该主题词维度存在共现，则取所有共现强度的最大值。只有当文献的所有关键词都不曾与该主题词维度共现时，它们的相关性才为0。这些通过共现关系所提取的语义相关信息，称为共现潜在语义信息，值域为［0,1］，使得表示向量中不只有0和1，而且相关的维度也大大增加，文献的主题信息得到更加充分的体现，同时降低了向量的稀疏性（减少了 0 的个数）。经过信息增强以后的表示向量用于计算文献之间的主题相似性，使得在传统向量表示下不相似的文献之间可能相似度不再为 0，认为相似的文献相似度会更高，但不会达到 1。

以第四章实验数据中的两篇文献为例，其中标识为 1001101 的文献有三个关键词，分别为“公共图书馆”“图书馆制度”和“图书馆制度转型”，另外标识为 1001202 的文献有四个关键词“云计算”“云存储”“云服务”和“图书馆应用”，但是两文献没有相同的关键词。在传统的向量表示下，两文献的相似度为 0。然而它们的主题都指向图书馆，如果这两个文献的相似度都为 0，那么更多相关的文献就可能被定义为不相关。既然都研究图书馆，那两文献是应该有主题上的交集。从共现矩阵中，我们很容易发现，与“公共图书馆”一起研究的还有“数字图书馆”“美国”“知识服务”等 102 个，研究“图书馆制度”和“图书馆制度转型”的只有该文献本身（这些数据受限于特定数据集）。因此文献 1001101 与“数字图书馆”这个主题词有潜在语义相似性，强度为：

$$\max\left\{\begin{array}{c}\text{共现度}(\text{数字图书馆},\text{公共图书馆}) = 0.037987, \\ \text{共现度}(\text{数字图书馆},\text{图书馆制度}) = 0, \\ \text{共现度}(\text{数字图书馆},\text{图书馆制度转型}) = 0\end{array}\right\} = 0.037987$$

因为“数字图书馆”和“图书馆制度”“图书馆制度转型”的共现度都为 0，所以文献 1001101 与“数字图书馆”特征维的相似度为：

$$sim(1001101,\text{数字图书馆}) = 0.037987$$

也即它在相应的维度上的取值为 0.037987，相当于文献的表示向量在该维度上的坐标，但因为向量的表示不是建立在严格的正交坐标系中，因此理解为文献与该维度的语义相关度。

同理，我们可以得到文献 1001202 与“数字图书馆”维度的主题相关性为 0.100504，大于文献 1001101 在该维度上的取值，也可以说明研究主题词之间关系的有疏有密。

虽然在选用的文献集中没有文献同时研究“公共图书馆”与“云计

算”“云存储”“云服务”等，但是有文献同时研究“云计算”和“数字图书馆”，因此“数字图书馆”将两篇文献联系了起来（图 3 - 2）。

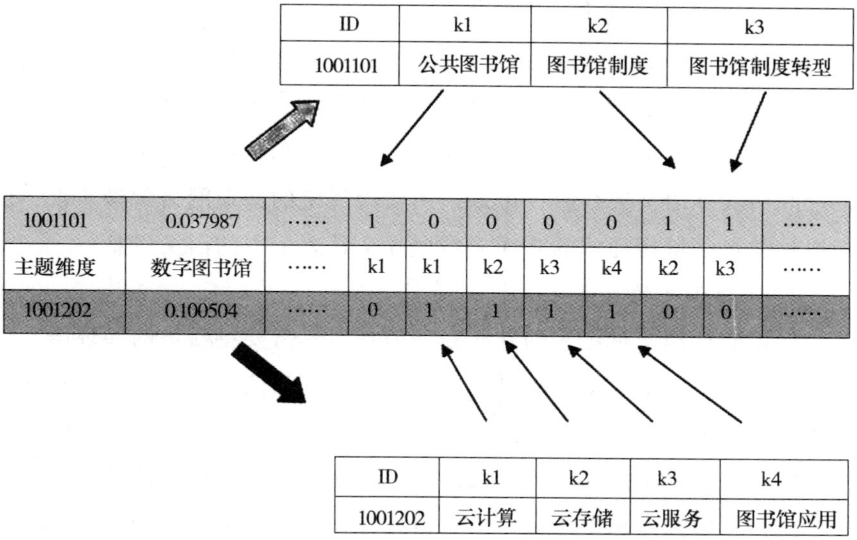

图 3 - 2 基于共现潜在语义相关性的文献向量表示示例图

在补充共现语义之前，两文献的相似度为 0，然而通过在“数字图书馆”维度上补充语义信息以后，两者的相似度变为：

$$sim(1001101,1001202) = cos(\overrightarrow{t_1},\overrightarrow{t_2}) \approx 0.0011$$

虽然这个相似度不大，但是呈现了两者的关系，而没有被忽略。

三 语义信息的增强与约简探讨

（一）语义信息的增强

CLSVSM 模型的提出是面对只有简单元数据（主要是关键词）高维表示的文献资源的聚合，是适用于基于元数据的“大数据”文献检索和聚类的低成本方法。对于小数据集的文献聚类可以采用较大数据集的共现关系作为潜在语义信息提取的知识背景，或者采用题目词加强共现关系；对于有关键词频次信息的文献全文检索和文本聚类也适用，只需简单扩展即可。同时对于文献数量过多造成特征词维度过高的情况，本书也提出了相应的简约模型。

1. 基于大型共现网络的信息增强

共现潜在语义是建立在大数据的统计规律之上的，理论上讲，共现网络的节点越多，共现关系越致密，其所传递的语义信息就越多。在实践中对于过小的文档集，当自身所提供的节点和关系都不足以体现特征词之间的实际语义关系时，可以采用较大规模的共现网络背景知识，比如通过学科领域特征词的共现关系增强文献表示中的语义信息。

2. 主题语义的再强化

如果要挖掘文献更多的主题相关信息，只需要将新增的共现语义信息引入文献的表示向量中即可。如果引入标题和摘要信息，首先对标题和摘要信息进行切分和整理，去掉停用词，将剩下的词作为文献的增补特征词。考虑到不同部位的特征词对文献主体作用不一样的情况，有两种办法将新语义信息与关键词语义信息合并。其一是对不同部位的特征词加权合并，然后构建新的共现语义矩阵，从中挖掘潜在语义信息，强化文献向量主题信息；其二是对关键词和主题词分别作共现分析，然后将各部分的语义信息作加权和后作为新的语义增强信息元。

（二）语义信息的约简

面对大量的文本数据，共词矩阵维数往往较高，所以 CLSVSM 模型的构建就会比较复杂。为了降低模型的构建复杂度，可以用以下几种方式对共现语义信息进行约简处理。

1. 根据分布截取特征词。根据词频分布的长尾理论，截取主要信息量，舍弃尾部，使其在降低维数的同时又可抽取特征词的主要共现信息，如此可以加速模型构建效率。由于特征词无序且词频分布的尾部太长，因此不宜选择。

2. Top k 简约模型（取头）。共现频次较低的词之间往往含有少量的语义信息，如果在构建模型时抽取了这部分信息无疑是增加了模型构建的复杂度，而仅仅补充了少量的语义信息，这自然是得不偿失的。所以在补充语义信息时可以只考虑与关键词共现频次较高的前 k 个关键词与该关键词之间的语义相关性。

3. 舍去相对低频词（截尾）。一般来说文献集特征词的分布服从幂律分布，频率衰减很快，低频词非常多给共现潜在语义的挖掘带来了运算上的压力。事实上低频词的共现频次也不高，有效共现度（即与不含它的文献语义相关性）也很少，甚至没有。因此可以在构建模型时对特征词进行截尾处理，除去在文本集中出现频次较低的词。实际应用中往往舍去频次为 1 的关键词。

四　基于 CLSVSM 的数字文献资源聚合

文献的 CLSVSM 向量表示通过共现潜在语义增强了主题语义信息，为基于主题的文献聚合提供了更贴切的量化形式。接下来是文献高维表示向量的聚类方案。

（一）基于特征向量聚类的文献聚合步骤

Step1：根据文献集的特征词构建文献空间，并将文献表示为空间中的向量，作为文献的代表，所有文献的代表向量构成“篇—词”矩阵 A，每一行代表一篇文献；

Step2：根据词篇矩阵得到共现矩阵，进一步得到共现强度矩阵 B；

Step3：根据 CLSVSM 方法，从共现矩阵中提取潜在语义信息，形成信息增强矩阵 E；

Step4：篇词矩阵与信息增强矩阵叠加得到新的篇词矩阵 Q；

Step5：选择文献主题相似性度量算法，计算相似性矩阵 S；

Step6：选择聚类算法和聚类优化准则函数，执行高维特征向量聚类，实现文献聚合；

Step7：选择评价方法对聚类方案进行总体评价；

Step8：根据评价结果修正模型或补充语义信息。

为了在每一步骤选择合适的方法，以下将分别对部分环节的方法进行研究和对比。

（二）文献的相似矩阵

聚类是基于文献对象间的相似度、距离或结构对文献的划分。在众多度量两文献之间相似性或距离的计算方法中，最适合的是余弦相似性。记两文献分别为 d_i 和 d_j，相应的特征向量记为 $\vec{t}_i$ 和 $\vec{t}_j$。

1. 文献相似度

对高维向量的聚类一般选择余弦相似度的计算公式，即：

$$\cos(\vec{t}_i,\vec{t}_j) = \frac{\vec{t}_i \cdot \vec{t}_j}{\|\vec{t}_i\| \ \|\vec{t}_j\|}.$$

其中 $\vec{t}_i$ 和 $\vec{t}_j$ 分别为文献 d_i 和 d_j 在文档空间中的表示向量。余弦公式的分子称为向量的内积，为标量；分母是两个向量的模长，相当于对向量的标准化变换。如果文献向量已经标准化，那么它们的相似性就为两向量的内积，即：

$$\cos(\vec{t}_i,\vec{t}_j) = \vec{t}_i \cdot \vec{t}_j, if \|d_i\| = 1, \|d_j\| = 1.$$

因为向量中的每个分量都为非负值，所以相似性的值域为［0,1］。采用布尔权重、频率权重 TF 等，即使是 TF－IDF 权重也不可能出现负值。两向量余弦值越大，表示两向量的夹角越小，相似性越大，反之亦然。

在传统的向量模型中，当两文献的特征词（及权重）完全相同时，两文献的相似度为1；相反，当它们的特征词完全不同时，不管是否有权重，两文献的相似度都为0。但是在 CLSVSM 模型中，后一种情形的相似度可能不再为零。因为虽然两篇文献的特征词不同，但是它们的部分特征词却有可能在别的文献中共同出现，这种关系增强了两文献的主题相关性，因此它们的相似性不再为0。这种相似度的大小受到两文献关键词的共现个数、最大共现强度和两文献关键词个数的影响。事实上，在后一种情形下，如果文献相似性相比之前有变化，则一定是增大的，这就是潜在语义的增强效果，使得有潜在语义关联的文献距离更加接近，更易聚为一类。

2. 文献相似矩阵

通过计算两两文献的相似度，可以得到基于CLSVSM模型的文献相似矩阵。

定义3-8（文献相似矩阵）：称如下 S 为基于CLSVSM表示和余弦函数的文献相似矩阵：

$$
\begin{array}{cc}
 & \begin{array}{cccccc} d_1 & d_2 & \cdots & d_j & \cdots & d_n \end{array} \\
S = & \begin{pmatrix}
s_{11} & s_{12} & \cdots & s_{1j} & \cdots & s_{1n} \\
s_{21} & s_{22} & \cdots & s_{2j} & \cdots & s_{2n} \\
\vdots & \vdots & \cdots & \vdots & \cdots & \vdots \\
s_{i1} & s_{i1} & \cdots & s_{ij} & \cdots & s_{in} \\
\vdots & \vdots & \cdots & \vdots & \cdots & \vdots \\
s_{n1} & s_{n2} & \cdots & s_{nj} & \cdots & s_{nn}
\end{pmatrix}
\begin{array}{c} d_1 \\ d_2 \\ \vdots \\ d_i \\ \vdots \\ d_n \end{array}
\end{array}
$$

其中

$$s_{ij} = \frac{\sum_{k=1}^{m} q_{ik} q_{jk}}{\sqrt{\sum_{k=1}^{m} q_{ik}^2} \sqrt{\sum_{k=1}^{m} q_{ik}^2}}$$

（三）文献集的相似度

文献集相似性计算主要用于聚类中对簇间和簇内相似性的度量，以便在算法中不断优化聚类结果。簇内相似度越高，同时簇间相似度越小，聚类的结果越理想。因为簇内文献数一般都不是唯一的，因此度量簇间和簇内的相似性或距离有多种方法，如最短距离法、最长距离法、中间距离法、重心法、簇（类）平均法、可变簇（类）平均法、可变法及McQuitty相似分析法、离差平方和法等，简要说明见表3-1。

表 3-1　　　　簇间距离或相似度主要计算方法

方法	简要说明
最短距离法	取两类中相距最近的两对象距离
最长距离法	取两类中相距最远的两对象距离
中间距离法	以上两种距离的折中
重心法	取两类重心（均值）之间的距离
簇（类）平均法	取两类间两两平方距离的平均
可变簇（类）平均法	类平均法的变形
可变法及 McQuitty 相似分析法	类平均法的推广
离差平方和法（Ward）	类间离差平方和最小的聚类

以上方法主要以欧式距离为基础（Ward 方法要求只能采用欧式距离），但这些方法的思想是很多聚类软件的基础。为了适应高维稀疏文献向量的聚类，Karypis 等①定义基于余弦相似性的重心法来计算簇间和簇内的相似度，并在其团队开发的聚类平台 CLUTO 中使用。

假设一组向量表示的文献集合为 A，定义文献组的组合向量 D_A 和重心向量 C_A 分别为 $D_A = \sum_{d \in A} d$，$C_A = \frac{D_A}{|A|}$，即组合向量 D_A 为 A 中所有向量的和，重心向量 C_A 为 A 中所有向量的平均值，其中 $|A|$ 为集合 A 中文档数。应该注意的是，即使文档向量都是标准化的，这两个新向量都不再是单位向量。

假设两个用向量表示的文档集 S_i 和 S_j，分别包含 n_i 和 n_j 个向量（篇文档），两个集合的复合向量和重心向量分别记为 D_i，C_i 和 D_j，C_j，则

簇（类）间相似性的计算式为：

$$\sum_{d_q \in S_i, d_r \in S_j} \cos(d_q, d_r) = \sum_{d_q \in S_i, d_r \in S_j} d_q^t d_r = D_i^t D_j ;$$

簇（类）内相似性的计算式为：

① Zhao Y, Karypis G. Criterion functions for document clustering: Experiments and analysis [J]. UMN CS 01-040, 2001.

$$\sum_{d_q, d_r \in S_i} \cos(d_q, d_r) = \sum_{d_q, d_r \in S_i} d_q^t d_r = D_i^t D_i = \| D_i \|^2.$$

不难看出，文档集相似性的度量包含文档相似性的度量，后者作为前者的一种特殊情况。

（四）聚类算法选择

现有的聚类算法可谓是多不胜数，但它们的适用范围和聚类效果多有不同。根据以往的文献分析，本书选择 K-means、Repeated Bisection（RB）、Biased Agglomerative（Bagglo）算法进行文献聚类。

1. K-means①。K 均值是最著名的划分聚类算法，需要的参数是期望的簇数 k 。K 均值首先从文档集 D 中任意选择 k 篇文献作为初始聚类的中心，然后将每篇文献分配到最相似的中心。每一篇文献划分后都要重新计算该簇新的中心，下一篇文献将划分到和新的 k 个中心最相似的簇。当满足准则函数设定条件或者超过最大迭代次数后迭代终止。

2. Repeated Bisection（RB）②。重复二分法采用 k 步划分思想，首先将整体数据分为两组，然后选择其中一组再分。每一次二分都要使准则函数最优。重复执行选择和再分，直到形成 k 个簇为止。

3. Biased Agglomerative（Bagglo）[2]。有偏凝聚聚类算法采用了凝聚聚类思想，不断合并使准则函数优化的子簇为更大的簇，直到形成 k 个簇为止。Bagglo 是一种混合层次凝聚聚类算法，它首先通过对文献或文献簇的重复二分法计算得 $\sqrt{n}$ -way 聚类方案，因此会在原有特征空间中增加 $\sqrt{n}$ 个新维度，每篇文章在相应簇的每个维度上的值都是非负的，等于文献与其所在簇中心的相似比。然后，在这个增强的表示形式上，采用传统的凝聚算法得到整体解决方案。有研究显示 Bagglo 算法结果优于其他凝聚聚类算法。

---

① MacQueen J. Some methods for classification and analysis of multivariate observations [C] //Proceedings of the fifth Berkeley symposium on mathematical statistics and probability. 1967, 1 (281 - 297): 14.

② Zhao Y, Karypis G, Fayyad U. Hierarchical clustering algorithms for document datasets [J]. Data Mining and Knowledge Discovery, 2005, 10 (2): 141 - 168.

（五）聚类准则函数

聚类准则函数是聚类的重要评价方法也是聚类的重要组成部分，它控制着聚类的整个过程。聚类算法要在一定准则下不断优化聚类结果，才能得到理想结果。

Zhao 和 Karypis 将聚类准则函数分为四类：内部的、外部的、混合的和基于图的准则函数①，H. Lee 和 Seung 又提出了基于非负矩阵分解的欧式范数准则②，本节将五类准则函数一并介绍如下，定义中采用余弦相似度或欧式距离。

1. 内部准则函数

内部准则函数（Internal Criterion Functions）主要是寻求使得簇内最相似或距离最小的优化聚类方法，不考虑簇间文献的相似性或距离，因此称为“内部”准则，并记为 $\mathcal{I}$ ③。

$\mathcal{I}_1$ 准则：$maximize\ \mathcal{I}_1$，

$$\mathcal{I}_1 = \sum_{r=1}^{k} n_r \left(\frac{1}{n_r^2} \sum_{d_i, d_j \in S_r} \cos(d_i, d_j) \right) \underline{\underline{(4)}} \sum_{r=1}^{k} \frac{\| D_r \|^2}{n_r}$$

注意到 $\mathcal{I}_1$ 准则包括了对族类自相似的度量，它类似于层次凝聚聚类中的方法，层次凝聚聚类是根据组平均值决定下一步合并哪一个簇。

$\mathcal{I}_2$ 准则：$maximize\ \mathcal{I}_2$，

$$\mathcal{I}_2 = \sum_{r=1}^{k} \sum_{d_i \in S_r} \cos(d_i, C_r) \underline{\underline{(5)}} = \sum_{r=1}^{k} \sum_{d_i \in S_r} \frac{d_i^t C_r}{\| C_r \|} = \sum_{r=1}^{k} \frac{D_i^t C_r}{\| C_r \|}$$

$$= \sum_{r=1}^{k} \frac{D_i^t D_r}{\| D_r \|} = \sum_{r=1}^{k} \| D_r \| .$$

在该准则中，中心向量代表该簇，准则的目的是使簇中的向量与其中心的相似性总和最大。在最流行的向量 K-means 聚类算法中就是用了 $\mathcal{I}_2$

---

① Zhao Y, Karypis G. Criterion functions for document clustering: Experiments and analysis [R]. Technical report, 2001.

② Lee D D, Seung H S. Algorithms for non-negative matrix factorization [C] //Advances in neural information processing systems. 2000: 556 –562.

③ 类似字体名称为 Elucid math one。

准则函数。

$\mathcal{I}_3$ 准则：$minimize\ \mathcal{I}_3$，

$$\mathcal{I}_3=\sum_{r=1}^{k}\sum_{d_i\in S_r}\|d_i-C_r\|^2=\sum_{r=1}^{k}\frac{1}{n_r}\sum_{d_i,d_i\in S_r}\|d_i-d_j\|^2$$

$$\underline{\underline{\|d_i-d_j\|^2=\sin^2(d_i,d_j)+(1-\cos(d_i,d_j))^2=2(1-\cos(d_i,d_j))}}$$

$$=\sum_{r=1}^{k}\frac{1}{n_r}\sum_{d_i,d_i\in S_r}2(1-\cos(d_i,d_j))=2\left(\sum_{r=1}^{k}n_r-\sum_{r=1}^{k}\frac{1}{n_r}\sum_{d_i,d_i\in S_r}\cos(d_i,d_j)\right)$$

$$=2(n-I_1)$$

该准则的基本思想是最小化簇内平方离差和，在传统 K-means 聚类算法中使用。经过推导可以得到与 $\mathcal{I}_1$ 准则的关系，而且两者的使用效果是相似的。

2. 外部准则函数

不同于内部准则，外部准则函数（External Criterion Functions）是围绕每一簇如何区别于其他簇来寻求最优聚类方法，考虑了簇间的相似性和聚类，因此从簇内的角度，被称为“外部”准则，并记为 ε 。

ε 准则：$minimize\ \mathcal{I}_1,\mathcal{I}_1=\sum_{r=1}^{k}n_r\frac{D_r^tD}{\|D_r\|}$

ε 准则的思想是要使 $\sum_{r=1}^{k}n_r\cos(C_r,C)$ 尽可能的小，因此需要每簇中心与全集的中心夹角余弦尽可能小，亦即要它们的夹角尽可能的大，这样就使得各簇之间尽可能的区分开。同样也看到所含文档多的簇所起的作用也大。进一步推导有：

$$\sum_{r=1}^{k}n_r\cos(C_r,C)=\sum_{r=1}^{k}n_r\frac{C_r^tC}{\|C_r\|\ \|C\|}=\sum_{r=1}^{k}n_r\frac{D_r^tD}{\|D_r\|\ \|D\|}=\frac{1}{\|D\|}\left(\sum_{r=1}^{k}n_r\frac{D_r^tD}{\|D_r\|}\right)$$

除去常数 $\frac{1}{\|D\|}$，即得目标函数。ε_1 准则兼有内外准则的思想，也可视为复合准则函数。

准则：$maximize\ \mathcal{I}_2,\mathcal{I}_2=\sum_{r=1}^{k}n_r\|C_r-C\|^2$.

ε 准则是基于欧几里得距离得到的，其效果和 $\mathcal{I}_3$ 准则是一致的。

3. 复合准则函数

内部准则函数的目的是使簇内更相似，外部准则函数的目的是使簇间更分离，如果将两者同时考虑构造复合准则函数效果可能更好。复合准则函数（Hybrid Criterion Functions）的基本思想是寻求聚类方法使得簇内相似度尽可能的大，同时簇间相似度尽可能的小；或者使得簇内距离尽可能的小，同时簇间距离尽可能的大。记为 $\mathcal{H}$ 。

$$\mathcal{H}_1 \text{ 准则}: maximize\ \mathcal{H}_1, \mathcal{H}_1 = \frac{\mathcal{H}_1}{\varepsilon_1} = \frac{\sum_{r=1}^{k} \| D_r \|^2 / n_r}{\sum_{r=1}^{k} n_r D_r^t D / \| D_r \|}.$$

$$\mathcal{H}_2 \text{ 准则}: maximize\ \mathcal{H}_2, \mathcal{H}_2 = \frac{\mathcal{H}_2}{\varepsilon_1} = \frac{\sum_{r=1}^{k} \| D_r \|}{\sum_{r=1}^{k} n_r D_r^t D / \| D_r \|}.$$

4. 基于图的准则函数

同样是基于向量空间模型来表示文档，前 3 类准则函数是将每个文档视为超空间中的向量来衡量它们的相似度，而如果要将这些文档视为超空间中的点同样可行，只是要从图论的角度来考察，称之为基于图的准则函数（Graph Based Criterion Functions）。面向文档聚类有两种可用的图模型：一种是由文档之间的两两相似度构建的文档关系图；另一种是由文档和特征词间的相似度建立的二分图或二部图（bipartite graph）。

记文档两两相似图为 G_S ，它包含 S 个顶点，即文档数，文档间的相似性形成两两的边，权重为两两的相似度。基于 MinMaxCut① 思想的准则如下：

$$minimize \sum_{r=1}^{k} \frac{\text{cut}(S_r, S - S_r)}{\sum_{d_i, d_j \in S_r} \text{sim}(d_i, d_j)}$$

其中 $\text{cut}(S_r, S - S_r)$ 称为 S_r 中的点到 $S - S_r$ 中的点的边切（edge-cut），定义为两集合顶点间连接边的（权重）总和。优化聚类的目的就是要使两两簇族之间的边切越小越好。如果我们采用余弦相似度作为边

① Ding C H Q, He X, Zha H, et al. A min-max cut algorithm for graph partitioning and data clustering［C］//Data Mining, 2001. ICDM 2001, Proceedings IEEE International Conference on. IEEE, 2001: 107 - 114.

的权重，则有：

$$\sum_{r=1}^{k}\frac{\text{cut}(S_r, S-S_r)}{\sum_{d_i,d_j\in S_r}\text{sim}(d_i,d_j)}=\sum_{r=1}^{k}\frac{\sum_{d_i\in S_r,d_j\in S-S_r}\cos(d_i,d_j)}{\sum_{d_i,d_j\in S_r}\cos(d_i,d_j)}$$

$$=\sum_{r=1}^{k}\frac{D_r^t(D-D_r)}{\|D_r\|^2}=\left(\sum_{r=1}^{k}\frac{D_r^tD}{\|D_r\|^2}\right)-k.$$

簇族数假定已知，因此基于图的第一个准则为：

G_1 准则：$minimizeG_1, G_1=\left(\sum_{r=1}^{k}\frac{D_r^tD}{\|D_r\|^2}\right).$

记由文档和特征词相似度构成的二分图为 $G_b=(V,E)$，其中 V 是由文档点集 V_d 和特征词点集 V_t 构成的点集。如果 V_d 中的某篇文献包含 V_t 中的某个特征词，则该文献和特征词之间建立一条边，权重可以采用 TD－IDF 权重。对于二分图一般采用双向聚类（Co-clustering），即文档和特征词同时聚类。基于 normalized cut①② 的准则如下：

G_2 准则：$mininizeG_2, G_2=\sum_{r=1}^{k}\frac{\text{cut}(V_r, V-V_r)}{W(V_r)}$

其中 V_r 是第 r 个簇的顶点集，其中既包括代表文献的点，也包括代表特征词的点。$W(V_r)$ 表示所有邻接边的权重总和，它作为重要的归一化因子，确保了优化准则不会得到平凡解，其作用相当于 G_1 准则中的 $\|D_r\|^2$。

5. 基于 NMF 的欧式范数准则

非负矩阵分解（Non-negative Matrix Factorization，NMF）的目的是将非负矩阵 T 分解为两个非负矩阵 W 和 H 的乘积，即 $T=WH$，三个矩阵中的元素均为非负数。对于不能精确分解的，可以找到一个近似分

---

① Dhillon I S. Co-clustering documents and words using bipartite spectral graph partitioning [C] //Proceedings of the seventh ACM SIGKDD international conference on Knowledge discovery and data mining. ACM, 2001: 269－274.

② Zha H, He X, Ding C, et al. Bipartite graph partitioning and data clustering [C] //Proceedings of the tenth international conference on Information and knowledge management. ACM, 2001: 25－32.

解。H. Lee 和 Seung① 将这种分解转化为一个带约束的优化问题，即使得分解前后的误差最小。在欧式距离下，称之为 $\mathcal{EUC}$ 准则，形式如下：

$$\mathcal{EUC} \text{ 准则：} \begin{array}{l} minimize f(W,H), f(W,H) = \| T - WH \|^2, \\ \text{subject to } H_{aj} \geqslant 0, \ W_{aj} \geqslant 0, \ \forall a,i,j. \end{array}$$

其中，$\| \cdot \|$ 为 Frobenius 范数（也称为 Euclidean 范数，即 E－范数），表达式如下：

$$\| T - WH \|^2 = \sum_{ij} (T_{ij} - (WH)_{ij})^2.$$

因为目标函数 $f(W,H)$ 非凸，因此 H. Lee 和 Seung 采用“乘性更新规则”（Multiplicative update rule）求局部最优解。

6. 聚类准则函数的优化

对聚类的优化本质上是对准则函数的优化。最常用的优化思想是“贪婪策略”，用于划分聚类算法，比如 K-means 算法。但是对很多准则来说，它只能达到局部最优。相对较好的方法是基于文献相似矩阵或“篇—词”矩阵的谱分解，或者多种优化方法的综合使用。遗憾的是对某些准则函数不适用。

基于贪婪策略的优化可以分为两步：初始聚类（initial clustering）和聚类调优（cluster refinement）。假设理想的簇类有 k 个，在初始聚类阶段，从文档集中随机的选择 k 篇作为聚类的“种子”，计算每一篇文献与这 k 个种子的相似性，并与最相似的种子归为一类。如果采用余弦相似性，在前面介绍的准则（除了 G_2 外）都可以得到初始聚类结果。但对于 G_2 只能得到文献的初始聚类，而得不到特征词的聚类。需要在此基础上进一步划分。做法如下：对于每一个特征词顶点 v，计算其到文档顶点每个划分的边切，并将 v 归入边切最大的那一划分。在篇—词矩阵（行为文篇，列为特征词）中，就相当于加总 v 相应列与各划分交叉点权重，并将 v 归入权重和最大的那一划分。这样分类后，v 的总边切就达到了最小。

① Lee D D, Seung H S. Algorithms for non-negative matrix factorization ［C］ //Advances in neural information processing systems. 2000：556－562.

在聚类调优阶段，主要目的是在初始聚类的基础上多次迭代优化。针对不同的准则函数采用了两种不同的迭代策略。对于 I_1 ，I_2 ，ε_1 ，$\mathcal{H}_1$ ，$\mathcal{H}_2$ 和 G_1 采用一系列的迭代。在每一步的迭代中，文献被视为是随机排列的。对任意一篇文献，利用准则函数计算它移入其他划分前后的函数值，如果移动后优化有提高，就将它移入最佳的那个划分；反之则不移动。直到所有的文献都不再移动，迭代就结束了。这种方法对有好处的移动就执行重新划分，与 K-means 方法中的思想不一样。这种调优算法常称为“增益”。因为每一步移动都直接优化了准则函数，所以这种优化策略最终收敛于局部最优解。根据前面准则函数的计算形式，都可以采用和向量与中心向量来计算，因此计算也是高效的。

对于 G_2 的调优策略需要对文献顶点集和特征词顶点集交替进行①。这种策略也需要多次迭代，但是每次迭代又分为两步。首先，视文档集为无序的点集，对于每篇文档 d_i ，计算将其移入其他各个划分前后的准则函数值，并将它重新划入使 G_2 减少最多的那一划分，如果移动不会引起准则函数降低，则不移动。其次，视特征词集为无序点集，对每个特征词 t_j ，同样计算移动到其他各个划分前后准则函数值的变化，并将它重新划入使 G_2 减少最多的那一划分，如果移动不会引起准则函数降低，则不移动。整个迭代过程在所有文档和特征词都不移动时停止。这种策略下得到的同样是局部最优解。

以上调优的算法自然具有贪婪性，不能保证得到全局最优解，而且局部最优解也依赖于初始聚类种子的选取结果。为了降低这种敏感性，整个聚类过程要重复多次，包括初始聚类和聚类调优，然后选择使得准则函数最优的那一次聚类结果。一般实验中重复 10 次。

（六）聚类评价方法

文献聚合的质量好坏在于文献高维特征向量聚类模型的优劣。常用

① Hendrickson B, Kolda T G. Partitioning rectangular and structurally unsymmetric sparse matrices for parallel processing [J]. SIAM Journal on Scientific Computing, 2000, 21 (6): 2048 - 2072.

的模型质量评价方法有分类正确率（classification accuracy）、查准率（precision）与查全率（recall）、查准率与查全率的几何平均数、信息估值（information score）等，这些方法在机器学习中使用较多。

1. 分类准确率

$$Accuracy(M)=\sum_{ex}P(ex)Accuracy(M,ex)=P(\hat{C}(ex)=C(ex))$$

其中 $Accuracy(M,ex)=\begin{cases}1, & \hat{C}(ex)=C(ex)\\0, & others\end{cases}$，$C(ex)$ 为样例 ex 的实际类值，$\hat{C}(ex)$ 为通过模型 M 对样例 ex 的预测类值，$P(ex)$ 为样例 ex 的概率（通常为 $1/n$，n 为样本集的大小）。分类正确率可以理解为正确分类的期望，当 $P(ex)=1/n$ 时，就是正确分类的样例比例。

2. 查准率

$$Precision(M,target\mathrm{C})=P(target\mathrm{C}\mid tar\hat{g}et\mathrm{C})$$

其中 $target\mathrm{C}$ 表示目标类，$tar\hat{g}et\mathrm{C}$ 是针对目标类通过模型 M 得到的预测类。即查准率是检索到的目标类的样例集中所包含的属于检索正确的样例所占比例的大小，简记为 P。

3. 查全率

$$Recall(M,targetC)=P(tar\hat{g}etC\mid targetC)$$

查全率表示在一个检索结果中实际包括的检索正确的对象数目占实际存在的满足查询要求的对象数目的比例的大小，简记为 R。

4. F 方法——查全率和查准率的结合（Ⅰ）

$$F_\beta(M,targetC)=\frac{(1+\beta^2)Precision(M,targetC)Recall(M,targetC)}{\beta^2Precision(M,targetC)+Recall(M,targetC)}$$

$$=\frac{1+\beta^2}{\dfrac{\beta^2}{Recall(M,targetC)}+\dfrac{1}{Precision(M,targetC)}}=\frac{1+\beta^2}{\dfrac{\beta^2}{R}+\dfrac{1}{P}}$$

其中 $\beta\in[0,+\infty)$。当 $\beta=0$ 时，F_β 即为查准率；当 $\beta\to\infty$ 时，F_β 即为查全率；当 $\beta=1$ 时，即为查全率和查准率的调和平均值 $\dfrac{2}{\dfrac{1}{R}+\dfrac{1}{P}}$，

说明两者在评估模型质量时具有同样的重要性。若 $\beta < 1$ ，则强调查准率的作用；若 $\beta > 1$ ，则强调查全率的作用。

5. E 方法——查全率和查准率的结合（Ⅱ）

$$E_\beta(M,targetC) = \frac{\beta^2(1 - Recall(M,targetC))Precision(M,targetC) + Recall(M,targetC)}{\beta^2 Precision(M,targetC) + Recall(M,targetC)}$$

$$= 1 - \frac{\beta^2}{\frac{\beta^2}{Recall(M,targetC)} + \frac{1}{Precision(M,targetC)}} = 1 - \frac{\beta^2}{\frac{\beta^2}{R} + \frac{1}{P}}$$

与 F 方法类似，E 方法也是结合了查全率和查准率，β^2 为预设值，是两者的平衡权重。不同的是，当 $\beta > 1$ 时，强调查准率的作用；当 $\beta < 1$ 时，则强调查全率的作用。

6. 查准率与查全率的几何平均数

$$GeoPrecision(M) = \sqrt[Cls]{\prod_{i=1}^{Cls} Precision(M,C_i)}$$

$$GeoRecall(M) = \sqrt[Cls]{\prod_{i=1}^{Cls} GeoRecall(M,C_i)}$$

其中 Cls 为总的类别数。

7. 信息估值

$$InfoScore(M) = \sum_{ex \in TestSet} InfoScore(M,ex)$$

$$InfoScore(M,ex) = \begin{cases} \log \frac{\hat{P}(C(ex))}{Pa(C(ex))}, & \hat{P}(C(ex)) > Pa(C(ex)) \\ -\log \frac{1 - \hat{P}(C(ex))}{1 - Pa(C(ex))}, & \hat{P}(C(ex)) \leqslant Pa(C(ex)) \end{cases}$$

其中 $C(ex)$ 是样例 ex 的实际类值，$\hat{P}(C(ex))$ 为通过模型 M 对实际类值的预测概率，$Pa(C(ex))$ 为实际类值的先验概率。信息估值 $InfoScore(M)$ 可衡量模型给出的实际类值的平均信息量。

对分类或聚类质量的评价可以分为内部评价和外部评价。查全率和查准率是常用的外部评价方法。查准率指检出的正确（相关）文档占检出的全部文档的比例，是衡量检索系统的信号噪声比的指标，也称为精度。查全率指检出的相关文档占全部相关文档的比例，是衡量检索系统从文档集合中检出相关文档成功率的指标，也称为召回率。在信息检索中，可以将一个既有分类文献集中的一篇具体文献作为一个检索提问输入搜索引擎，然后相似的文献就被检索出来，因此可以采用查准率和查全率来对结果进行评价。[①]

五 CLSVSM 模型与 VSM 衍生模型的类比

VSM 模型框架有很大的适用范围，但由于中英文表述的不同，对其应用和改进也略有区别。CLSVSM 模型主要是在 VSM 模型基础上补充共现潜在语义信息后形成新的向量，加强了文献主题和特征维度的语义相关性。和 GVSM 不同的是，GVSM 模型相当于利用共现强度对文献向量中的各分量进行加权，对共现语义信息挖掘不深入，没有增加任何信息。以下与面向中文聚类的 VSM 改造模型作类比分析。

（一）类比基于关键词相同度的 VSM 模型

如前文所言，文献语义相似性的度量往往是文献主题聚类的基础。在文献相似性的度量方面，魏建香[②] 2011 年提出了一种部分相似性，即两个特征词连续相同的字符串长度的比例。该定义通过特征词的比较，挖掘出了不相等特征词之间的部分语义信息。本书暂时称相应的表示模型为基于特征词相同度[③]的 VSM 模型。以下是该模型的重要定义

① 李慧、刘东苏、任志纯：《文献聚类技术及其评价函数》，《情报杂志》2004 年第 7 期。

② 魏建香：《学科交叉知识发现及可视化》，南京大学出版社 2011 年版。

③ “关键词相同度”为笔者所加，便于指代，原文中作者是通过两关键字中最大连续相同的字符串长度来定义两者的相似性的。

和步骤。

1. 关键字相似度①的计算

假设关键字 k_i 和 k_j 的字符长度分别为 l_i 和 l_j，最大连续相同的字符串长度为 l，若记关键字相似度为 $Q(k_i,k_j)$，简记为 $Q_k(i,j)$，则

$$Q_k(i,j) = Q(k_i,k_j) = \begin{cases} \dfrac{l}{l_i + l_j - l}, & l \geqslant 4, \\ 0, & l < 4, \end{cases} \quad 1 \leqslant i,j \leqslant n.$$

显然 $Q(k_i,k_j) \in [0,1]$，该相似性的度量方法既包括了完全相同的关键字，又考虑了部分相同的关键字。当 $Q = 0$ 时，表示两关键字没有相同的字符串，即完全相异；当 $Q = 1$ 是，表示两字符串完全相同；当 $0 < Q < 1$ 时，表示两关键字部分相同，即相似，且 Q 越大相似性越强，Q 越小相似性越弱。

2. 文献—特征词矩阵的表示

每篇文献在关键字特征空间中表示 n 维的行向量，m 篇文献按列排列就构成了 $m \times n$ 的文献—关键字矩阵，记为：

$$\begin{bmatrix} Q'_{11} & Q'_{12} & \cdots & Q'_{1m} \\ Q'_{21} & Q'_{22} & \cdots & Q'_{2m} \\ \vdots & \vdots & & \vdots \\ Q'_{n1} & Q'_{n2} & \cdots & Q'_{nm} \end{bmatrix},$$

其中 Q'_{ij} 的定义如下：

$$Q'_{ij} = \lambda \cdot \frac{\sum_{s=1}^{\alpha_i} Q(k_{is},k_j)}{\alpha_i} + (1-\lambda) \cdot \frac{\sum_{t=1}^{\beta_i} Q(abs_{it},k_j) \cdot T(abs_{it}) \cdot W(abs_{it})}{\sum_{t=1}^{\beta_i} [T(abs_{it}) \cdot W(abs_{it})]} \tag{3-2}$$

（式 3 - 2）中，$Q(kd_{is},kd_j)$ 表示文献 i 的第 s 个关键字 kd_{is} 与关键字集 K 中第 j 个关键字的相似度，$Q(abs_{it},kd_j)$ 表示文献 i 的第 t 个摘要词

① 因原文中使用“关键字”一词，因此本处也采用相同的表述，但理解为关键词。为了阅读方便起见，定义中的一些记号与前文的记号保持一致，而未采用原文记号。

kd_{it} 与关键字集 K 中第 j 个关键字的相似度，$T(abs_{it})$ 是文献 i 的第 t 个摘要词 abs_{it} 在文献摘要中出现的频次，$W(abs_{it})$ 是文献 i 的第 t 个摘要词 abs_{it} 的权重，其值为摘要词 abs_{it} 与文献所有关键字相似度的最大值，$\lambda \in [0,1]$ 为平衡系数，用来调节关键字和摘要词的权重。以上定义实际上将文献与文献空间关键词之间的相似性定义为文献关键词和摘要词与所有关键词相似度的加权和。

3. 文献相似度的计算及文献的相似矩阵

文献相似度矩阵 $S(n \times n)$ 记为：

$$\begin{bmatrix} s_{11} & s_{12} & \cdots & s_{1n} \\ s_{21} & s_{22} & \cdots & s_{2n} \\ \vdots & \vdots & & \vdots \\ s_{n1} & s_{n2} & \cdots & s_{nn} \end{bmatrix}$$

其中 $s_{ij} = \sqrt{\sum_{k=1}^{m} (Q'_{ik} - Q'_{jk})^2}$，为文献 i 和文献 j 之间的欧式距离。

通过以上的介绍，首先该模型的主要创新点是在 VSM 基础上增加了题目词和摘要词之间部分同形词的相似性信息，根据汉语特点在一定程度上解决了同义词的合并问题，但是难免引起很多的错误，因为仅仅对相同词来进行相似性计算并不能把握其语义的相似性；其次在相似性矩阵中采用了欧式距离，这也是对高维向量聚类不利的。相比之下，CLSVSM 模型注重挖掘共现潜在语义，更能准确凸显主题相似性，而且采用了余弦函数计算文献的相似性。

（二）类比扭曲 VSM 模型

面对高维和特征词间存在语义相似的问题，苏喻等[①]先通过语义相似性（相似度阈值为 0.9）将特征词合并，然后通过扭曲各平面重新计算两两向量的夹角，然后根据向量夹角进行聚类。

---

① 苏喻、郑诚、马中杰等：《基于语义的 VSM 模型改进》，《计算机应用与软件》2011 年第 28（8）期。

1. 定义语义距离为向量夹角，即：

$$dis(A,B) = \arccos\left(\frac{V_A \cdot V_B}{\| V_A \| \ \| V_B \|}\right) = \arccos\left(\frac{\sum_{i=1}^{n} a_i b_i}{\sqrt{\sum_{i=1}^{n} a_i^2 \sum_{i=1}^{n} b_i^2}}\right).$$

2. 扭曲算法为：

（1）假设有两向量 $V_A = (a_1, a_2, \cdots, a_n)$，$V_B = (b_1, b_2, \cdots, b_n)$，相似矩阵为 $SV(n \times n)$。

（2）将两向量投影到各个平面上。假设投影到 X_iOX_j 上，得到投影点为 $A_{ij}(a_i, a_j)$ 和 $B_{ij}(b_i, b_j)$。相应的这两维，即特征词 X_i 和 X_j 的相似度为 $SV([X_i][X_j])$。

（3）分别扭曲各个平面。仍然以 X_iOX_j 平面为例，

首先计算原夹角：$angle_{ij} = \arccos\left(\frac{a_ib_i + a_jb_j}{\sqrt{a_i^2 + a_j^2}\ \sqrt{b_i^2 + b_j^2}}\right)$；

然后定义扭曲程度 $degree_{ij}$ 为 $degree_{ij} = \arccos\left(\frac{SV([X_i][X_j])}{\pi/2}\right)$；

最后定义扭曲后的夹角 $angle'_{ij}$ 为两项乘积，即：$angle'_{ij} = angle_{ij} \cdot degree_{ij}$。

（4）求扭曲平面下两点的距离。定义为各投影平面上扭曲后的夹角和，即

$angle = \sum_{i=1}^{n-1} \sum_{j>i}^{n} angle'_{ij}$（原文 $angle = \sum_{i=1}^{n-1} \sum_{j<i}^{n} angle'_{ij}$ 有误）。

与 CLSVSM 相同，该方法中度量文献距离采用普遍使用的余弦相似度。其主要改进思想是利用各维度（特征词）之间的相似性来调整原向量的夹角投影，实际上是对文献相似度的变换。但是在向量各分量都是非负情况下，即在第一象限内，这种变换是单调的，是一种保序变换，而且实例说明中的距离计算有误，结果不可信，最后用调整后的投影角之和作为新的距离值得商榷。但是该文中注意到了特征词向量之间的非正交性，并想通过两两相似度进行调整是其可取之处。

（三）类比 TCABARWC 模型

利用词频、文献频数等统计信息计算权重仅考虑了词本身对文献特征表达的作用，而没有考虑到词与词之间的关系，并且作为一般文本特征词没有很好地反映文本主题特征。而同一篇文献中多次出现的词汇对（共现）表明这两个主题的关系比较紧密。“如果采用这些共现词实现文本聚类，在特征选择中选取合适的共现词对过滤阈值，产生的共现词对数要远远低于一般特征词汇个数，可大大降低文献空间维度，同时也能提高文本聚类效果。”① 白秋产等基于这种思路提出了一种基于关联规则词共现的层次聚类算法，即利用同一篇文献中的词汇共现信息来提取文献的特征词对，进一步根据共现词对计算文献相似性，在此基础上实现聚类，提高了准确性。具体做法如下：

给定文献空间 $D=\{d_1,d_2,\cdots,d_n\}$，其词汇集合 $W=\{w_1,w_2,\cdots,w_m\}$ 形成主题集合 $T=\{t_1,t_2,\cdots,t_k\}$。记 $P(w_i \mid t_j)$ 为主题 t_j 出现时，词汇 w_i 出现的条件概率。则当 $P(w_i \mid t_j)$ 大于主题相关度阈值时，称 w_i 为主题 t_j 的相关词。一个主题的相关词往往不止一个，将其集合记为 $M=\{w_i \mid P(w_i \mid t_j)>\theta\}$，称为主题 t_j 的相关词集。

定义同主题的两个词汇 w_i 和 w_j 在某一情景下的共现率为两者的联合概率 $P(w_i,w_j)$，即 $P(w_i,w_j)=P(t)P(w_i \mid t)P(w_j \mid t)$，$\forall w_i,w_j \in W$。进一步定义两词汇的共现率为各主题内共现率和，即 $P(w_i,w_j)=\sum_{t\in T}P(t)P(w_i \mid t)P(w_j \mid t)$，$\forall w_i,w_j \in W$。以一个自然段作为主题单位，词的共现率定义为 $P(w_i,w_j)=\dfrac{N(w_i,w_j)}{n(S)}$。其中 $N(w_i,w_j)$ 表示文献空间中同时包含 w_i 和 w_j 的自然段数，$n(S)$ 表示文献空间中包含的自然段总数。

本方法将共现的思想引入文献特征的提取和相似度的度量中，但是

---

① 白秋产、金春霞、章慧、周海岩：《词共现文本主题聚类算法》，《计算机工程与科学》2013 年第 7 期。

只限于文献内部的共现，因此用之度量文献间的相似性尚未将共现的语义作用完全发挥出来。而 CLSVSM 关注的共现是文献集中各文献之间的共现，因此更能从宏观上发现文献主题群，也有利于文献之间相似性的度量。

六　本章小结

本章从语义信息的概念出发，解释了特征词共现所蕴含的潜在主题语义，论述了共现分析对潜在语义的凸显能力。然后基于文献的向量表示框架 VSM 模型，提出了语义增强的共现潜在语义向量空间表示模型，记为 CLSVSM。并在此基础上给出了文献聚类的相关技术。总结如下：

（1）从概念出发论证了共现潜在语义挖掘的可行性。共现关系蕴含着语义信息，而词语在不同文献中的共现规律可以凸显文献主题，这是共现潜在语义信息挖掘的前提。共现分析为潜在语义的发现提供了很好的方法，相关的工作也已证实，甚至还有工作是基于词语共现分析来建立本体。这充分说明通过共现分析获取潜在主题语义的可行性。

（2）从文献自身的特征（向量）和文献集全局特征（空间）两方面出发，在共现矩阵的基础上，给出了以特征词为代表的文献与所在文献空间中各维度的相似性计算方法，进而提出了新的语义增强的向量空间模型，称之为共现潜在语义向量空间模型，记为 CLSVSM。该模型不仅在表示形式上增强了语义信息，而且降低了表示向量的稀疏性。

（3）在 CLSVSM 的基础上，讨论了聚类的算法、准则函数选择等问题。对于 CLSVSM 模型仍然采用余弦函数计算文献相似性，可以采用 K-means、重复二分法等聚类算法在不同准则下达到局部最优的聚类方案。

（4）总结了数字文献资源聚合的评价方法，为第四章的实验提供选择。

第四章　CLSVSM 模型的实验检验与评价

第三章在共现关系可以凸显文献主题的理论基础上呈现了面向文献聚合的共现潜在语义向量表示模型（CLSVSM），从构建思想上来看对文献主题聚合是非常有益的，而且在一定程度上降低了文献高维表示向量的稀疏性。

本章将通过实验来检验和评价新模型对文献的聚合能力，具体表现为基于新模型对文献特征向量的聚类效果。因为本书的初衷是不采用本体或语料库等背景知识，低成本地挖掘文献元数据的更多语义信息，实现文献按主题的合理聚合，因此主要与 VSM 和 GVSM 两个模型对比。实验采用两个数据源的三个数据集，第一个数据源是人大复印资料 G9《图书馆学和情报学》，分两个数据集：2013 年全部文献题录信息（下称数据集Ⅰ，简记为Ⅰ，下同）和 2010—2013 年四年文献的题录信息（下称数据集Ⅱ）；另一个数据源是 CNKI，选择其“信息科学”分类下的“出版”、“图书情报与数字图书馆”和“档案及博物馆”各 300 篇文献的题录信息（下称数据集Ⅲ）。

由于聚类的效果不仅倚重于文献的向量表示方法，还与聚类算法息息相关，因此实验中采用了聚类算法和优化准则函数的多种搭配方案进行，并通过熵值（Entropy）、纯度（Purity）和 BF 值（BCubed Fmeasure）三个指标来评价不同数据集在多种方案下的聚类效果，进而得出新模型有多大优越性的结论。

一　文献聚类实验的基本设计

（一）实验的目的和要求

本章实验主要研究以下问题：

（1）对语义信息挖掘深度的考察。文献共现潜在语义向量表示模型（CLSVSM）相比经典向量空间模型 VSM 对语义信息的挖掘程度有多大改进？在多大程度上降低了向量表示中的稀疏性问题？

（2）聚类效果的比较。基于 CLSVSM 的聚类效果相对于基于 VSM 的效果有多大提高？新模型与几种经典的聚类算法结合的效果如何？在不同聚类方案下的表现如何？

（3）语义信息增强前后的效果比较。考察关键词和题目信息所提供的共现语义信息的不同作用，从基于关键词的共现分析，到基于题目和关键词的共现分析，增加信息量，观察聚类的效果。从而明确从元数据挖掘语义信息的低成本做法有多大准确性。同时考察学科领域主题词共现潜在语义能否作为知识背景增强文献的语义向量表示。

（4）算法和准则的选择问题。共现潜在语义向量空间模型用于聚类时，选择什么聚类算法和准则效果更好，模型的稳定性如何，等等。

（5）计算中的一些问题。如算法复杂度、计算工具和时间等问题分析。

新模型的出发点是想通过共现分析，挖掘潜在的文献主题语义相关关系，进而在实现文献聚类过程中不依赖或少依赖本体等中间知识背景，因此共现潜在语义分析仅使用元数据中的信息，实际上主要选择文献的关键词进行实验，将题目词作为补充语义信息进行对比。仅利用元数据层的信息，一是为了聚合简单化，以便于模型推广；二是从检索角度来看，基于元数据的检索或许将成为聚合检索的主流，因为只要其精确性和查全率能足够好，在成本和效率上会比基于全文的检索有优势；从学科知识聚合角度来看，基于元数据特征的聚类也是语义文本挖掘的一个重要的过程。

（二）实验基本流程设计

为了验证新模型在实际应用中是否有好的表现，根据以上的实验目的，需要选择科学的评价指标，合理的实验平台，更重要的是恰当的实验数据，这样才能将新模型的优势或不足体现出来。本章系列实验的基本流程如下：

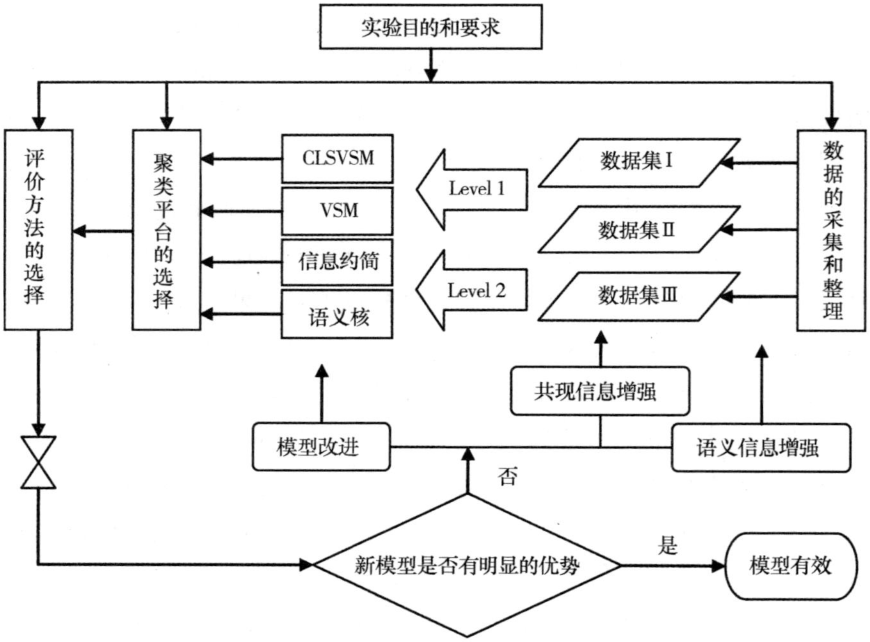

图 4－1　文献聚类实验流程图

对模型的对比实验分两个层次（Level），第一个层次比较 CLSVSM 模型和 VSM 模型，第二个层次比较结合核方法后的 CLSGVSM 模型和 GVSM 模型，将在本书第六章与其他改进一并呈现。如果结果不好，一方面考虑增强数据信息的提取力度，包括采用更大范围的共现信息背景和在表示向量中增加题目词的语义信息；另一方面考虑改进模型。

二　文献聚类评价方法

评价聚类算法的好坏一般采用外部准则，即对事先已有类标签的个体进行聚类，然后比较聚类结果与原有分类的差异。为了不引起混淆，本书称根据已有标签的各个划分为类（Class），称聚类以后的各个划分为簇（Cluster）。在本实验中，假设簇数目与类数目相等，用聚类结果和原有分类作比较，以判断聚类方法的优劣。

$$Correctness(i,i') = \begin{cases} 1, & iff\ L(i) = L(i') \leftrightarrow C(i) = C(i') \\ 0, & \text{otherwise} \end{cases} \tag{4-1}$$

与文本聚类不同，目前较少且很多数据是不公开的，因此文献类的划分，即类的标签，只能建立在研究者或专家意见基础之上。分类是专家意见的体现，因此可以作为聚类结果的参考。但这种人工处理数据的分类方法不适合大数据集的实验，而且对于专家意见不一的文献也很难划分。文献主题类的划分也可以凭借学科类别等信息。假设簇类数目相等，则明确类的数目也就明确了聚类的数目，这对聚类算法也是很重要的，比如最常用的 K-means 聚类算法需要提前确定聚类数目。当然，在特殊情况下，比如分类标准重叠过多，类标签层次不同等，可以用聚类的结果适当修正原类别的划分。

本章实验中采用的评价指标有熵值（Entropy）、纯度（Purity）和 *BF*（B-Cubed F-Measure），有时也用错误率（Error rate）作比较。

（一）BF 指标

B-CUBED 方法是信息抽取中的评价指标①，也可写为 B-Cubed。主要思想是先计算每个对象的准确率（Precision）和召回率（Recall），然后再通过加权和得到整体的准确率和召回率。Amigo 等认为 B-Cubed 是

① Bagga A, Baldwin B. Algorithms for scoring coreference chains [C] //The first international conference on language resources and evaluation workshop on linguistics coreference. 1998, 1: 563 –566.

可以同时满足四种聚类约束条件的方法，即满足同质性、完整性、rag bag、簇的大小和数量的关系（cluster homogeneity，cluster completeness，rag bag and cluster size versus quantity）。①

若定义每篇文献 i 的准确率和召回率分别如下：

$$BCubedPrecision_i = \frac{\text{文献 } i \text{ 所在簇中分类正确的文献篇数}}{\text{文献 } i \text{ 所在簇中的文献总数}}$$

$$BCubedRecall_i = \frac{\text{文献 } i \text{ 所在簇中分类正确的文献篇数}}{\text{文献 } i \text{ 应在类中的文献总数}}$$

对一个聚类结果的总准确率和召回率采用每篇文献的准确率和查全率的平均值表示，分别简记为 BP 和 BR，即：

$$BP = \frac{1}{n}\sum_{i=1}^{n} BCubedPrecision_i \text{ , } BR = \frac{1}{n}\sum_{i=1}^{n} BCubedRecall_i$$

为了通过一个指标来衡量评价聚类的效果，常采用两者的复合函数。本实验中采用 BP 和 BR 的调和平均值，记为 BF，即

$$BF = \frac{2}{\frac{1}{BP} + \frac{1}{BR}} = 2 \times \frac{BP \times BR}{BP + BR}. \tag{4-2}$$

BF 指标不仅集成了准确率 BP 和召回率 BR，而且还是一个标准化的指标，其取值范围为［0,1］。BF 的值与准确率和召回率同增同减，因为后两者取值为 0 到 1，且越大越好，因此 BF 的值域也是 0 到 1，且越大越好。作为特殊情况，只有当准确率和召回率都为 1 时，BF 取最大值 1，表示聚类结果最优，此时每个对象的聚类与分类是完全一致的。BF 指标也常称为 F 值。

（二）熵值、纯度和错误率

如果用于实验的文献按主题分为 k 个类，记为 $L_j(1 \leqslant j \leqslant k)$，那么，文献集采用某种聚类算法得到的聚类结果也应是 k 个簇，记为 $S_r(1 \leqslant r \leqslant k)$。显然，如果分类是正确的，那么最优的聚类结果就满足：

---

① Amigó E, Gonzalo J, Artiles J, et al. A comparison of extrinsic clustering evaluation metrics based on formal constraints [J]. Information retrieval, 2009, 12 (4): 461 - 486.

对任意一个聚类 $S_{r_0}(1 \leqslant r_0 \leqslant k)$，应该存在一个分类 $L_{j_0}(1 \leqslant j_0 \leqslant k)$，两者所含的文献是相同的。从这个角度出发，纯度就是一个计算正确分类的文献比值的简单指标式（4-3），而熵就是各个簇熵值的加权和，权重是簇的大小，即簇中所含文献数或比例式（4-4）。正式定义如下：

假设簇 S_r 和类 L_j 分别包含了 n_r 和 n_j 篇文献，其中有 n_{rj} 篇是相同的，而文献集中共有 n 篇文献，那么纯度和熵值定义为：

$$Purity = \sum_{r=1}^{k} \frac{1}{n} \max_{1 \leqslant j \leqslant k} n_{rj} = \frac{1}{n} \sum_{r=1}^{k} \max_{1 \leqslant j \leqslant k} n_{rj} \tag{4-3}$$

$$Entropy = \sum_{r=1}^{k} \frac{n_r}{n} \left(-\frac{1}{\log k} \sum_{j=1}^{k} \frac{n_{rj}}{n_r} \log \frac{n_{rj}}{n_r} \right) \tag{4-4}$$

最理想的聚类结果是簇和类的划分完全一致，此时纯度等于 1 或熵值等于 0。因此，实验中，纯度越大或熵值越小，表示聚类效果越好。

错误率是本属同一类但却分到了不同簇的文献对的比例，可以理解为同一文献分到不同簇和类的比例，即式（4-1）中 0 的个数占总文献数的比例。

三　高维向量聚类工具：gCLUTO

高维可视化聚类软件 gCLUTO（Graphical Clustering Toolkit，图形聚类工具包）是一个跨平台的高维和低维数据聚类且可以分析簇类特征的图形应用程序，可通过树状结构（tree）、矩阵（matrix）和基于 OpenGL（开放图形接口）的山丘形曲面（mountain）将聚类结果可视化，可从 Karypis 实验室[①]下载，图 4-2 是其展示界面。

实际上 gCLUTO 是其前身 CLUTO 聚类工具包的图形化展示前端。CLUTO 广泛适用于多个领域的数据聚类，包括信息检索（IR）、顾客交易数据分析、Web 数据、地理信息系统（GIS）以及自然科学和生物学。CLUTO 由单机版的操作程序和聚类库组成，操作程序可以直

① Karypis Lab：gCLUTO［EB/OL］.［2014-01-20］. http：//glaros. dtc. umn. edu/gkhome/cluto/gcluto/download.

图 4 - 2　gCLUTO 界面

接调用内置于库中的聚类算法并进行分析。gCLUTO 就是直接建立在 CLUTO 的聚类库之上的，不仅集成了 CLUTO 成熟的聚类技术，而且还增加了多种可视化展示途径。以下根据实验的需要简单介绍它们的功能特点。

1. 四种代表性的聚类算法

CLUTO 中的聚类算法涉及四种算法：Repeated Bisection（重复二分法）、Direct（直接聚类）、Agglomerative（凝聚聚类）和 Graph（图形聚类）。其中重复二等分法（RB）和直接聚类算法属于分割聚类（Partitional）算法，而直接聚类采用的是 K-means 聚类思想。四种方法简单比较如下：

表 4 - 1　gCLUTO 算法说明

聚类算法	说　明
Direct	基于 k-means 算法，K-way 算法遵循重复二分法系列步骤计算
RB	基于分裂算法思想，整个 K-way 算法仅仅在一步直接计算
Agglomerative	基于凝聚算法思想，采用 Biased Agglomerative（Bagglo）
Graph	基于聚类算法的图形分散切割，优化各种相似度参数

2. 多种可选择的相似性度量方法

CLUTO 软件提供了多种距离或相似度的计算方法，包括欧氏距离（Euclidean distance），余弦相似性（cosine），相关系数（correlation coefficient），广义 Jaccard 距离（extended Jaccard，也称为 Tanimoto 系数），用户还可以自定义算法。在 gCLUTO 软件中只提供余弦相似性和相关系数方法，且余弦相似性算法最适合文本聚类，被广泛使用。此外，gCLUTO 还提供了三种数据变换的方法。

3. 七类准则函数与算法配合使用

gCLUTO 提供了七类准则函数，包括在第三章中介绍的前三类准则函数，其中主要用到的 I2 和 H2，相关研究表明它们对优化聚类最有效。

4. 全面呈现聚类结果参数与选项

聚类结果包括簇数、簇容量、各簇特征指标等，如果数据带有分类标签，还会提供聚类的准确率（Purity）和熵值（Entropy）。主要参数释义见表 4－2。

表 4－2　**gCLUTO 主要参数及选项**

参　数	释　义	说　明
Method	聚类算法	四种
CRfun	聚类准则函数	七种，结合算法选择
#Clusters	聚类总簇数	须指定
Size	各簇中对象数	
RowModel	行数据变换模型	选项：None；Maxtf；Aqrt；Log
ColModel	列数据变换模型	选项：None；Idf
Graph Model	构建邻接图控制参数	选项：SD，AD，SL，AL，None
#Iterations	迭代次数	
Isim	簇内对象间的平均相似度	
Isdev	簇内对象间相似度的标准差	
Esim	簇间平均相似度	
Esdev	簇间相似度的标准差	

5. 多种可视化图形

gCLUTO 工具包最突出的就是其可视化功能，其中包括矩阵（Matrix）视图和山丘（Mountain）视图。矩阵视图也称为棋盘视图，可以呈现对象（行）和特征（列）聚类的块状结构，而且支持双向聚类。通过矩阵视图可以观察数据的全局分布特征，同时在横纵轴外侧显示树状（tree）聚类结构（在高维情形下，这种图示效果不明显）。可视化山丘中的每个山丘外形采用高斯曲线拟合，作为簇内对象关于类的分布估计，山丘的高度与簇内相似度成正比，最终看到的是多个簇分布曲线叠加的效果，因此要高于该簇的实际高度。山丘顶部的颜色深度与簇内标准差大小成比例，由蓝到红表示标准差越来越小。

6. 高效的聚类摘要方法

gCLUTO 对每种聚类结果都会列出最有代表性的特征词和最能区别于其他簇的特征词，以及小团体和频繁项集。代表性特征就作为本簇的摘要。

7. 数据类型和格式

gCLUTO 与 CLUTO 接受的数据类型相同，接受 *.mat 格式或 *.txt 格式，本实验使用前者。使用 *.mat 格式数据同时要将列指标、行指标和行指标标签（类别）分别保存，具体命名方式如表 4－3：

表 4－3　　gCLUTO **数据格式要求**

数据文件	数据格式	说　明	备　注
Matrix File	*.mat	可以是致密矩阵，稀疏矩阵或者代表聚类数据的相似性图形	首行为矩阵行数和列数
Row Lables	*.rlabel	数据矩阵的行指标	列格式
Columu Lables	*.clabel	数据矩阵的列指标	
Class Labels	*.rclass	数据矩阵的行指标分类标签	

gCLUTO 的操作非常简单，首先新建 Project，导入数据（图 4－3 左），然后右键点选聚类，在对话框（图 4－3 右）中设置好聚类方法、相似性函数、聚类簇数和准则函数等即可执行聚类。

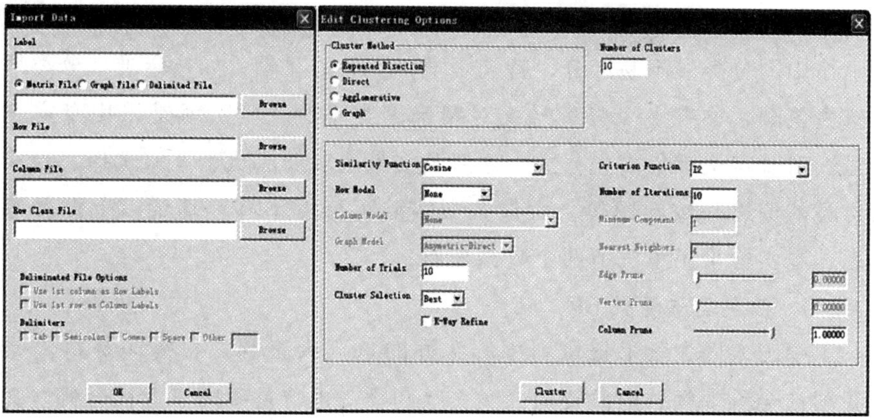

图 4－3　gCLUTO 选项界面

此外，在数据处理阶段主要采用 Matlab 运行高阶矩阵运算，用 VBA 实现文献表示向量中共现潜在语义信息的补充。

四　实验文献集的来源与描述

（一）数据的选择和采集

为评价聚类的好坏，常用查全率、准确率、召回率及其复合指标定量评价，这就需要实验对象有准确的分类，然而对文献主题的分类实验数据很少，几乎没有公开可以使用的。用于文本分类的实验数据，其特征词是基于全文提取的。虽说本书的方法也可以用于文本分类和聚类，对这类数据也适用，但是这与本书的初衷不符。因为面对浩如烟海的文献，而且很多是收费的，不管是对学科文献资源的聚合，还是对检索文献集的聚合，都需要快速有效完成。面对很多只有元数据的文献数据库，我们所能倚重的主要是题目、关键词和摘要等主题语义信息，因此本实验需要有主题分类的普通文献数据。

中图分类号是一种可选的分类标准，但是文献在标注分类号时层次不一，有的标注到三级，有的只标注到一级，如此宽泛的划分，不能满足我们检索或知识聚合的需要，因为我们需要的文献往往属于相对较小的研究领域，需要在学科内或相近学科之间进一步区分。更何况很多文献按中图分类号不易区分，特别是学科交叉的文献，如指定唯一分类号有失偏颇，如有多个分类号又对精确聚类不利。其次就是采用专家意见，对既定文献集事先分类。这涉及文献选取的层次、专家选择、专家意见的最终一致问题等，大量数据实验可行度不高。基于以上多种考虑，本实验采用了以下两个数据来源：

1. 人大复印资料 G9

中国人民大学书报资料中心主办的《人大报刊资料复印资料》是我国社会科学领域内重要的二次文献刊物，也曾是我国三大社会科学文摘刊物之一①。人大报刊资料复印中心②所刊出的期刊选集是现有较好的文献集，我们选择 G9《图书学与情报学》的原因有三：

首先，该刊设了 7 个稳定的栏目，分别是理论探索、实践研究、信息资源管理、信息技术与方法、信息服务、信息政策与法规和国际信息。各栏目在每期的文章数量不一，有的栏目会在某期有空缺，这些做法可能是为了保持栏目的主题特征。7 个栏目是在同一学科下不同研究方向的划分，可以认为是目前较好的分类参考。个别栏目不是在主题层次上划分的，根据需要可以剔除。

其次，这些文章都是编委从国内相关核心期刊中精选出来的，文献的质量、创新性、主题新颖性是有保证的。《图书馆学情报学》每期精选图书馆学、信息资源建设和情报工作的理论及实践研究方面的文章，重点关注国内外有关数字图书馆建设、信息资源管理、信息服务、信息法规建设等方面的最新研究成果，深入地揭示有关收集、组织、检索和利用文献信息和知识的规律③。历来被全文转载的图书馆学主要来源期刊有《中国图书馆学报》《图书馆》《大学图书馆学报》等 20 余种，被

---

① 毛冀云：《〈中国人民大学报刊复印资料〉信息传播中介作用的考察》，《内蒙古师范大学学报》（教育科学版）2005 年第 11 期。

② 中国人民大学书报资料中心［EB/OL］.［2014－01－20］. http：//ipub. zlzx. org/.

③ 《图书馆学情报学》的博客［EB/OL］.［2014－01－20］. http：//blog. sina. com. cn/u/2725546651.

全文转载的情报学主要来源期刊有《情报学报》《情报资料工作》《情报理论与实践》《图书情报工作》《图书情报知识》《图书与情报》等10余种。本刊在服务于图书情报事业和工作者的同时，为知识经济时代提供人人都必须掌握的信息获取方法及技术。

最后，这些文献是经过编辑分配到相应栏目的，因此文章的主题和栏目主题是非常接近的。如果专家是根据栏目来精选相应文献，就更贴合本实验的需要。

本书采集了 G9《图书馆学与情报学》近四年（2010—2013 年）的所有文献。由于人大报刊资料复印中心不提供文章题录格式的下载，因此数据的采集基本是人工完成。数据收集过程分为 4 个步骤：(1)通过人大报刊资料复印中心网站"人大资料中心信息分布系统"→"数字期刊库"→"［G9］图书馆学情报学"复制每期的目录，但这个目录不全，需要在第 3 步核对补充；(2)根据目录到"中国知网 CNKI"和"万方数据"两个数据库逐条查询并下载文章的题录信息，主要包括题目、关键词、摘要、作者、单位等，分多种格式保存；(3)与纸本期刊目录比对，查漏补缺，并标注栏目和栏目内序号；(4)对补充的文章进行第 2 步处理，以获得其题录信息。

2. CNKI 中的信息科学分类

为了检验模型对相近学科之间的区分能力，又采集了 CNKI 中信息科学分类下的 3 个学科"出版"、"图书情报与数字图书馆"和"档案及博物馆"各 300 篇文章。具体分别选择各学科 2013 年被引次数前 300 名的文献，被引次数相同的按系统自动排序为准。经过简单整理（本模型主要实现自动处理，尽量减少人为干涉，简单整理只是处理其中多余的符号、空格等问题），并除去 4 篇没有关键词的文献，共计 896 篇文献，其中档案及博物馆 299 篇，出版 299 篇和图书情报与数字图书馆 298 篇。由于学科之间存在差异，因此关键词的词频分布比较零散。

（二）数据的整理与分析

CNKI 的数据有规范的题录格式，整理相对简单。人大复印资料的数据是半自动整理出来的，费时费力，有很多需要说明的情况，因此以下主要介绍对 G9 文献集的整理和描述。为了了解 G9 中文献主题的分布情况，整理阶段还对文献的期刊分布和年代分布做了统计（表 4 - 4 和表 4 - 6）。

表 4 - 4　　**G9 文献期—年数量分布表**

期号	年份				汇总	
	2010	2011	2012	2013	总计	年平均数
第 1 期	23	27	22	23	95	24
第 2 期	26	25	20	22	93	23
第 3 期	25	22	24	22	93	23
第 4 期	24	23	21	22	90	23
第 5 期	24	21	22	22	89	22
第 6 期	25	21	22	19	87	22
第 7 期	25	23	20	22	90	23
第 8 期	23	24	22	19	88	22
第 9 期	22	23	21	19	85	21
第 10 期	24	23	22	20	89	22
第 11 期	23	22	21	21	87	22
第 12 期	26	22	19	23	90	23
总计	290	276	256	254	1076	269

从表 4 - 4 可见，4 年转载文章数有减少的趋势。2010 年第 4 期有 8 个栏目，对数量略微有所影响。从下文对具体转载刊物的分布（表 4 - 6）来看，2010 年有学报的文章入选，还有一篇会议论文，而从 2011 年开始，被转载的学报论文就减少了，这也是数量减少的一个原因。从每期的文献数来看，数目相对稳定，第一期最多，平均 24 篇，第 9 期最少，平均 21 篇，且在一年内有先减后增的周期变化规律。

稳定的各期文章数量对该实验是有好处的，这相当于等距分层抽样，对分析学科主题发展趋势有很强的代表性。

整理阶段选择 refwork 题录格式，并对每篇文章进行编号。编号为 8 位数字，规则是“年份 + 期 + 栏目序 + 文章序”，对应位数长度为 4 +2 +1 +1。一般每个栏目中的文章数量不会多于 10 篇，如果有特殊情况，最后一位用 a，b，c，……依次表示 10，11，12，……。在不引起混淆的情况下，可以隐去前两位，取 6 位代码，方便在图表中显示。表4 –5为栏目编号及各栏目文章数量分布。

表 4 –5　　G9 文献栏目—年数量分布表

栏目及编号	年份				汇总	
	2010	2011	2012	2013	总计	平均数
1 理论探索	47	42	48	40	177	44
2 实践研究	49	44	41	50	184	46
3 信息资源管理	48	57	53	55	213	53
4 信息技术与方法	42	40	33	30	145	36
5 信息服务	49	38	35	38	160	40
6 信息政策与法规	27	25	21	16	89	22
7 国际信息	25	30	25	25	105	26
8 信息法学	3				3	
总计	290	276	256	254	1076	269

首先说明一下数据中的小问题。数据显示，2010 年第 7 期出现了“理论研究”栏目，而少了“理论探索”，数据整理中将它们视为一致的栏目，将这 4 篇“理论研究”的文章并入“理论探索”栏目。此外，同年第 4 期出现了“信息法学”栏目，而该栏目在前后各期是都没有的，数据整理中保留了其中的 3 篇文章，但不作为独立分类，归入栏目 6，全部数据仍分为 7 个栏目类。

从表 4 –5 可见，各栏目的文章数量有较大差异，这是可以理解的。文章数量最多的是第 3 个栏目“信息资源管理”，四年共转载 213 篇相关文章，年平均数在 50 篇以上，一定程度上说明“信息资源管理”研究内容较为广泛。文章数量最少的是第 6 个栏目“信息政策与法规”，四年转载 89 篇，只有最多栏目的 41%。再看每个栏目年度的变化，大多数栏目是比较稳定的，只有较小的波动。而“4 信息技术与方法”和“6 信息政策与法规”两个栏目的文章数量明显逐年减少。相反，“3 信息资源管理”的文章数略有上升。如果将人大复印资料《图书馆学情报学》看作图情领域研究的一个缩影，一个分层抽样，那么这个变化或许也能反映该领域研究主题的一些变化。

在本章的实验中各栏目文章数被视为各类的容量，稳定的栏目文章数对聚类也是有益的。严格来讲，各栏目之间是不可完全界分的，交叉和重叠是科学发展的基本形式。具体来说，“1 理论探索（研究）”和“2 实践研究”是一个层面，是按研究价值来区分的，而剩下的是另一个层面，是按研究内容来区分。但栏目如此划分，自然有一定的道理，且会表现在文章的划分中，因此暂时不作任何处理，实验中根据结果决定是否进一步区分和选择。

期刊作为研究成果的展示平台，有其关注的研究侧重点，因此期刊也可以视为一种按主题的分类。但期刊之间的交叉就更普遍，肯定比栏目划分的主题重叠度要高，只能作为一种粗略的分类方案。以下是人大复印资料《图书馆学情报学》2010—2013 年转载文章的来源刊物，并统计了各年的转载数量。表 4 - 6 中的期刊类型是根据中国社会科学研究评价中心 CSSCI（2014—2015 年）来源刊和扩展版来源刊目录中“图书馆、情报与文献学”学科所列期刊而标注的。

表 4 - 6　　　　**G9 文献来源刊物—年数量分布表**

被转载刊物名	类　型	总计	2010	2011	2012	2013
			合计	合计	合计	合计
图书情报工作	来源刊	130	33	37	30	30
中国图书馆学报	来源刊	107	30	30	25	22
情报理论与实践	来源刊	76	25	17	15	19
情报资料工作	来源刊	72	20	17	17	18
情报学报	来源刊	70	16	18	19	17

续表

被转载刊物名	类 型	总计	2010	2011	2012	2013
			合计	合计	合计	合计
图书情报知识	来源刊	60	12	17	17	14
图书馆杂志	来源刊	54	12	13	9	20
数字图书馆论坛	扩展来源刊	47	9	12	12	14
现代图书情报技术	来源刊	46	14	14	8	10
情报科学	来源刊	46	19	9	9	9
图书与情报	来源刊	45	9	12	10	14
图书馆学研究	来源刊	42	11	10	8	13
大学图书馆学报	来源刊	41	7	10	11	13
图书馆建设	来源刊	37	12	9	11	5
图书馆理论与实践	扩展来源刊	32	10	7	10	5
情报杂志	来源刊	30	8	9	8	5
图书馆论坛	来源刊	24	5	3	8	8
国家图书馆学刊	来源刊	23	5	9	5	4
现代情报	扩展来源刊	19	11	6	2	
图书馆	来源刊	17		3	8	6
山东图书馆学刊		14	6	6	2	
图书馆工作与研究	来源刊	12	6	4	1	1
信息资源管理学报		9			4	5
高校图书馆工作	扩展来源刊	6	2	3	1	
新世纪图书馆	扩展来源刊	5	1		2	2
华中师范大学学报		2		1	1	
北京化工大学学报		2	1		1	
图书情报工作网刊		1	1			
图书馆学刊		1	1			
中华文化论坛		1			1	
上海师范大学学报		1	1			
甘肃广播电视大学学报		1	1			
大学图书情报学刊		1	1			
中国索引学会第三次全国会员代表大会暨学术论坛论文集		1	1			
河南师范大学学报		1			1	

续表

被转载刊物名	类　型	总计	2010	2011	2012	2013
			合计	合计	合计	合计
汇　总	总计	1076	290	276	256	254
	总刊物数	34	29	24	29	22
	每刊平均	32	10	12	9	12

从被转载期刊的转载文章数量来看，《图书情报工作》被转载的文章数量最多，其次是《中国图书馆学报》，两者都超过了 100 篇，且每年的被转载文章数都排前两名，属于权威期刊。四年中被转载的期刊有 28 种，包括 CSSCI（2014—2015 年）全部 20 种来源刊和 5 种扩展来源刊，可见所选文献集的覆盖面是广泛的。除了期刊以外被转载的刊物凤毛麟角。在被转载量前 10 名的期刊中，只有《数字图书馆论坛》是扩展版来源期刊，因此所选文献集的权威性也是有保证的。如图 4－4 是十大被转载期刊转载文章数量的逐年变化图。

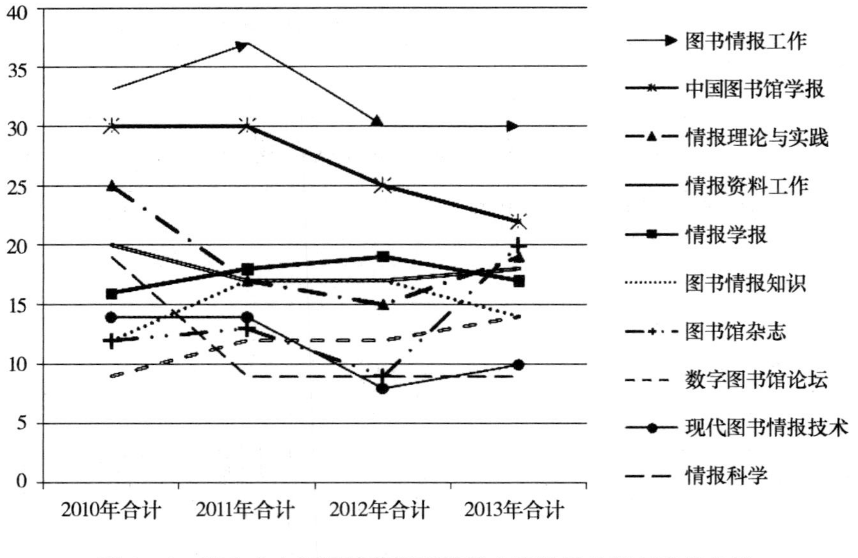

图 4－4　前十个主要被转载期刊转载文章数量的逐年变化曲线

图 4 –4 再次印证了《图书情报工作》和《中国图书馆学报》的绝对影响力。大多数期刊被转载的数量比较稳定，只有《中国图书馆学报》和《情报科学》有所下降，而《图书馆杂志》在 2013 年中快速上升。

表 4 –7　　G9 各栏目主要转载期刊及转载数

栏目序号及名称	转载文章数		转载期刊	
	文章数	Top 20%	期刊数	Top 2
1 理论探索	177	35	23	图书情报工作 24；中国图书馆学报 20
2 实践研究	184	37	27	图书情报工作 24；中国图书馆学报 21
3 信息资源管理	213	43	27	图书情报工作 31；中国图书馆学报 25
4 信息技术与方法	145	29	22	情报学报 24；现代图书情报技术 19
5 信息服务	160	32	26	图书情报工作 21；情报资料工作 17
6 信息政策与法规	89	18	21	情报理论与实践 12；图书馆学研究 10
7 国际信息	105	21	21	图书与情报 13；图书情报工作 11

各栏目文章的期刊分布情况也有助于了解文章主题的特征。表 4 –7 中列出了 7 个栏目所转载的文章数，各栏目所转载的期刊数，以及被转载最多的前两个期刊与其被转载的文章数。

从表 4 –7 中可见各个栏目在所转载的期刊上都有集中离散规律。每个栏目前两个期刊被转载的文章数都超过了相应栏目转载文章总数的 20%，特别是第 4 个栏目“信息技术与方法”，两个期刊数量和占总数的近三成，相对较少的是“7 国际信息”栏目。

在统计学中方差（Std.）和变异系数（C. V）都可以表示数据分布的离散（集中）程度。从 7 个栏目的所有期刊文章分布来看（图 4 –5），第 3 个栏目文章数量多，也比较分散，即涉及期刊多，数量差异大；相反，最后两个栏目规模小，差异也比较小。除去规模的因素，7 个栏目的变异系数相差不大，其中第 3 个栏目“信息资源管理”的变异系数最大。

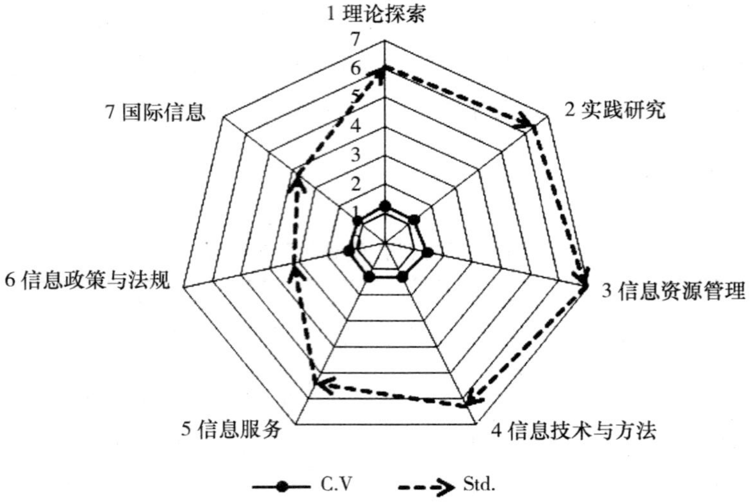

图 4-5 G9 各栏目文献比较雷达图

观察每个栏目主要的转载期刊，会发现多有重叠。前 3 个栏目的两大主要期刊都是《图书情报工作》第一和《中国图书馆学报》第二，可能说明这两个期刊的风格与这 3 个栏目的主题很相似，也可能说明前 3 个栏目主题重叠性很大，需要进一步判断。栏目“4 信息技术与方法”主要转载《情报学报》和《现代图书情报技术》的文章，与其他栏目不同，说明其区分度高。栏目“6 信息政策与法规”主要转载《情报理论与实践》和《图书馆学研究》的文章，也与众不同。另外，栏目 5 和栏目 7 也有一定的区分度。因此，从转载期刊来看，以栏目作为文章分类的一般标准只能作为参考。

（三）实验数据集的基本统计描述

本实验采用了两个数据样本，一个是人大复印资料的数据，代表学科内的样本，一个是 CNKI 中的数据，来自“出版”、“图书情报与数字图书馆”和“档案及博物馆”三个学科，作为学科之间实验的样本。学科之间实验的目的主要是比较对不同学科主题的区分能力，而同一学科内的实验就是要研究模型对学科内部主题划分的能力。一般来说对学科内的区分度比学科间的要小，如果在学科内的聚类效果较好的话，在学科间的聚类效果就会更好。本章取两个数据源，除了对比学科内和学科间的划分之外，还为了弥补第一个数据源的不足，因为学科内文献主题的自有分类数据不太准确，而选择三个关系密切的学科做研究实际上也是对相近主题区分能力的检验。表 4－8 是文献集的基本统计描述和文档空间的特征。

表 4－8　**实验文献集基本统计描述**

文献集记号	说　明	文献数	总词频	平均词频	词频极差	空间维度	稀疏程度
Ⅰ	人大复印资料 G9，2013 年	254	1048	1.3	15	791	1.7‰
Ⅱ	人大复印资料 G9，2010—2013 年	1075	4392	1.7	75	2586	0.7‰
Ⅲ	CNKI 信息科学三学科 TOP300	896	3965	1.6	70	2509	0.6‰

表 4－8 中关键词词频极差是最大词频与最小词频的差，空间维度等于不同关键词的总个数，稀疏程度用文档—关键词矩阵中非零值占总元素的比例表示，数值越小越稀疏。

人大复印资料 G9《图书馆学与情报学》2013 年的转载文献组成文献集Ⅰ，2010—2013 年四年的转载文献组成文献集Ⅱ，都包括栏目分类信息。文献集Ⅲ是从 CNKI“信息科学”分类下的“出版”、“图书情报与数字图书馆”和“档案及博物馆”三个学科下载的 896 篇文献。具体选择 2013 年被引频次前 300 的文献（被引次数相同的以自动排序为准），其中 4 篇没有关键词被剔除。

从表 4－8 可见，文献数量越多，相应关键词总数和总词频就越多，导致高维稀疏程度越严重，而且这种现象在多学科的文献集中尤为明显。虽然文献集Ⅲ文献数量比Ⅱ少，但空间维数相差不大，而且稀疏程度更高。因为关键词是文章主题的重要代表，因此其词频的分布特征能够反映主题的分布情况，词频极差越大、平均词频越高说明主题越集中。如文献集Ⅰ由于文献数量少，主题不突出，相比文献集Ⅱ，平均词频低，而且词频极差很小。

五 文献聚类实验内容与方案

（一）实验内容

就以上三个数据集，结合本章的实验目的，具体设计以下实验：

表 4-9　　**文献聚类实验编号与说明**

编号	模型	数据	方法
V1		Ⅰ，关键词	
VD1		减少分类的Ⅰ，关键词	
V4	VSM	Ⅱ，关键词	
VD4		减少分类的Ⅱ，关键词	
V3		Ⅲ，关键词	
C1		Ⅰ，关键词及其共现语义信息	
C14		Ⅰ，关键词+Ⅱ关键词共现语义背景	与不同算法和准则搭配实验，比较后选优
C4	CLSVSM	Ⅱ，关键词及其共现语义信息	
CD1		减少分类的Ⅰ，关键词及其共现语义信息	
CD4		减少分类的Ⅱ，关键词+标题词及其共现语义信息	
C3		Ⅲ，关键词及其共现语义信息	
CT4	Top CLSVSM	Ⅱ，关键词+标题词及其共现语义信息	

进一步的研究与实验将在本书第六章叙述。

（二）实验步骤

为了达到实验的对比目的，将以上实验内容设计为四轮对比实验，具体如下：

1. 第一轮对比：V1 和 C1，V4 和 C4

对 2013 年的数据（Ⅰ）和 2010—2013 年四年数据（Ⅱ）进行聚类，考察新模型对语义信息的提取情况，比较基于 CLSVSM 与基于传统 VSM 的聚类效果，以及与不同算法和准则搭配聚类的效果。

2. 第二轮对比：C1 和 C14，C4 和 CT4

对 2013 年数据（Ⅰ）采用 2010—2013 年四年共现信息作为语义补充，考察不同共现潜在语义知识背景对聚类的影响；对 2010—2013 年四年数据（Ⅱ）增加题目词，比较语义信息增强前后的效果。

3. 第三轮对比：CD1 和 C1，CD4 和 C4

删除人大复印资料 G9 数据中部分主题不明显的栏目后进行聚类，以考察分类不准对结果的影响。

4. 第四轮对比：V3 和 C3

基于 CLSVSM 和 VSM 对三个学科数据集（Ⅲ）进行聚类，匹配不同的聚类方案，比较新模型的优劣性；选择三个数据集中最好的数据集深入对比两模型的聚类效果。

（三）实验方案

本实验选用了三种聚类算法，并组合使用不同的准则函数和参数，来评价聚类的效果。多种方法比较是为了排除聚类算法对聚类结果的影响，真正检验语义模型的效果。

根据 Karypis 等（2000）的研究中表现良好的算法①，作者选择了 Direct K-means，Repeated Bisecting K-means 算法。又参考 Nasir 等（2013）的做法②，还选择了 Biased Agglomerative（Bagglo）算法。这些算法均可由 CLUTO Toolkit③ 实现。实验中所采用的算法与准则函数的组合方案，以及记号等见表 4－10。

① Karypis M S G, Kumar V, Steinbach M. A comparison of document clustering techniques [C] //TextMining Workshop at KDD2000 (May 2000). 2000.

② Nasir J A, Varlamis I, Karim A, et al. Semantic smoothing for text clustering [J]. Knowledge-Based Systems, 2013, 54: 216－229.

③ 下载地址：http：//glaros. dtc. umn. edu/gkhome/cluto/cluto/download.

表 4－10　　实验方案记号与说明

方案记号	聚类算法	准则函数
$D-I_2$	Direct K-means	$\mathcal{I}_2$
$D-h_2$	Direct K-means	$\mathcal{H}_2$
$RB-I_2$	Repeated BisectingK-means	$\mathcal{I}_2$
$RB-h_2$	Repeated BisectingK-means	$\mathcal{EUC}_2$
$B-h_2$	Biased Agglomerative （Bagglo）	$\mathcal{EUC}_2$

六　文献聚类实验结果与分析

（一）CLSVSM 模型的语义信息增强效果分析

为了量化说明 CLSVSM 表示模型相对于传统 VSM 向量表示方法对语义信息的增强情况，先给出如下定义：

共现语义信息：特征词共现关系所蕴含的语义信息；

共现语义信息量：特征词两两共现信息的强度；

共现语义信息增益：通过 CLSVSM 方法有效植入文献表示向量中的共现语义信息。

共现语义信息增益率：通过 CLSVSM 方法有效植入文献表示向量中的共现语义信息与原来向量表示中非零信息总数（总词频）的比例；

共现语义信息利用率：通过 CLSVSM 方法有效植入文献表示向量中的共现语义信息对占文档空间中所有共现语义信息对的比例；

共现语义信息增益度：共现语义信息增益的平均信息量。

文献集 I 有 254 篇文献，所有不同关键词 791 个，总词频 1048，频次极差 15，平均频次 1.3，有 663 个关键词频次为 1，占总关键词的 84%。通过共现分析揭示共现语义信息对 3630 个（考虑到共现的对称性，实际共现对有 1815 个不同的共现关系对，下同），其中共现强度为 1 的占 46%。通过本书第三章提出的共现潜在语义信息补充方法，选取利用共现强度非 1 的 1946 个有效共现信息中的 1152 个，为 254 篇文献的代表向量补充信息 3775 条，信息增益度为 0.35。

文献集Ⅱ有 1075 篇文献，不同关键词共 2586 个，总词频 4392，极差 75，有 2020 个关键词只出现过一次，占总关键词的 78%。通过共现分析揭示共现语义信息对 14268，其中共现强度为 1 的 3982 个，共现强度非 1 的 10286 个有效共现语义信息中被新模型采用 6906 个，共为 1075 篇文献补充信息 66062 条，信息增益度为 0.18。

文献集Ⅲ的 896 篇文献共有 2509 个不同关键词，总词频 3965，频次极差 70，平均频次 1.6，可见主题很分散。经过共现分析，发现了 17510 对共现信息。通过新模型表示方法共利用 7518 对共现信息，利用率约为 43%。补充共现语义信息 55656 条，增益率达到 14 倍，平均增益量 0.21。表 4 - 11 比较了三个数据集的信息增益情况。

表 4 - 11　　三个数据集基于 CLSVSM 的信息增益比较

对比指标	文献集Ⅰ	文献集Ⅱ	文献集Ⅲ
总词频	1048	4392	3965
共现语义信息对	3630	14268	17510
共现语义信息利用率	1152/3630 = 32%	6906/14268 = 48%	7518/17510 = 43%
共现语义信息增益率	3775/1048 = 3.6	66062/4392 = 15.0	55656/3965 = 14.0
共现语义信息增益度	0.35	0.18	0.21
原篇词矩阵的稀疏度	1.7‰	0.7‰	0.6‰
新篇词矩阵的稀疏度	6.1‰	1.1%	8.4‰

从表 4 - 11 可见，文献集越大共现关系越多，特别是同一学科内表现越强，共现关系多，所能利用的就多，这也是后面实验强调以更大共现矩阵为语义背景挖掘信息的原因。如果文献集Ⅰ以文献集Ⅱ的共现语义信息为背景，则利用的有效共现信息对达 1796，大于只用其自有文献所提供的 1152，而且补充信息对也达到 6388，信息增益几乎是原来的 2 倍，但是增益度下降为 0.16。文献数量少和词频分布过于平均是文献集Ⅰ中信息增益度较高的主要原因。新的篇词矩阵稀疏程度的增长

倍数与共现语义信息增益率相同，表示补充语义信息以后非0元素比例的变化。

需要再次说明的是，共现强度为1的共现信息不会补充到文献的表示向量中，因为共现强度为1的词对必然会同时出现，因此该文献肯定已经同时包含了这两个词，不能重复增补。此外，可以推测频次较低的关键词，往往共现强度较高，但也很少被使用。通过具体数据分析也证明了这个猜想，那些不被使用的共现强度介于0和1之间的共现信息往往对应的是频次较低的关键词。这也是简约CLSVSM提出的依据。本实验中，关键词按频次排序，容易观察低频词与高频词共现情况的区别。

（二）CLSVSM模型的聚类效果对比实验

对比实验分四轮进行，分别对CLSVSM和VSM（GVSM）从基本形式的对比、到信息增强后的对比，再到语义核平滑后的对比。

1. 第一轮对比实验：V1和C1，V4和C4

本轮对比人大复印资料2013年关键词数据基于VSM模型（2013VSM）和基于CLSVSM模型（2013CLSVSM）的信息增益和聚类效果，对比人大复印资料2010—2013年关键词数据基于两种模型聚类（四年VSM和四年CLSVSM）的效果。按前面的实验方案，进行组合实验，以下只保留了基于cos相似度和D－I2方案的结果。因为这种组合经证实最适合对VSM表示下的文献聚类，而且别的方案的聚类结果区别也不明显。

表4－12中列出了两种对比五次实验的熵值和纯度以及各自五次的平均值，其中↓表示熵值越小越好，↑表示纯度越大越好，●表示同一模型或方案下最好，▲表示各组对比之下最好，▽表示各组对比之下最差。

表 4 - 12　　第一轮实验结果之熵值和纯度对比

评价指标	聚类编号	2013VSM	2013CLSVSM	四年 VSM	四年 CLSVSM
Entropy ↓	S1	0.902	0.893	0.911 ●	0.893 ▲
	S2	0.887	0.873	0.927 ▽	0.901
	S3	0.885	0.910 ▽	0.926	0.897
	S4	0.879 ●	0.890	0.917	0.923
	S5	0.883	0.871 ▲	0.912	0.899
	平均值	0.8872	0.8874	0.9186	0.9026
Purity ↑	S1	0.287	0.276 ▽	0.287	0.324 ▲
	S2	0.315 ▲	0.311 ●	0.274 ▽	0.298
	S3	0.291	0.283	0.279	0.296
	S4	0.299	0.307	0.287	0.276
	S5	0.291	0.295	0.301 ●	0.303
	平均值	0.2966	0.2944	0.2856	0.2994

从表 4 - 12 可见，2013 年数据的实验对比显示两模型的聚类效果相当，个别实验中新模型还略逊于旧模型，虽然熵值最小值出现在 CLSVSM 中，但最差的也在其中。再看四年数据的对比结果，情况略有好转。五次实验最好的结果出现在基于 CLSVSM 的 S1 中，而最差的出现在基于 VSM 的 S2 中。而且五次实验的均值也显示基于新模型的结果要好一点，熵值最小 0.9026，纯度最大 0.2994。此外，同一模型下比较发现，数据量越大 VSM 的结果越差，而基于 CLSVSM 的熵值提高了但纯度也提高了，结果相当，未发现数据量对新模型的影响。

为深入考察模型的区别，接下来比较簇内的相似度。选择相对较好的实验结果：2013VSM 的 S2 和 2013CLSVSM 的 S5，四年 VSM 的 S5 和四年 CLSVSM 的 S1，簇容量（即簇内文献数 Size）和簇内相似度比较见表 4 - 13。

从表 4 - 13 可见，各簇基于新模型的簇内相似度比基于 VSM 的簇内相似度要有很大的提高，因此平均相似度也就高了很多，一定程度上表明新模型对相关文献的识别度提高了。之所以说是在一定程度上的推断，是因为簇内相似度与簇容量有关，一般簇容量越小，簇内相似度越高，一种极端的情况就是独立成簇，这是簇内的相似度就是1。在第一轮实验中，这种情况就在基于 VSM 的结果中出现。而且从上表基于 VSM 的结果中也可以看到，簇内相似度高的都是簇容量较小的聚类。这一点也暴露了基于 VSM 聚类的稳定性较差。

表 4－13　**第一轮实验结果之簇相似度对比**

Cluster	2013VSM		2013CLSVSM		四年 VSM		四年 CLSVSM	
	Size	ISim	Size	ISim	Size	ISim	Size	ISim
0	7	0.244	17	0.513	95	0.184	110	0.26
1	21	0.178	25	0.345	88	0.166	107	0.238
2	30	0.085	24	0.26	144	0.039	109	0.119
3	46	0.078	26	0.238	106	0.034	171	0.067
4	31	0.076	33	0.169	157	0.031	185	0.063
5	41	0.06	38	0.15	179	0.02	180	0.05
6	78	0.014	91	0.019	306	0.009	213	0.037
簇平均		0.105		0.242		0.069		0.119

分析 2013 年数据聚类结果没有优势的原因，可能是数据量不足。2013 年共 254 篇文献，表示向量却高达 791 维，而四年的数据有 1075 篇文献，虽然维度达到了 2586，但共现关系加强了，发挥了新模型的优势。对于所有实验整体表现的熵值偏高和纯度偏低的问题，可能是原有分类不准确造成的。因为熵值、纯度以及 BF 值都是在聚类和原有分类对比之下计算的结果，如果原有分类有误，结果不好是必然的。当然，也有可能是新模型相对于 VSM 的确没有优势，若是如此，那是本实验最不愿意看到的结果。好在以上结果对比表明新模型在较大文献集中略胜一筹，而且信息增益提高了相关文献的相似度。

2. 第二轮对比实验：C1 和 C14，C4 和 CT4

为了验证文献数量少所带来的共现信息不足是否对新模型聚类效果有影响，进一步设计了第二轮对比实验：其中一组是对 2013 年数据采用2010—2013 年的关键词共现信息进行语义信息补充，称之为“知识背景增强”实验（2013 + 四年共现背景 CLSVSM）；另外一组是对四年数据增加题目信息，即将题目分词以后，选择与主题相关的词和关键词一起表示文献向量，称之为“语义信息再增强”实验（四年 + 题目词 CLSVSM）。然后分别与第一轮实验结果比较。需要说明的是：(1)第二组实验的数据准备工作主要是人工完成，包括题目分词、选词与重组，因为分词系统准确性差。(2)对题目词和关键词“一视同仁”，未进行加权处理。有研究认为它们的地位是不一样的，题目词要比关键词重要，但不是所有的重要词都可以写入题目，关键词标注更加全面，再者题目词往往具有宽泛的概念，甚至有的题目词在文中并不出现。鉴于这些因素，未区别对待。(3)对关键词和题目词叠加以后，词条大量增加，同近义词的问题严重，因此对部分词条进行了合并，主要是那些词义明显一致但词频相差过大的词，如“＊＊方”和“＊＊方法”（＊＊部分相同），将其合并为频次较高的一种表述。(4)采用了 CLSVSM 的简约模型 Top-k 模型，截取了频次较高的前 612 个特征词（即所有频次大于 1 的特征词），以它们的共现信息作为共现语义信息来源，其余频次为 1 的关键词与高频词的共现机会很小，即使有共现，也不超过它们本身的频次，因此可以忽略，这也是 Top-k 模型提出的主要思想。

表 4 - 14 是新的两组实验与前一轮实验的对比，其中上三角形表示新的对比组最优结果。

表 4-14　　第二轮实验结果之熵值和纯度对比

评价指标	方案	2013 VSM	2013 CLSVSM	2013+四年共现背景 CLSVSM	四年 VSM	四年 CLSVSM	四年+题目词 CLSVSM
Entropy ↓	S1	0.902	0.893	0.858	0.911●	0.893	0.857
	S2	0.887	0.873	0.862	0.927 ▽	0.901	0.850▲
	S3	0.885	0.910 ▽	0.865	0.926	0.897	0.894
	S4	0.879●	0.890	0.851▲	0.917	0.923	0.865
	S5	0.883	0.871●	0.876	0.912	0.899	0.869
	平均值	0.887	0.887	0.862	0.919	0.903	0.867
Purity ↑	S1	0.287	0.276 ▽	0.311	0.287	0.324	0.342
	S2	0.315●	0.311●	0.315	0.274 ▽	0.298	0.348▲
	S3	0.291	0.283	0.331	0.279	0.296	0.326
	S4	0.299	0.307	0.339▲	0.287	0.276	0.345
	S5	0.291	0.295	0.303	0.301●	0.303	0.318
	平均值	0.297	0.294	0.320	0.286	0.299	0.336

从表 4-14 中看到了令人期待的结果，上三角形均转移到了新的实验。对 2013 年数据而言，以 4 年关键词共现语义为背景知识，明显提高了同主题文献的相似度；最小熵值比第一轮实验的最小值降低了 2.3%，虽然较小，但是稳定性降低，平均值也降为 0.862，比 VSM 的相应结果降低 2.8%；纯度也整体上升，都在 0.3 以上，平均值为 0.320，增幅 7.8%。4 年关键词加题目词应用 CLSVSM 聚类的结果相比只用关键词的聚类结果提高更明显，熵值降幅 3.9%，纯度增幅 12.2%。需要强调的是，聚类质量的这些提高不能体现模型的真正的优势，因为我们对文献集中原有分类是有怀疑的，可能存在部分栏目的主题分散，有的栏目主题范围不明确。但多数栏目有主题意义，这也是以上实验没有更换数据的原因。

3. 第三轮对比实验：CD1 和 C1，CD4 和 C4

为了检验新模型的真正效果，我们需要重新考虑文献的主题分类问题，这是第三轮实验的目的。重新将人大复印资料的栏目分类和文献数量列出（见图 4－6），可以看出 1 实践探索和 2 实践研究文献很多，但并不能凸显文献主题，因此在以下的实验中我们删掉这两类，保留其余五类文献进行聚类，看效果是否会提高。

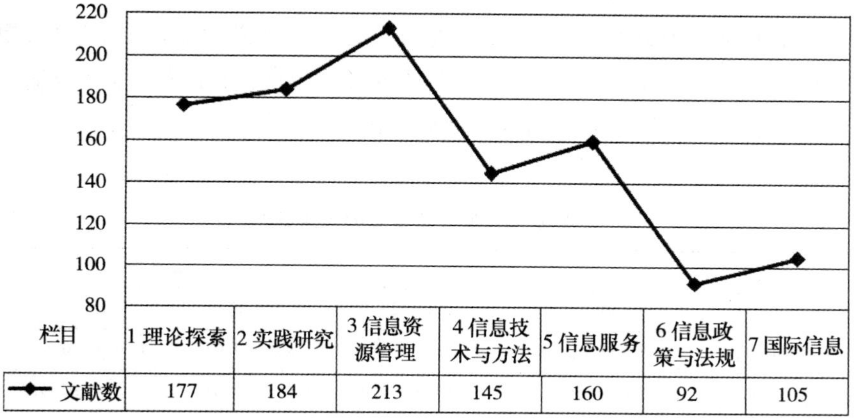

图 4－6　G9 栏目文献数分布曲线图

删除前两个栏目后，数据集Ⅰ剩下 164 篇文献，数据量更少了；数据集Ⅱ剩下 715 篇文献。在删除两栏目相应的文献后，也对相应向量进行了降维，因为有一些维度全为零值。对新表示模型先补充语义信息后降维。重新整理以后数据集特征见表 4－15。

表 4－15　　G9 文献集栏目删减后的数量和维度

数据集	文献数	空间维度	数据集	文献数	空间维度
2013	164	502	四年	715	1804
2013 共现		628	四年共现		2363
2013 四年共现		663	四年＋主题词共现		1549

4 年关键词和主题词的共现信息作为补充后的数据集进行了关键词合并，因此删除两个栏目后维数降得比较多。表 4－16 为相应聚类实验结果，采用五次实验的平均值加标准差表示，同时对比了 D－I2 和

RB－I2聚类方案的结果。首先比较分类减少前后的效果，五类的熵值最小为0.846，小于七类的0.862；五类的纯度最大是0.394，大于七类的0.336，因此可以说明原数据的分类影响了聚类的结果。其次是对方法进行比较，基于新模型和其再增强形式的结果都好于VSM，只有2013年数据两种方案出现分歧。遗憾的是，在语义信息增强前的新模型还是和经典VSM不相上下，甚至对2013年的数据分析来看完全输于后者。文献原有分类不准仍然是主要原因。

表4－16　**原数据集中保留五类后的聚类比较**

评价指标	Entropy↓		Purity↑	
	D－I2	RB－I2	D－I2	RB－I2
2013VSM	0.855±0.013	0.856±0.018	0.389±0.018	0.371±0.019
2013CLSVSM	0.889±0.007	0.901±0.016	0.356±0.012	0.367±0.014
2013＋四年共现背景CLSVSM	0.853±0.027	0.846±0.022▲	0.383±0.013	0.393±0.028
四年VSM	0.896±0.015	0.884±0.015	0.362±0.009	0.355±0.011
四年CLSVSM	0.892±0.012	0.886±0.006	0.366±0.024	0.375±0.019
四年＋题目词CLS-VSM	0.849±0.025	0.856±0.013	0.394±0.029▲	0.381±0.019

4. 第四轮对比实验：V3和C3

第四轮实验不再采用人大复印资料的栏目分类文献数据，改用CNKI下载的“出版”、“图书情报与数字图书馆”和“档案及博物馆”三个相近学科的896篇文献的数据集。本轮实验全面比较了几种聚类方案下的聚类结果，共进行了22次实验，均采用cos相似性，需要迭代的算法每次实验迭代10次。具体实验记录为：Solution1－5采用RB－I2方案，Solution6－10采用RB－H2方案，Solution11－15采用D－I2方案，Solution16－20采用D－H2方案，Solution21采用B－I2方案，Solution22采用B－H2方案。6种方案下的22次实验结果见表4－17，其中每种方案中熵值最小值和纯度最大值用红色标志，并加粗显示。↓表示越小越好，↑表示越大越好。

表 4－17　　第四轮实验结果之熵值和纯度对比

聚类方案	编号	VSM 模型			CLSVSM 模型		
		Entropy ↓	Purity ↑	Best	Entropy ↓	Purity ↑	Best
RB－I2	S1	0. 762	0. 641		0. 597	0. 767	
	S2	0. 733	0. 684	●	0. 592	0. 769	
	S3	0. 806	0. 561		0. 594	0. 779	
	S4	0. 759	0. 626		0. 566	0. 800	●
	S5	0. 817	0. 532		0. 594	0. 780	
RB－H2	S6	0. 904	0. 462		0. 616	0. 772	●
	S7	0. 676	0. 715	●	0. 628	0. 765	
	S8	0. 820	0. 550		0. 624	0. 768	
	S9	0. 808	0. 608		0. 616	0. 772	●
	S10	0. 808	0. 617		0. 628	0. 765	
D－I2	S11	0. 762	0. 594		0. 609	0. 772	
	S12	0. 855	0. 552		0. 584	0. 788	
	S13	0. 847	0. 527		0. 601	0. 776	
	S14	0. 650	0. 713	▲	0. 601	0. 777	
	S15	0. 850	0. 540		0. 546	0. 804	▲
D－H2	S16	0. 859	0. 519		0. 559	0. 795	●
	S17	0. 774	0. 590	●	0. 608	0. 752	
	S18	0. 914	0. 456		0. 558	0. 792	●
	S19	0. 867	0. 522		0. 580	0. 777	
	S20	0. 841	0. 491		0. 579	0. 772	
B－I2	S21	0. 998	0. 345		0. 995	0. 353	
B－H2	S22	0. 839	0. 545		0. 692	0. 686	

从表 4－17 可见，对 CLSVSM 表示的文献执行不同的聚类方案，结果全部优于传统的 VSM 表示下的相应聚类结果。其中最好结果（Entropy＝0. 546，Purity＝0. 804）出现在 D－I2 方案中。Agglomerative 方法效果最差，以后实验将不再使用。比较两种模型中最好的结果（VSM 的 s14 和 CLSVSM 的 s15），新模型的最低熵值比传统模型降低了 16%，纯度提高了 13%。这个结果明显好于基于人大复印资料文献集的分析结果。以下进一步对比各类算法最好的结果（表 4－18），其中包括各簇的大小（容量）、簇内相似度、簇间相似性、熵值和纯度等。

表 4-18　　**第四轮实验结果聚类簇特征对比**

	3-way clustering: [896 of 896], Entropy: 0.650, Purity: 0.713							
VSM 模型	Cluster	Size	ISim	ISdev	ESim	ESdev	Entropy	Purity
	0	171	0.05	0.044	0.001	0.002	0.594	0.789
	1	274	0.038	0.034	0.001	0.001	0.393	0.887
	2	451	0.009	0.01	0.001	0.002	0.827	0.579
	3-way clustering: [896 of 896], Entropy: 0.546, Purity: 0.804							
CLSVSM 模型	Cluster	Size	ISim	ISdev	ESim	ESdev	Entropy	Purity
	0	267	0.116	0.063	0.008	0.007	0.336	0.906
	1	266	0.083	0.053	0.008	0.007	0.5	0.838
	2	363	0.023	0.023	0.005	0.008	0.735	0.702

从表 4-18 可见，两种方法的差异比较明显，基于 CLSVSM 的聚类结果不仅在熵值和纯度上都好于基于 VSM 的聚类结果，而且新模型的 3 个 Cluster 的簇内相似度（ISim）都相应小于传统的模型，同时簇间的相似度（ESim）又大于传统的模型。此外，两模型对第三类的聚类效果都很差，这与数据有关。以下详细比较这两簇相对于原来分类的分布情况（表 4-19）。

表 4-19　　**第四轮实验结果文献簇—类数量分布对比**

	Cluster	图情	档案	出版
VSM 模型	0	135	13	23
	1	16	243	15
	2	146	44	261
	类错误率	0.545	0.19	0.127
CLSVSM 模型	Cluster	图情	档案	出版
	0	8	242	17
	1	223	16	27
	2	66	42	255
	类错误率	0.249	0.193	0.147

表 4－19 的类错误率是错分的文献个数与类应有文献总数之比。从表中明显可见基于 VSM 对图情专业的聚类能力是很差的，错误率几乎是新模型的两倍。由于 VSM 下对档案和出版的文献聚类的结果优势明显，因此 Cluster1 对应档案，Cluster2 对应出版，Cluster0 中真正属于图情的只有 135 篇，甚至小于 Cluster2 中的文献。除图情以外，两模型对其余两类的聚类效果相当。因为本实验选择的是等量样本，三类文献略有不同，但影响微小，因此对聚类结果的总错误率就取三类错误率的平均值，基于 VSM 的方法和基于 CLSVSM 方法的错误率分别为 28.7% 和 19.6%，后者明显优于前者。

然后，我们再比较 BF 值，它反映聚类结果和原来分类的相似情况，值越大越好。由于聚类结果的簇标号（0，1，2），一般和原来分类标签（图情、档案和出版）的顺序不一致，所以在计算 BF 值时要遍历 0，1，2 的全排列，找出其最大值作为相应方案聚类结果的 BF 值。BF 的取值在 0 到 1 之间，也是越大越好。

（1）首先是基于 VSM 的 22 种聚类结果的 BF 值（表 4－20），表中有背景填充的为所有方案中最大的 10 个 BF 值。同一种聚类结果的不同簇类号对应的 BF 值相差是比较大的，只有“合适”匹配的 BF 值才是最大的（MAX 列）。

表 4－20　　**第四轮实验结果之基于 VSM 模型的 BF 值比较**

实验	排列 1	排列 2	排列 3	排列 4	排列 5	排列 6	MAX
s1	0.675	0.214	0.308	0.238	0.142	0.53	0.675
s2	0.255	0.701	0.205	0.304	0.465	0.12	0.701
s3	0.163	0.38	0.44	0.567	0.309	0.219	0.567
s4	0.657	0.209	0.282	0.258	0.129	0.551	0.657
s5	0.153	0.495	0.421	0.469	0.47	0.176	0.495
s6	0.267	0.383	0.462	0.393	0.36	0.175	0.462
s7	0.421	0.146	0.744	0.341	0.306	0.183	0.744▲
s8	0.177	0.381	0.428	0.555	0.308	0.23	0.555

续表

实验	排列 1	排列 2	排列 3	排列 4	排列 5	排列 6	MAX
s9	0.49	0.147	0.626	0.276	0.256	0.251	0.626
s10	0.626	0.252	0.471	0.216	0.168	0.287	0.626
s11	0.616	0.19	0.321	0.252	0.189	0.543	0.616
s12	0.247	0.16	0.554	0.449	0.312	0.295	0.554
s13	0.136	0.379	0.394	0.525	0.341	0.23	0.525
s14	0.743	0.194	0.382	0.226	0.099	0.483	0.743
s15	0.544	0.26	0.353	0.348	0.113	0.392	0.544
s16	0.259	0.543	0.336	0.419	0.374	0.174	0.543
s17	0.281	0.297	0.602	0.377	0.403	0.165	0.602
s18	0.347	0.39	0.37	0.466	0.234	0.286	0.466
s19	0.433	0.306	0.177	0.247	0.326	0.523	0.523
s20	0.256	0.431	0.455	0.422	0.354	0.147	0.455
s21	0.489	0.48	0.495	0.483	0.471	0.469	0.495
s22	0.323	0.269	0.503	0.516	0.161	0.228	0.516

从表 4－20 来看，基于 VSM 的最大 BF 值为 0.744，是 RB－H2 方案中 s7 的实验结果，其次是 D－I2 方案的 s14，BF 值为 0.743。两者之间的微小差异也可能是一种随机误差，而不是真正的方法差异。

（2）其次是基于 CLSVSM 聚类结果的 BF 值（表 4－21），这是我们更加关心的结果。表中排列顺序和指标说明与表 4－21 相同。

表 4－21　　**第四轮实验结果之基于 CLSVSM 模型的 BF 值比较**

实验	MAX	实验	MAX	实验	MAX	实验	MAX
s1	0.778	s6	0.781	s11	0.786	s16	0.797
s2	0.776	s7	0.773	s12	0.792	s17	0.751
s3	0.793	s8	0.776	s13	0.789	s18	0.795
s4	0.803	s9	0.781	s14	0.789	s19	0.779
s5	0.793	s10	0.773	s15	0.806▲	s20	0.781
s21	0.505	s22	0.685				

从表 4－21 中可见，各实验的 BF 值（MAX）都明显高于表 4－20，其中最好的结果是 D－I2 方案下的 s15，BF 值为 0.806，其次是 RB－I2 方案下的 s4。这个结果不仅说明基于 CLSVSM 的聚类效果比基于 VSM 的效果好，一定程度上也说明 I2 是比较好的准则。为了通过本轮实验进一步比较不同方案的效果和影响，表 4－22 列出了两种模型在不同方案下的平均 BF 值。

表 4－22　　第四轮实验结果之不同方案 BF 值对比

模型	RB－I2	RB－H2	D－I2	D－H2	B－I2	B－H2
VSM	0.619	0.603	0.596	0.518	0.495	0.516
CLSVSM	0.789	0.777	0.792▲	0.781	0.505	0.685
优胜率	0.275	0.289	0.329	0.508▲	0.02	0.328

表 4－22 列出了基于两种模型 6 种方案下聚类结果的平均 BF 值，可见基于 CLSVSM 的 BF 值都高于基于 VSM 的值。D－I2 方案下新模型的 BF 值最大。为了量化比较，表中将基于新模型的 BF 值超过基于 VSM 的 BF 值的比例定义为优胜率。可见在 D－H2 方案下基于 CLSVSM 的 BF 值高于 VSM 50% 以上，因此聚类结果的优势是非常明显的。如果考虑实验次数的优胜率就是 100% 了，因为基于新模型的每次实验结果都好于基于 VSM 的结果。

到此为止，模型的优劣已经显而易见。接下来我们全面比较不同模型和方案下的结果，以便了解聚类方法与表示方法的差异性和稳定性。在表 4－23 中我们用平均值和标准差的形式来比较各种聚类方案的结果。

表 4 - 23　　第四轮实验结果之模型—方案对比

模型	方案	Entropy	Purity	BF
VSM	RB - I2	0. 775 ±0. 035●	0. 609 ±0. 062●	0. 619 ±0. 086●
	RB - H2	0. 803 ±0. 082	0. 590 ±0. 093	0. 603 ±0. 104
	D - I2	0. 793 ±0. 089	0. 585 ±0. 076	0. 596 ±0. 086
	D - H2	0. 851 ±0. 051	0. 516 ±0. 049	0. 518 ±0. 060
CLSVSM	RB - I2	0. 589 ±0. 013	0. 779 ±0. 013	0. 789 ±0. 011
	RB - H2	0. 622 ±0. 006	0. 768 ±0. 004	0. 777 ±0. 004
	D - I2	0. 588 ±0. 025▲	0. 783 ±0. 013▲	0. 792 ±0. 008▲
	D - H2	0. 577 ±0. 020	0. 778 ±0. 017	0. 781 ±0. 018

基于 CLSVSM 的聚类结果的三个指标均值都比基于 VSM 的结果好，而且方差很小，说明方法的稳定性较好。同时根据三项评价指标，可以看出，RB - I2 聚类方案下 VSM 表现最好，其次是 D - I2 方案；而 CLSVSM 采用 D - I2 方案结果最好。因此，可以认为对本实验所采集的样本数据而言，基于 CLSVSM 的聚类效果最好，采用 D - I2 方案最合适。

5. 最佳聚类结果分析

我们选择基于 CLSVSM 和 D - I2 聚类方案的结果进一步了解样本书献的聚类质量。综合前面的结果（表 4 - 24 和表 4 - 25），选择 s15 的聚类结果进行分析。

表 4 - 24　　gCLUTO 对基于 CLSVSM 最佳聚类的输出结果

Clustering Options		
Method：Direct		#Clusters：3
CRfun：I2	Simfun：Cosine	
RowModel：None	ColModel：None	Graph Model：Asymetric-Direct
ColPrune：1. 000	EdgePrune：0. 000	VertexPrune：0. 000
Nearest Nieghbors：4	MinComponent：1	CSType：Best

续表

#Trials：10					#Iterations：10		
3 – way clustering：［896 of 896］，Entropy：0.546，Purity：0.804							
Cluster	Size	ISim	ISdev	ESim	ESdev	Entropy	Purity
0	267	0.116	0.063	0.008	0.007	0.336	0.906
1	266	0.083	0.053	0.008	0.007	0.500	0.838
2	363	0.023	0.023	0.005	0.008	0.735	0.702
Class Distribution							

Cluster	图情	档案	出版
0	8	242	17
1	223	16	27
2	66	42	255

表 4 – 24 中第一部分（Clustering Options）是聚类的基本参数选择，选择 Direct 聚类算法、I2 准则、聚为 3 簇，Cosine 相似性、迭代 10 次等；表中第二部分（3 – Way Clustering）是对聚类结果中各簇的评价，包括簇大小、簇内相似度、簇间相似度及相应标准差，还有熵值和纯度；表中第三部分（Class Distribution）是各簇文献相对于原来分类的分布，比如第 0 簇中有 8 篇文献属于图书情报与数字图书馆学科，有 242 篇属于档案学科，有 17 篇属于出版与博物馆学科。

结合表 4 – 24 中后两部分易知，第 0 簇和档案对应，其中纯度为聚类和分类相同的文献数目与簇中数目之比，为 0.906；第 1 簇和图情对应，纯度为 0.838；第 2 簇和出版对应，纯度为 0.702 最低。纯度越高错误率就越低。这个结果也说明图情学科的文献相关性更强一点。

接下来观察聚类以后的文献—特征词（篇词矩阵）的数据分布矩阵（Matrix）视图 4 – 7（也称为棋盘视图），中间两条横线是簇的分界（自上而下依次为 0，1，2 簇），颜色较深（稠密）的地方数据较大（多）。图中可见第 0 簇的特征词主要集中在左上部分，第 1 簇的特征词主要集中在中间部分，而第 2 簇的特征词连片区主要在右下部分，但是在左下部分也有一紧致簇，导致其纯度不高。该试图对高维向量的显示效果不佳，因为图形经过了大比例压缩。

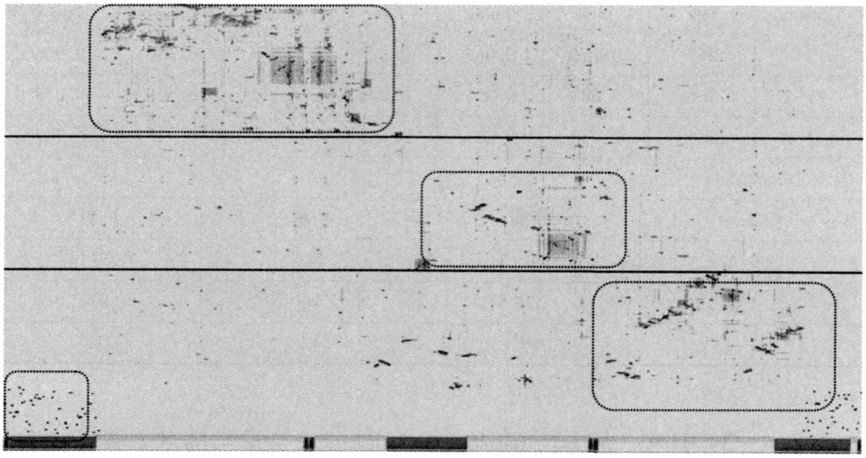

图 4-7　gCLUTO 对基于 CLSVSM 最佳聚类的矩阵视图

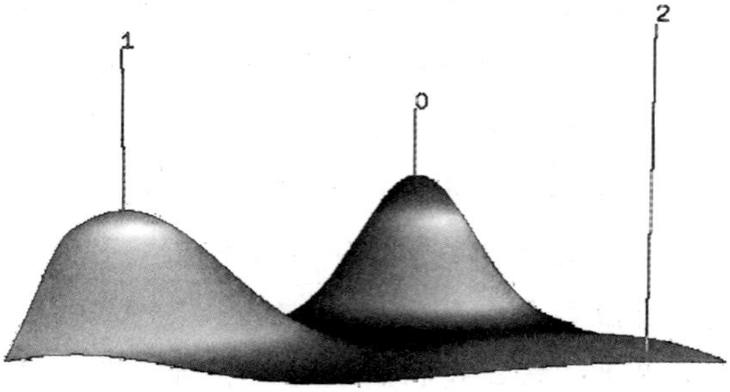

图 4-8　gCLUTO 对基于 CLSVSM 最佳聚类的山丘视图

图 4-8 是聚类结果的更形象展示，称之为山丘（Mountain）视图，相当于矩阵视图的立体化。结合矩阵视图，可以明显看到第 0 簇的相似度要高，其次是第 1 簇，而第 2 簇的相似度最差，基本表现为“平地”。

表 4－25 通过每簇的主要描述词和主要区别词更能说明各簇的主题特征。主要的描述词是特征词集（篇词矩阵的列）中最能代表该簇的词，相当于摘要词；而区别词是最有助于将该簇和其他文献区分开来的特征词。描述词选择那些对簇内相似度贡献较大的词，而区别词选择簇内那些相对于其他文献更普遍的特征。前者比后者更体现主题接近性，后者比前者更能反映数量上的多寡。一般来说，两者是有重叠的，即某些词既是描述词又是区别词，因为数量多的词可能就对相似度有较大贡献，而有较大贡献的词可能在数量上也占优势。对于同一重叠的词，一般描述性贡献比例要大于区别性贡献比例，因为后者的比较范围更大。

表 4－25　　gCLUTO 对基于 CLSVSM 最佳聚类的特征描述

Descriptive & Descriminating Features								
Cluster 0	Size：267	ISim：0.116		ESim：0.008				
Descriptive：	档案管理	12.0%	信息化	3.2%	问题	3.0%	管理	2.7%
Descriminating：	档案管理	6.5%	高校图书馆	3.7%	图书馆	2.2%	问题	1.6%
Cluster 1	Size：266	ISim：0.083		ESim：0.008				
Descriptive：	高校图书馆	10.8%	图书馆	7.2%	信息服务	2.9%	公共图书馆	2.0%
Descriminating：	高校图书馆	5.9%	档案管理	4.6%	图书馆	3.5%	信息服务	1.4%
Cluster 2	Size：363	ISim：0.023		ESim：0.005				
Descriptive：	科技期刊	6.3%	学术期刊	2.7%	数字出版	2.6%	数字化	1.9%
Descriminating：	档案管理	3.6%	科技期刊	3.4%	高校图书馆	2.2%	图书馆	1.5%

表 4－25 显示，第 0 簇以“档案管理”为最主要的描述词和区别词，贡献分别为 12.0% 和 6.5%，这与之前分析中将其与档案学科匹配是一致的；第 1 簇中“高校图书馆”既是最主要的描述词又是最主要的区别词，贡献分别为 10.8% 和 5.9%，和图书情报和数字图书馆学科对应也是合理的；第 2 簇以“科技期刊”为最主要的描述词，贡献为 6.3%，以“档案管理”为最主要的区别词，划分有点不清晰，但主要是研究期刊，与出版匹配也是比较一致的。进一步观察更多的描述词，会发现，档案学主要研究“档案管理”“信息化”的“问题”（博物馆

学的研究相对较少，未能凸显），图书情报与数字图书馆主要研究“图书馆”的“信息服务”，而出版主要研究“科技期刊”、“学术期刊”的“数字出版”和“数字化”问题。

（三）实验总结：CLSVSM 的优势

通过以上四轮对比实验发现，相对已有的 VSM，CLSVSM 聚类效果有很大提高。下面以三个学科数据集（Ⅲ）为例总结说明，其中的取值都选择最佳方案实验结果的均值，用前者优于后者的百分比表示差异程度，比如 CLSVSM/VSM 的熵值为 24.1%，表示 CLSVSM 模型相对于 VSM 模型熵值平均降低了 24.1%；纯度为 28.6%，表示 CLSVSM 模型相对于 VSM 模型纯度平均提高了 28.6%。

表 4－26　　**新旧模型之两两比较与评价（一）**

比较方法	Entropy	Purity	BCubed Fmeasure
CLSVSM / VSM	1－0.588/0.775 =24.1%	0.783/0.609－1 =28.6%	0.792/0.619－1 =28.0%

表 4－26 对四种模型进行两两比较，从中可以看出新模型的优势：表 4－26 第一组比较显示，基于 CLSVSM 的聚类效果比基于 VSM 模型聚类效果有非常明显的提高，熵值、纯度和 BF 值都优于后者 24% 以上，足以证明 CLSVSM 是面向文献聚类的一种较好的语义向量表示模型。

需要说明的是，更多的实验比较统一移入了第六章，不仅便于进一步的比较，也保证了章节内容的一致性。

七　本章小结

本章对来自两个数据源的三个数据集进行了四轮对比实验，结果显示面向文献聚类的 CLSVSM 模型对文献主题语义信息的提取比传统的

VSM 要好很多，具体表现在基于 CLSVSM 的文献聚类效果高于基于 VSM 的结果 24% 以上，说明新模型对以关键词为特征的高维稀疏向量表示的文献集聚类是非常有效的，这就为涉及文献聚合的相关应用领域提供了一种低成本的较好的新选择，因为不需要专门建立高成本的其他知识背景。

本章内容总结如下：

首先对文献聚合实验进行了整体的设计，明确了对比实验的主要目的：即比较新模型在共现语义信息的表示方面的优势，基于新模型的效果是否明显好于 VSM 模型，以及引入核方法的效果。并列出了实验的主要内容和基本流程，以便于实验的顺利进行。

其次进行了数据的采集和整理，并做了简单的描述。为了对比文献主题聚类的效果，原有主题是必须明确的，这样才可以进行客观的对比。但是目前的实验语料大多是面向文本聚类的，和文献聚类的主要区别是其特征词是通过分词提取的，不仅存在不准确的问题，而且与本书“不引入太多中间人为的信息处理过程”的主旨不符。更何况很多实验数据不公开。为此本书首先从栏目分类的角度考虑，选择了人大复印资料的 G9《图书馆学和情报学》四年数据共 1076 篇文献（分为两个数据集），将其栏目作为文献的正确分类，虽然实验结果不太理想但也说明了一些问题。其次从学科区分的角度，选择了有密切联系的三个二级学科的文献各 300 篇，将所属学科作为正确分类。显然这样的硬分类是不完全合理的，但对实验来说，因为在同等条件下取得较好结果的就应该认为是好的模型。实验证明第三个数据集对本实验是很好的。

再次根据文献聚类的高维特征选择了聚类的实现工具和聚类结果的评价指标。gCLUTO 软件适合高维向量数据的聚类（也适合低维的数据聚类），而且主要采用余弦相似函数计算文献的相似性，聚类速度很快，对 1000 余篇文献 2000 多维的表示向量聚类不足 1 秒，同时提供了多种聚类优化准则函数，可以与聚类算法组合使用，因此是本实验的首选。本实验涉及的高维矩阵运算主要通过 MATLAB 实现，速度可观。在信息补充阶段尚没有专门的计算软件，只能通过 VB 编程实现，比较耗时，但是该程序可以实现分布式计算，可以大大提高效率。

最后是实验的具体方案和结果分析。共进行了四轮对比实验，比较了新模型和 VSM 对文献主题信息的提取情况，模型聚类效果，以及受数据量的影响和共现语义信息增量的影响，还有结合 GVSM 核方法的效果。其中，第一轮分析对 G9 文献数据集中 2013 年的数据和 2010—2013 年四年的数据集，分别基于 CLSVSM 和 VSM 的语义信息提取程度和聚类效果，结果显示四年数据集有提高但不明显；第二轮比较了对 2013 年数据集采用共现语义背景再增强前后的效果，以及对四年数据集增加主题词信息前后的聚类效果，结果显示两种增强都有一定的效果；第三轮实验对 G9 来源文献的两个数据集删除前两个栏目后，再次比较新模型在第二轮信息增强前后的聚类效果，结果显示有提高但不明显。以上三轮的实验中新模型没有表现出很好的效果，分析主要的原因是原有分类的主题并不集中，分类不清晰，因此造成了三个基于簇类对比的评价指标都没有很好的表现，所以在后两轮实验中采用了 CNKI 三个学科的数据集。第四轮实验采用第三个数据集对比了基于 CLSVSM 和 VSM 的聚类效果，结果显示新模型效果比传统模型有大幅提高：熵值降低了 16%，纯度提高了 13%，特别是 BF 值提高了 27.9%。

第五章　CLSVSM 模型的应用与实证

第三章所提出的 CLSVSM 模型是一种通过挖掘和利用共现潜在语义对文献向量表示的语义增强模型，在第四章文献聚类实验中的效果比 VSM 模型和 GVSM 模型都有明显提高，能很好地度量文献之间的主题相关性，进而实现基于主题的文献聚合。本章将讨论 CLSVSM 模型的应用范围，并实际应用于对检索文献集的聚类实证，初步探讨其对紧致文献簇的发现功能，进而考察深度聚类分析对资源深度聚合的作用和效果。

一　CLSVSM 模型的应用范围

CLSVSM 模型是一种面向文献和文本语义相似性计算的语义挖掘和向量表示的新方法，因此可以用于信息检索、文本和文献的分类、文本和文献的聚类，以及一切涉及语义相似性计算的相关研究。研究对象不仅限于文献和文本，还可拓展到一般网络信息资源，以下仅以文献对象为例简要说明，部分应用还在探讨阶段。

1. 文献资源的主题分类

文献的分类对信息资源管理、信息获取和知识服务等是非常重要的。随着分类主题法研究的不断深入，一些学科或领域建立了主题词表。各研究领域的主题词构成了各自的研究特征向量，而对一篇文献而言，它是不是可以归入某个研究领域主题，主要看它和该领域特征向量的语义相似度够不够大（结合具体实际设定阈值），而 CLSVSM 模型就为文献表示和相似度计算提供了方法，其中建立文献高维表示向量所需的相关语义信息可以从领域主题词的共现分析中获取。

2. 文献资源的主题聚类

文献主题聚类一般用于没有明确类特征参照的情况下根据文献本身的主题特征对文献的划分，因此也可以通过聚类来指导分类，以及类特征的确定。基于 CLSVSM 模型对文献聚类是该模型最直接的应用。对既定文献集，首先构造其特征空间，然后通过特征词的共现分析，获取潜在语义信息，并建立信息补充后的文献表示向量，最后通过计算相似度和聚类算法实现文献聚类。文献主题聚类分析相比文献分类来说是一种自由的主题分析方法，因为聚类分析只关心对象的特点，而不关心类特征的限制。因此可用于对不同时间的文献聚类来发现其主题演化，将聚类与学科分类对比以了解学科交叉的情况等，更常见的是研究热点的发现和主题网络分析。

3. 文献检索

VSM 模型长期以来一直是信息检索的基本模型框架，现在的检索系统更加智能，但是也少不了向量表示模型的影子。作为 VSM 的语义增强表示模型，CLSVSM 自然可以用于信息检索。同样是将查询语句和响应文献都表示为向量，然后通过一些知识背景构建查询和文献之间的联系并计算相似性，进而得到相关文献。不同的是语义相关性的度量阶段，现有检索系统采用本体或词表构建检索语句和文献之间的关系，比如采用 LSA 方法计算相似性，而应用 CLSVSM 则需要查询向量和文献表示向量补充共现语义信息，然后计算两者的相似性。具体检索效果如何尚待进一步检验，目前的实验结果已经显示 CLSVSM 对相关文献的识别能力较强。检索系统都会受检索词长短和多少的影响，估计 CLSVSM 也很难避免。

4. 聚类知识发现

聚类的不断深化就是对知识不断凸显的过程，因此主题聚类是知识发现的可行手段。以检索结果聚类为例，检索结果过多，难以选择是促使对检索结果聚类的主要原因。检索结果聚类对二次检索和直接定位理想的文献或知识都是很有效的。目前相关研究主要集中在对检索结果主题的聚类，即对高频关键词做共现聚类分析，以发现主要的研究关键词网络，这与文献的聚类还有差距，因为主题或关键词和文献的关系都不是一对一的，还不能根据主题或关键词的聚类实现文献的聚类。此外，只考虑高频关键词显然丢失文献很多信息。基于 CLSVSM 模型对检索结果聚类可以直接对检索文献实现聚类，作为聚类应用的一种形式，对检索结果的呈现有创新性改变。

5. 学科资源的聚合

以本书的观点，信息资源聚合是一个始于相关资源发现，经过资源整合集成，最终实现信息组织和知识发现的过程，其中涉及信息检索技术、分类和聚类的技术，因此 CLSVSM 的应用将贯穿始终。对学科资源的聚合，首先建立资源的特征空间和资源聚合的标准特征向量，然后通过度量响应资源与标准特征向量的相似性决定取舍，并将相关资源聚类重组最后有重点的呈现。

扩展模型还可以应用于一切可以提取特征词的文本聚类、文本分类，以及 Web 内容聚类，比如新闻内容聚类。Top K 的简约模型对提高计算速度很有帮助。

二　实证准备

（一）实证数据的选择

实证数据的选择主要考虑以下几个方面：

1. 对研究领域有一定的了解

比如图情学科及其相近的学科，或者比较关心且比较熟悉的学科领域，这样对结果评判和分析有所帮助。

2. 数据范围内所研究的主题是否集中

主题的集中程度可以通过关键词的词频分布进行判断。如第四章中所采用的实验数据（Ⅰ），其关键词的分布就是扁平型的，最高频度的关键词是“图书馆”，2013 年的频数是 16，四年的总频次也不过 76。当然这与期刊论文总量较少有关。理论上讲，词频分布越是集中，共现的强度的分布也会越致密，数据集聚类的效果就会越好。

3. 文献的质量略加限制

文献质量，包括来源、被引用情况等，对主题聚类中发现研究重点和热点是有影响的。因此实证数据选择 SCI 来源刊和 CSSCI 来源刊等的中文文章，且有被引用记录（2013 年以来的文献除外）。

4. 样本量适中

第四章实验中的数据维度已经达到 2500 多维，且已经证明了模型对高维和稀疏矩阵的聚类效果。因为目前数据的采集受到多种限制，也没有系统的分析软件，数据量过大将付出更多的时间和精力，因此选择容量适中的数据集。

（二）文献聚类簇数目的确定

根据判断聚类的基本准则，如果一个聚类结果可以使得簇内相似性最大，同时簇间相似性最小，那么这就是一个好的聚类办法。在应用中为了不产生一些极端的结果，还要考虑各簇中对象数量的分布，希望得到样本数相对较大，同时簇内相似性又很高的聚类，不希望得到虽然簇内相似性较高，但是样本数很小的聚类。[①] 由于目前没有指标可以很好地评价聚类的效果，本章结合实证的特点选择了 3 种评判最佳聚类簇数目的方法，相互参考，在综合的基础上确定聚类数目。

1. 主题分布特征

因为文献的特征由关键词向量表示，因此首先通过高频关键词的共现分析来推断文献集的主要研究主题及结构。主要借助 Ucinet 和 Netdraw 软件绘制共现网络图观察判断。紧致的关键词子网被视为研究主题的具体表现。

2. 聚类图像特征

通过观察 gCLUTO 对文献集聚类的山丘图判断最佳聚类。能凸显子簇，同时簇间区别度较高的聚类是理想的方案。

① 张忠平、王爱杰、柴旭光：《简单有效的确定聚类数目算法》，《计算机工程与应用》2009 年第 15 期。

3. 簇相似度

寻求簇内相似度最大，同时簇间相似性最小的聚类是比较困难的，因为随着聚类数目的增加，它们的变化不是线性的，但目前的很多判断指标都是线性变化的，而且不同方法得出的指标值变化快慢也不一致，对选择最佳聚类簇数目很不利。本书根据选优原则，构造了如下指标：

$$I/E\text{ 增长量} = \frac{Average(k, I/E)}{Average(k-1, I/E)}$$

其中 I/E 是簇内相似度与簇间相似度的比值，$Average(k, I/E)$ 就是该聚类结果中各簇 I/E 的平均值。该指标用 I/E 的平均增量来粗略判断增加簇数目的效果好坏。

对聚类来说簇数目的确定是至关重要的，在文献聚合中也需要确定簇数，但更关注相似度高的、紧致性簇的发现，这才是聚合发现最相关文献的重点。

二　基于 CLSVSM 模型的聚合实证研究

本节选择两个文献集进行实证分析，其中概率论与数理统计学科应用面广，文献主题相对分散，信息资源建设主题文献集的主题相对要集中，专业性更强。

（一）实证Ⅰ——以概率论与数理统计学科抽样文献为例

概率论与数理统计一直以来是数学一级学科下设的一个二级学科，2011 年颁布新的学科目录中新增统计学一级学科，虽然截至目前尚没有公布二级学科目录，但统计学从数学学科中分离已成定局，甚至引起了统计和数学实体的分化。且不说新学科的这种分类的结果，但原因是很显然的。对概率问题的研究缘起于社会中的现实问题，包括博弈问题，而后上升为对自然和社会规律的探索，形成概率论的理论体系。数理统计是以概率论为基础来研究具体问题的方法论体系，同样植根于人文社会学科的研究，比如因子分析方法就来源于心理学的研究过程。概率论与数理统计学科从其产生到现在，从来都没有离开其应用的领域，而不同领域的应用研究也不断丰富着学科的体系。选择该学科为实证对象正是考虑其既有传承性的理论研究，又有广泛的应用范围性，以及与多学科的交叉特点。对这一类研究范围开阔的学科，其研究主题的分布情况以及对其聚合效果如何是实证关心的主要问题。

1. 数据采集与整理

选择 CNKI 中“概率论与数理统计”学科 2010 年以来 SCI 来源刊和 CSSCI 来源刊的中文期刊文献，分别抽取每年被引次数较高的文献合计 1344 篇。检索时间截至 2014 年 1 月，具体抽取文献数与检索论文数见表 5－1。

表 5－1　　　　概率统计学科文献抽样数量及比例

年份	2010	2011	2012	2013	2014
检索文献数	1028	1049	1077	819	9
抽取文献数	440	300	300	400	9
抽样比例	43%	29%	28%	49%	100%

可见，2010 年被引文献较多，所以抽取比例比后两年高；考虑到 2013 年和 2014 年的文献引用不多但研究内容可能更有前沿性，因此抽取比例也比前两年高。主要是 2010—2013 年的数据，除去 5 篇没有关键词的文献，共得到 1344 篇文献。这些文献来自于 250 多种刊物，其中大学学报占了绝大多数，但从发文量来看，专业性期刊还是主要来源（见表 5－2）。

表 5－2　　　　概率统计学科文献来源统计（≥20）

期刊名称	论文数量	期刊名称	论文数量
数学的实践与认识	112	应用概率统计	27
统计与决策	109	统计研究	26
数理统计与管理	74	应用数学学报	26
数学杂志	34	系统科学与数学	21
系统工程理论与实践	32	数学学报	20
中国卫生统计	32		

表 5－2 是包含不少于 20 篇抽样文献的主要期刊列表，可见主要的专业期刊都在前列，如《统计与决策》《数理统计与管理》和《应用概率统计》。

由于学科的特殊性，关键词中存在大量的英文缩写，还有部分特殊符号，因此在关键词的整理中经过了多种处理：(1)英文大小写的统一；(2)同一关键词中英文表述的统一；(3)在不影响意思的前提下代换特殊符号；(4)对同一意思不同的表述形式进行统一。其中第四种处理工作量比较大，主要处理像“*方法”和“*法”，以及全称和缩写等问题，目前这个过程主要靠手工完成。经过多重处理，合并关键词 605 个，保留不同关键词 3216 个，总词频达 5759 次。记这个数据集为“概率统计学科文献集”。

2. 主题分布与聚类数目的确定

(1) 通过主题图方法判断最佳聚类数目

为了对聚类数目提供判断依据，从主题分布、聚类图比较以及聚类的判断指标多方面同时考察数据的情况。图 5－1 为前 410 个高频关键词的共现关系图。

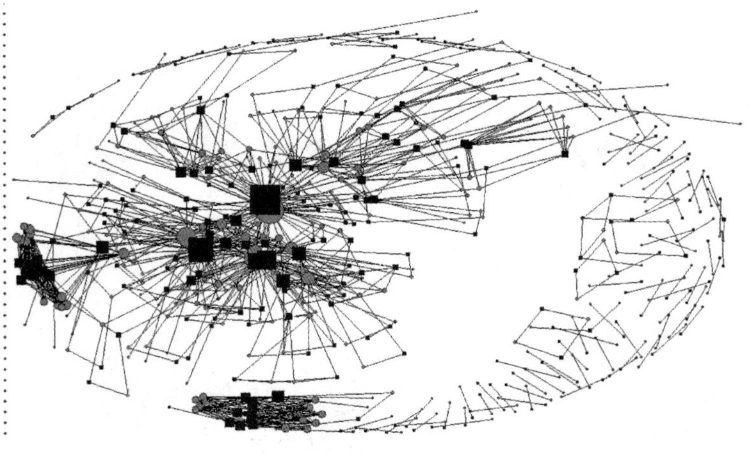

图 5－1　概率统计学科文献主要关键词共现关系图

从高频关键词的共现图 5－1 可以看出，有两个明显的紧致的关键词小簇，以及一个较大的相对松散的网络，这是文献特征空间的缩影，据此可以推测，文献聚类在 3 个以上，才能分别较小的紧致主题集，而较大的主题网络可以在不断细化的聚类中不断凸显。

（2）通过聚类山丘图判断最佳聚类数目

根据聚类算法和准则不同组合方案在第四章实验中表现，本实证中只选择 RB－I2 方案和 D－I2 方案做聚类分析。首先观察两种方案下，不同聚合数目聚类的山丘图，从左到右，从上到下，聚类簇数目依次从 4 到 9。太少的聚类（4 以下）或过多的聚类（大于 9）结果无须列出。首先是基于 RB－I2 聚类方案的结果如图 5－2。

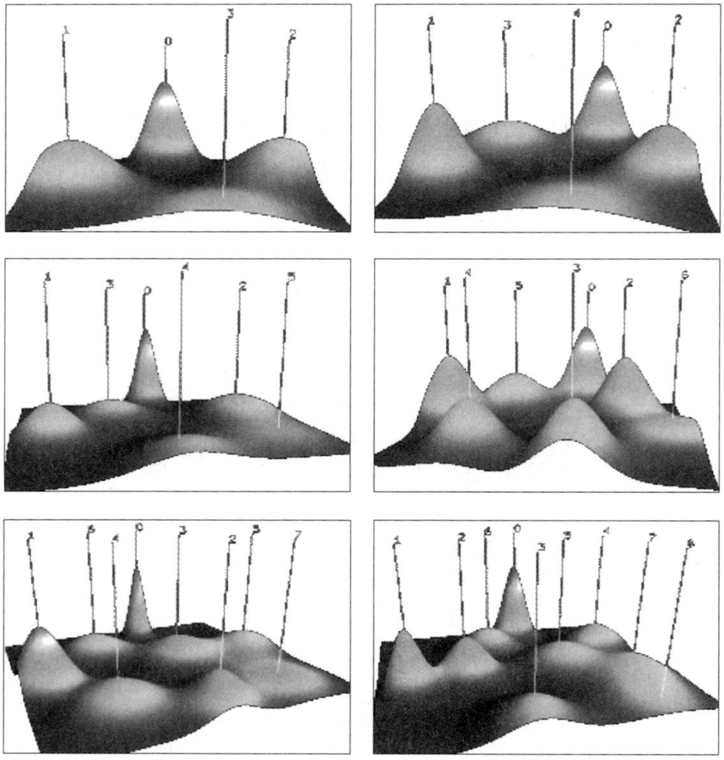

图 5－2　概率统计学科文献基于 RB－I2 方案的聚类山丘图组

其次看基于 D－I2 方案的聚类结果如图 5－3。

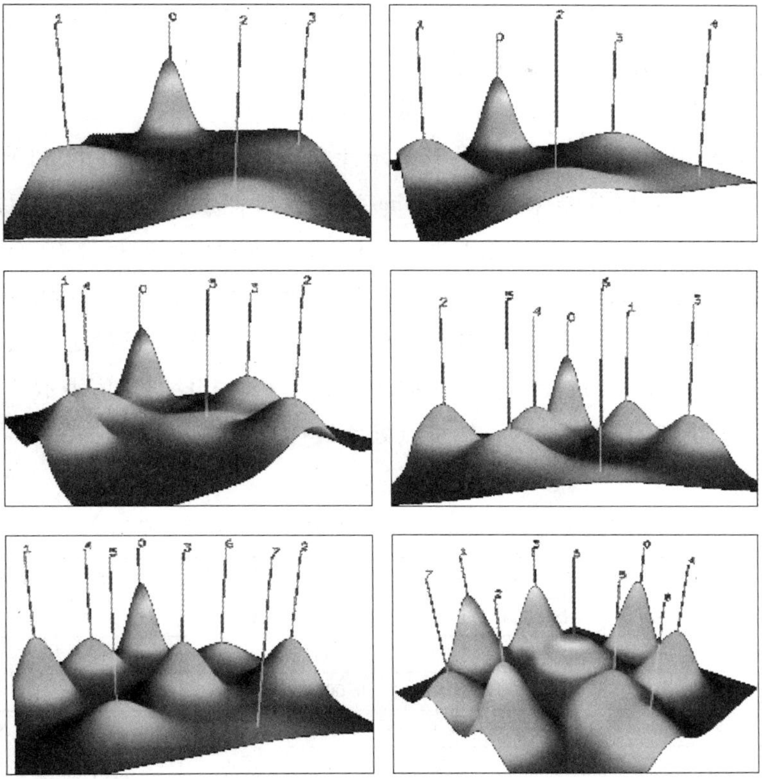

图 5－3　概率统计学科文献基于 D－I2 方案的聚类山丘图组

从图 5－2 可以看出，聚 4 簇的时候，各簇之间可以明确地区分，但是主要凸显了第 0 簇；分 5 簇的结果可以看出第 0 簇和第 3 簇相似度高，同时第 2 簇和第 4 簇相似度也较高；聚 6 簇的时候还是凸显一个簇；分 7 簇时各簇差异性变小了；聚 8 簇时，可以凸显两簇；聚 9 簇时只有第 0 簇相似度较高。因此宏观上可以聚四簇，若要凸显更细小紧致的簇理想的结果是聚为 8 簇。

和图 5－2 不同的是，聚类数目小的时候，簇内相似度偏低，数目大的时候，簇内相似度又过高。具体是：聚 4 簇的时候，除了第 0 簇以外的3簇相似度太低；分5簇的结果和分4簇的结果区别不大；聚6簇和7簇的差异不大；聚8簇和聚9簇时有更多子簇凸显。所以如果细分的话，选择8—9簇较为合适，而聚9簇的时候第5簇和第8簇之间的相似性很高，实际上不易区分。

（3）通过I/E指标判断最佳聚类数目

表5-3和表5-4分别是概率统计学科文献集在RB-I2和D-I2两种方案下的聚合结果，其中ISim为簇内相似度，ESim为簇间相似度，即该簇与其他各簇的相似度，ISdev是簇内相似度的标准差，ESdev是簇间相似性的标准差。I/E指标为簇内相似度与簇间相似度的比值，平均I/E为一种聚类结果中各簇指标的平均值，I/E增长量是簇数的增加引起的平均I/E的变化，用簇数增加前后平均I/E的比值表示。一般情况下这种变化是增长的，转折点处为最佳选择。

表5-3　**概率统计学科文献基于RB-I2方案的聚类特征指标**

2 - way clustering						I/E 指标	平均 I/E
Cluster	Size	ISim	ISdev	ESim	ESdev		
0	734	0.037	0.024	0.006	0.006	6.167	4.75
1	610	0.02	0.016	0.006	0.008	3.333	
3 - way clustering						I/E 增长量	0.936
Cluster	Size	ISim	ISdev	ESim	ESdev		
0	363	0.046	0.051	0.009	0.01	5.111	4.444
1	423	0.038	0.019	0.009	0.007	4.222	
2	558	0.032	0.02	0.008	0.008	4	
4 - way clustering						I/E 增长量	1.359
Cluster	Size	ISim	ISdev	ESim	ESdev		
0	223	0.108	0.082	0.012	0.009	9	6.042
1	334	0.053	0.032	0.009	0.007	5.889	
2	350	0.046	0.022	0.009	0.007	5.111	
3	437	0.025	0.022	0.006	0.008	4.167	

续表

5 - way clustering						I/E 增长量	1.411
Cluster	Size	ISim	ISdev	ESim	ESdev		
0	203	0.129	0.09	0.013	0.009	9.923	8.525
1	154	0.093	0.048	0.006	0.006	15.5	
2	233	0.064	0.044	0.008	0.007	8	
3	355	0.047	0.026	0.01	0.007	4.7	
4	399	0.027	0.024	0.006	0.008	4.5	
6 - way clustering						I/E 增长量	1.115
Cluster	Size	ISim	ISdev	ESim	ESdev		
0	123	0.267	0.127	0.017	0.009	15.706	9.504
1	149	0.098	0.05	0.007	0.006	14	
2	242	0.062	0.04	0.009	0.007	6.889	
3	230	0.061	0.033	0.011	0.008	5.545	
4	183	0.053	0.025	0.005	0.005	10.6	
5	417	0.03	0.027	0.007	0.008	4.286	
7 - way clustering						I/E 增长量	0.990
Cluster	Size	ISim	ISdev	ESim	ESdev		
0	194	0.134	0.094	0.013	0.009	10.308	9.409
1	175	0.096	0.058	0.01	0.006	9.6	
2	180	0.089	0.055	0.01	0.008	8.9	
3	141	0.072	0.033	0.005	0.005	14.4	
4	136	0.062	0.033	0.007	0.006	8.857	
5	260	0.061	0.033	0.011	0.007	5.545	
6	258	0.033	0.033	0.004	0.006	8.25	
8 - way clustering						I/E 增长量	1.471
Cluster	Size	ISim	ISdev	ESim	ESdev		
0	59	0.256	0.112	0.005	0.004	51.2	13.839
1	170	0.164	0.104	0.014	0.009	11.713	
2	130	0.095	0.054	0.011	0.009	8.636	
3	207	0.076	0.048	0.009	0.006	8.444	
4	193	0.071	0.038	0.012	0.008	5.917	
5	159	0.061	0.03	0.005	0.005	12.2	
6	160	0.066	0.036	0.01	0.006	6.6	
7	266	0.036	0.04	0.006	0.009	6	

续表

9 - way clustering						I/E 增长量	0.802
Cluster	Size	ISim	ISdev	ESim	ESdev		
0	126	0.25	0.129	0.017	0.01	14.706	11.099
1	83	0.165	0.08	0.007	0.006	23.571	
2	141	0.121	0.072	0.01	0.007	12.1	
3	139	0.072	0.033	0.005	0.004	14.4	
4	166	0.08	0.048	0.013	0.009	6.154	
5	208	0.076	0.038	0.012	0.008	6.333	
6	142	0.072	0.037	0.011	0.007	6.545	
7	139	0.062	0.031	0.008	0.006	7.75	
8	200	0.025	0.03	0.003	0.007	8.333	
10 - way clustering						I/E 增长量	1.093
Cluster	Size	ISim	ISdev	ESim	ESdev		
0	118	0.277	0.131	0.018	0.01	15.389	12.127
1	84	0.16	0.082	0.005	0.004	32	
2	126	0.147	0.071	0.012	0.008	12.25	
3	114	0.121	0.057	0.012	0.008	10.083	
4	134	0.081	0.044	0.01	0.006	8.1	
5	151	0.083	0.046	0.014	0.009	5.929	
6	147	0.066	0.032	0.005	0.005	13.2	
7	106	0.069	0.03	0.007	0.006	9.857	
8	124	0.065	0.03	0.008	0.006	8.125	
9	240	0.038	0.044	0.006	0.008	6.333	

随着簇数的增加，整体来说，簇内的相似度提高，而簇间相似性降低。根据簇内相似度越大越好，簇间相似度越小越好的原则，选择 I/E 增长量最大（1.47）的聚类簇数目，那就是聚为 8 簇。

表 5－4　　概率统计学科文献基于 D－I2 方案的聚类特征指标

2－way clustering						I/E 指标	平均 I/E
Cluster	Size	ISim	ISdev	ESim	ESdev		
0	585	0.029	0.018	0.008	0.008	3.625	3.563
1	759	0.028	0.024	0.008	0.008	3.5	
3－way clustering						I/E 增长量	1.288
Cluster	Size	ISim	ISdev	ESim	ESdev		
0	375	0.038	0.025	0.007	0.008	5.429	4.587
1	468	0.038	0.02	0.009	0.007	4.222	
2	501	0.037	0.036	0.009	0.009	4.111	
4－way clustering						I/E 增长量	1.410
Cluster	Size	ISim	ISdev	ESim	ESdev		
0	178	0.152	0.101	0.014	0.009	10.858	6.468
1	359	0.049	0.029	0.009	0.007	5.444	
2	329	0.046	0.025	0.007	0.008	6.571	
3	478	0.024	0.019	0.008	0.009	3	
5－way clustering						I/E 增长量	1.176
Cluster	Size	ISim	ISdev	ESim	ESdev		
0	169	0.166	0.104	0.014	0.009	11.857	7.607
1	204	0.075	0.047	0.01	0.008	7.5	
2	308	0.052	0.034	0.009	0.008	5.778	
3	314	0.049	0.025	0.01	0.007	4.9	
4	349	0.024	0.02	0.003	0.005	8	
6－way clustering						I/E 增长量	1.118
Cluster	Size	ISim	ISdev	ESim	ESdev		
0	194	0.143	0.091	0.013	0.009	11	8.508
1	136	0.079	0.053	0.006	0.005	13.167	
2	178	0.067	0.031	0.006	0.006	11.167	
3	211	0.06	0.038	0.011	0.008	5.455	
4	285	0.056	0.031	0.011	0.007	5.091	
5	340	0.031	0.031	0.006	0.007	5.167	

续表

7 - way clustering						I/E 增长量	1.011
Cluster	Size	ISim	ISdev	ESim	ESdev		
0	174	0.168	0.098	0.014	0.009	12	8.599
1	186	0.088	0.054	0.009	0.006	9.778	
2	181	0.089	0.054	0.01	0.008	8.9	
3	154	0.073	0.041	0.007	0.005	10.429	
4	217	0.073	0.038	0.012	0.008	6.083	
5	152	0.054	0.026	0.009	0.007	6	
6	280	0.021	0.02	0.003	0.005	7	
8 - way clustering						I/E 增长量	1.093
Cluster	Size	ISim	ISdev	ESim	ESdev		
0	156	0.188	0.112	0.015	0.009	12.533	9.396
1	134	0.13	0.072	0.011	0.009	11.818	
2	146	0.103	0.047	0.007	0.006	14.714	
3	161	0.104	0.062	0.01	0.006	10.4	
4	164	0.087	0.054	0.012	0.009	7.25	
5	126	0.06	0.027	0.008	0.006	7.5	
6	164	0.057	0.025	0.01	0.007	5.7	
7	293	0.021	0.018	0.004	0.007	5.25	
9 - way clustering						I/E 增长量	1.084
Cluster	Size	ISim	ISdev	ESim	ESdev		
0	127	0.124	0.053	0.007	0.006	17.714	10.183
1	140	0.12	0.069	0.01	0.007	12	
2	151	0.113	0.062	0.01	0.008	11.3	
3	134	0.112	0.058	0.014	0.009	8	
4	127	0.088	0.041	0.012	0.008	7.333	
5	162	0.065	0.028	0.005	0.005	13	
6	251	0.067	0.075	0.009	0.012	7.444	
7	128	0.062	0.033	0.007	0.006	8.857	
8	124	0.054	0.025	0.009	0.007	6	

续表

10 - way clustering						I/E 增长量	1.003
Cluster	Size	ISim	ISdev	ESim	ESdev		
0	131	0.239	0.124	0.017	0.01	14.059	10.214
1	108	0.14	0.063	0.007	0.006	20	
2	109	0.132	0.079	0.014	0.009	9.429	
3	109	0.118	0.054	0.012	0.011	9.833	
4	164	0.113	0.057	0.012	0.007	9.417	
5	95	0.09	0.048	0.011	0.007	8.182	
6	137	0.076	0.033	0.006	0.005	12.667	
7	143	0.069	0.035	0.01	0.008	6.9	
8	127	0.055	0.023	0.007	0.006	7.857	
9	221	0.019	0.018	0.005	0.007	3.8	

同样按照选择 I/E 增长量最大的原则，选择聚 4 类，此时 I/E 增长量为 1.41。

综上三种方法的判断结果，可以基本确定，宏观层面上聚为 4 簇是对文献集的最好划分，在凸显子簇的微观层面上可以考虑聚为 8 簇。聚类和检索不同的是，聚类不能丢弃相关性较小的对象，以提高簇内相似度，只能进一步细化分类。

3. 最佳聚类结果分析

通过以上的比较，选择 RB - I2 方案下的聚类结果加以分析，同时与特征列修剪以后的数据聚类作对比。修剪阈值选择 0.5，即只取频次前 50% 的关键词构建文档空间。相当于删掉了低频关键词以后对文献聚类，可能导致一些小的研究主题的消失。

首先是聚类图的比较（图 5 - 4）。图中第一行是聚为 4 簇的结果（图 5 - 4 左上）以及相应的修剪特征 50% 以后的结果图（图 5 - 4 右上）；第二行是聚为 8 簇的结果（图 5 - 4 左下）以及相应的修剪特征 50% 以后的结果图（图 5 - 4 右下）。

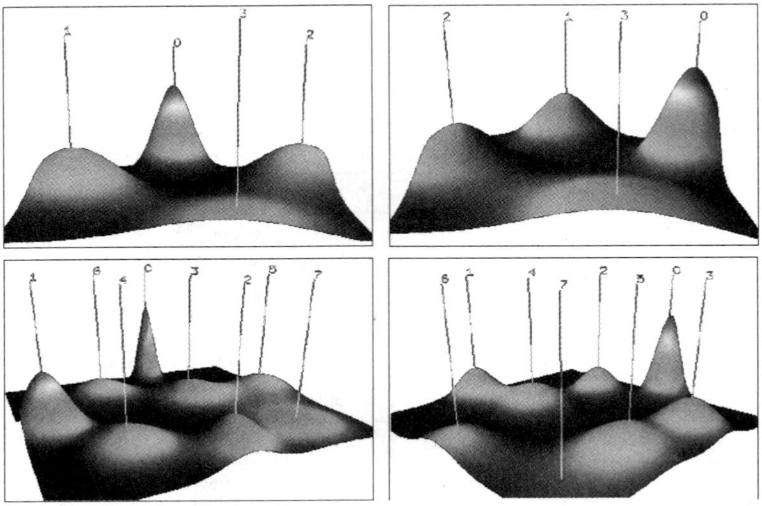

完整向量聚类　　　　修剪 50% 的向量聚类

图 5－4　修剪前后的聚类山丘图比较

从图 5－4 第一行修剪前后聚类山丘图共同说明，聚为 4 簇时只有一簇相似度较高，主要由高频特征词（前 50%）所决定，因为修剪后对簇的影响不大。从图 5－4 第二行修剪前后聚类山丘图比较可见，修剪前有两簇的相似度是比较高的，但修剪后只剩一簇，而且部分小簇变得更加平缓，如第 7 簇。这说明当进一步细化文献主题簇的时候，低频特征词（后 50%）的作用是不能忽略的，它们中的部分仍然可以形成相对独立和明显的研究主题，不能简单地剔除或忽略，以上比较也显示了长尾理论对主题研究的指导意义。

其次是簇特征词的比较，包括描述特征词和区别特征词。既然已经从图中看得出修剪后失去或削弱一些研究主题（聚类），因此下面只分析未修剪的数据聚类结果的特征词。表 5－5 和表 5－6 分别是聚为 4 簇和 8 簇的描述词和区别词。

表 5－5　　　　概率统计学科文献聚 4 簇的特征描述

Descriptive & Descriminating Features				
Cluster 0　Size：223　ISim：0. 108　ESim：0. 012				
Descriptive	贝叶斯 17. 70%	损失函数 2. 30%	屏蔽数据 1. 80%	MCMC 1. 70%
Descriminating	贝叶斯 9. 80%	损失函数 1. 40%	屏蔽数据 1. 00%	可靠性 1. 00%
Cluster 1　Size：334　ISim：0. 053　ESim：0. 009				
Descriptive	时间序列 5. 60%	预测 4. 40%	回归分析 3. 00%	支持向量机 2. 10%
Descriminating	贝叶斯 3. 00%	时间序列 2. 90%	预测 2. 50%	自回归模型 1. 20%
Cluster 2　Size：350　ISim：0. 046　ESim：0. 009				
Descriptive	参数估计 2. 90%	收敛速度 2. 30%	置信区间 1. 90%	完全收敛 1. 90%
Descriminating	贝叶斯 2. 90%	收敛速度 1. 30%	完全收敛 1. 30%	时间序列 1. 30%
Cluster 3　Size：437　ISim：0. 025　ESim：0. 006				
Descriptive	可靠性 5. 90%	马尔可夫过程 2. 20%	MARKOV 1. 60%	冷贮备 1. 50%
Descriminating	贝叶斯 2. 80%	可靠性 2. 70%	马尔可夫过程 1. 30%	时间序列 0. 90%

表 5－5 中第 0 簇的 4 个描述特征词和区别特征词中有 3 个是相同的，最主要的是“贝叶斯”，对簇内相似度的贡献为 17. 70%，区别度为 9. 8%，明显大于后面 3 个词的相应比例。贝叶斯思想作为统计学的一支重要的学术流派，对统计学自身的发展和应用有着举足轻重的影响，据此而形成的估计、算法、模型等数不胜数，因此对第 0 簇的主题摘要是比较困难的，即使结合后面 3 个词，也不能具体描述清楚，只能认为是以贝叶斯思想或方法为基础的相关研究和应用。第 1 簇以“时间序列”为最主要的描述词，贡献率为 5. 6%，比例偏小，但是和另外 3 个主要描述词一起也可以说明其代表性，即主要研究“时间序列”，以及基于时间序列的“预测”和“自回归模型”的建立和应用。第 2 簇以“参数估计”为主要的描述特征词，贡献比例更小，仅为 2. 90%，

和“收敛速度”、“置信区间”和“完全收敛”一起能体现该簇以参数估计为主要的研究主题。第 3 簇中的文献是最多的，但主要描述词“可靠性”的贡献率也只有 5.90%，说明该簇研究主题更加分散。结合“马尔可夫过程”、“MARKOV”和“冷贮备”，可以推断研究系统的“可靠性”和随机过程是该簇主要的研究内容。

经过以上的分析，可以简单推断 4 簇的主要研究主题分别为“基于贝叶斯的相关统计决策研究”、“基于时间序列分析的自回归模型和预测相关研究”、“模型参数估计与置信区间相关研究”和“随机过程与系统可靠性分析相关研究”。但也发现，聚类过少，区别度不高，导致一些簇的主题杂乱，没有明显的描述特征词和区别词。以下我们对聚 8 类的结果进行比较分析。

表 5－6　　**概率统计学科文献聚 8 簇的特征描述**

Descriptive & Descriminating Features				
Cluster 0　Size：59　ISim：0.256　ESim：0.005				
Descriptive	完全收敛 11.50%	加权和 9.20%	强大数定律 8.20%	Φ 混合 5.60%
Descriminating	完全收敛 6.10%	加权和 4.80%	强大数定律 4.00%	Φ 混合 2.90%
Cluster 1　Size：170　ISim：0.164　ESim：0.014				
Descriptive	贝叶斯 19.20%	损失函数 2.50%	屏蔽数据 2.10%	MCMC 1.90%
Descriminating	贝叶斯 10.50%	损失函数 1.40%	屏蔽数据 1.20%	MCMC 1.10%
Cluster 2　Size：130　ISim：0.095　ESim：0.011				
Descriptive	回归分析 8.70%	主成分分析 4.80%	偏最小二乘回归 2.90%	自变量 2.40%
Descriminating	回归分析 4.30%	贝叶斯 2.90%	主成分分析 2.60%	偏最小二乘回归 1.80%
Cluster 3　Size：207　ISim：0.076　ESim：0.009				
Descriptive	时间序列 9.20%	预测 6.90%	自回归模型 3.40%	马尔可夫链 2.70%
Descriminating	时间序列 4.70%	预测 3.60%	贝叶斯 2.50%	自回归模型 1.90%

续表

Cluster 4	Size: 193	ISim: 0.071	ESim: 0.012	
Descriptive	参数估计 6.30%	置信区间 3.40%	经验似然 3.00%	BOOTSTRAP 2.20%
Descriminating	参数估计 3.40%	贝叶斯 2.60%	经验似然 1.80%	置信区间 1.40%
Cluster 5	Size: 159	ISim: 0.061	ESim: 0.005	
Descriptive	随机微分方程 3.70%	破产概率 3.00%	泊松分布 2.80%	伊藤公式 2.70%
Descriminating	贝叶斯 2.40%	随机微分方程 2.10%	破产概率 1.60%	布朗运动 1.50%
Cluster 6	Size: 160	ISim: 0.066	ESim: 0.010	
Descriptive	收敛速度 6.80%	渐近最优 3.70%	经验贝叶斯检验 2.80%	渐近正态 2.30%
Descriminating	收敛速度 4.00%	渐近最优 2.30%	贝叶斯 2.20%	经验贝叶斯检验 1.70%
Cluster 7	Size: 266	ISim: 0.036	ESim: 0.006	
Descriptive	可靠性 9.80%	马尔可夫过程 3.70%	补充变量 2.60%	冷贮备 2.00%
Descriminating	可靠性 4.80%	贝叶斯 2.50%	马尔可夫过程 2.20%	补充变量 1.60%

从表 5 - 6 可见，8 簇中的第 1 簇、第 3 簇、第 4 簇和第 7 簇与聚为 4 簇的结果非常相似，但主要描述特征词的贡献率都提高了，事实上是对原有 4 簇的进一步精细划分，剔除了相似度较小的文献，因此体现了进一步聚类对主题的凸显意义。其余的 4 簇，相当于是分化出来的更小的主题群，凝聚性本来就不高。第 0 簇的描述词有“完全收敛”和“加权和”等，更多倾向于统计量的性质或随机变量矩的研究，相当于从 4 簇聚类中的第 2 簇分化出来的小簇。第 2 簇主要描述词有“回归分析”“主成分分析”等，主要是（多元）统计方法的应用研究。第 5 簇的主要描述词有“随机微分方程”和“破产概率”等，可以推测是统计学在金融工程领域的应用研究，事实上“伊藤公式”更有标志性。第 6 簇偏向于统计推断方面的理论与应用研究。

4. 实证Ⅰ总结

通过对CNKI数据库中概率论与数理统计学科的1344篇文献的聚类分析，首先确定了主题聚类的有效性，其次通过不同聚类数目的结果比较选择了对主题凸显有益的聚类，并根据描述特征词和区别词对各簇的主题进行了简单的总结。更重要的是从宏观和微观两个层面对数据的聚类比较，的确看到了聚类深化对主题的不断凸显能力，体现了深度聚类知识发现的实用价值。

（二）实证Ⅱ——以信息资源建设主题的检索文献集为例

考察新模型对资源检索文献集聚合的效果是本实证的主要目的，相对于学科文献资源的聚合而言，本实证主要面向资源二次组织和应用。之所以选择信息资源建设相关文献为对象，也是为了对前文中文献资源整合、集成和聚合等相关论断提供佐证。

1. 数据采集与整理

数据来源是CNKI数据库，以（资源 and 整合）or（资源 and 集成）or（资源 and 融合）or（资源 and 聚合）or（资源 and 集聚）为检索式，文献来源选择CSSCI，时间选择2000年以来，因为据前期相关考察，信息资源的整合集成等研究在2000年以后才渐成态势。截至2014年2月，共检索得到相关期刊文献2792篇，具体年代分布以及主要关键词的分布比较见表5－7。

表5－7中文献数的年份分布显示，2000年的相关文献只有11篇，处于起始阶段，然后不断增长，相关研究渐多，2009年可谓达到鼎盛，一年中相关文献有307篇，可是随后势头有所减弱。再看主要的检索词作为文献的关键词在各年的分布情况，整合和集成都随着文献数的年份分布在2009—2010年达到顶峰，趋势相当一致。而融合和聚合出现都较晚，相继出现而且数量都在不断增长，聚合的研究2013年一年占了全部的约40%。集聚的提法较少，检索结果中只有1次。从以上几个主要关键词频次随年份的发展变化来看，聚合和融合作为资源建设的新概念在不断补充或延伸整合和集成的内涵，或许不久的将来会成为信息

资源建设最主要的研究对象。和前文中数据融合研究较早的论述不同的是，这里的融合出现反而晚，原因是检索结果中未体现数据融合的相关研究。

表 5－7　　资源聚合检索文献集及主要关键词年度分布

年份	文献数	主要关键词					
		整合	集成	融合	聚合	集聚	小计
2000	11	2	2				4
2001	31	6	5				11
2002	84	17	5				22
2003	112	31	8				39
2004	138	47	9	3			59
2005	223	89	20	3	1		113
2006	251	82	19	1	1		103
2007	253	74	14	4	1		93
2008	289	77	22	1	3	1	104
2009	307	90	22	12	4		128
2010	299	74	26	13	4		117
2011	243	60	14	13	4		91
2012	270	53	17	23	2		95
2013	278	46	11	18	12		87
2014	3						0
合计	2792	748	194	91	32	1	1066

经过对关键词的整理以后，共得到相异关键词 6640 个，总词频达 13489 次。相当于构建了一个 6640 维的文档空间，每篇文档表示为一个 6640 维的 0—1 向量。篇词矩阵就是一个 2792 × 6640 维的矩阵。本实证中采用 CLSVSM 模型的简约形式（Top k 模型），根据特征值累积贡献率确定共现矩阵的维数。通过计算共现矩阵特征值，发现前 1082 个特征值的总贡献率已经达到 80%，因此选择了共现矩阵的 1082 维的

主子阵作为提取共现潜在语义信息的来源。然后根据 CLSVSM 方法构建新的文献表示向量进行聚类。

2. 主题分布与聚类数目的确定

文献聚类主要是基于主题的聚类，因此主体分布情况是聚类数目确定的主要依据。仍然采用 3 种方法来确定最佳聚类数。

（1）通过主题图方法判断最佳聚类数目

图 5－5 为频次较高的关键词共现图。根据高频关键词的共现图显示有 3 个相对紧致的关键词群，可以理解为 3 个相对明显的主题，剩余部分可能形成一个簇，因此辅助判断应聚为 3 个以上的簇才能凸显主题。

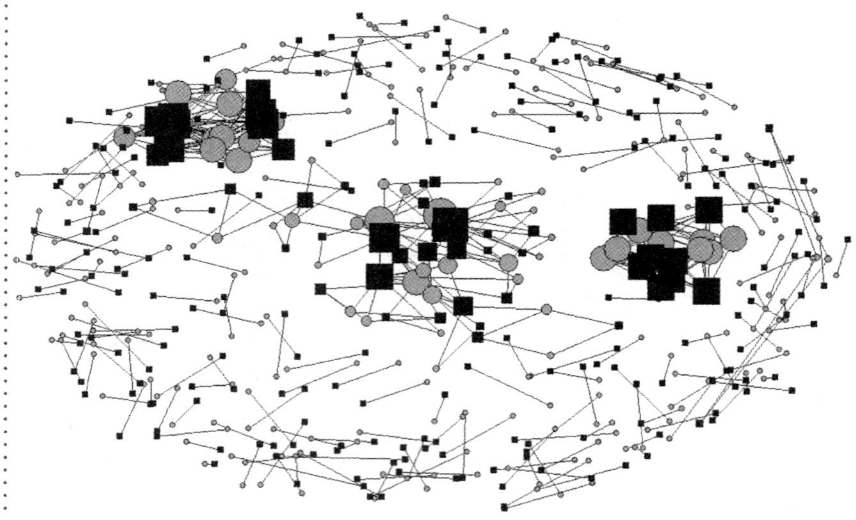

图 5－5　资源聚合检索文献集主要关键词共现关系图

（2）通过聚类山丘图判断最佳聚类数目

图 5－6 和图 5－7 分别是 RB－I2 和 D－I2 方案下不同聚类数目的聚类山丘图。

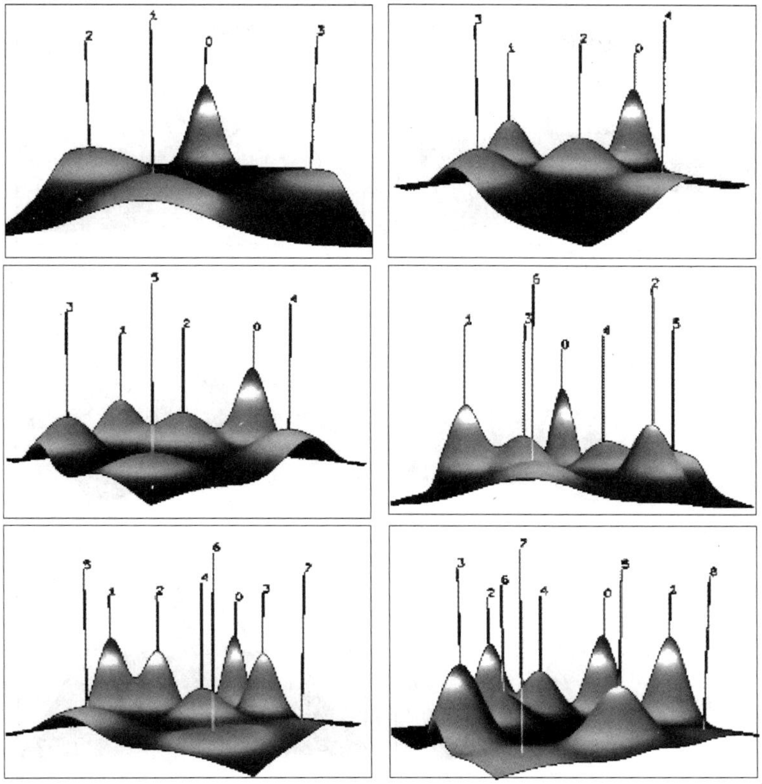

图 5－6　资源聚合检索文献集基于 RB－I2 方案的聚类山丘图组

从 RB－I2 方案下的聚类图 5－6（图中从上到下从左到右顺次列出了簇数从 4 到 9 的聚类山丘图）来看，聚成 4 簇的图像表现较好，因为 4 簇之间的区分是比较清晰的，而且第 0 簇的簇内相似度很高。一般来说簇内相似度是随着簇容量的减小而增大，因此在簇数较多的图中会有 3—6 个相似度较高的簇，在它们部分之间的相似性随之而增大的同时，部分紧致的小簇也会凸显，从上图中右下角的子图来看，6 簇或 7 簇也是一种不错的选择。

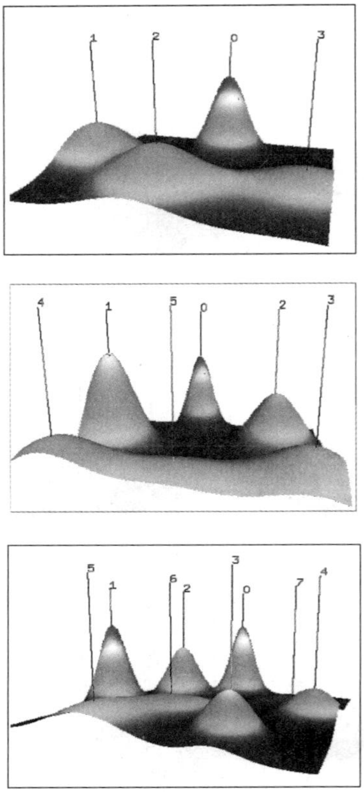

图 5－7　资源聚合检索文献集基于 D－I2 方案的聚类山丘图组

从 D－I2 方案下的聚类图 5－7 可见，聚 4 簇的时候界分还是比较清晰，但有 3 簇相似度不高；聚 5 簇的时候，第 0 簇和第 1 簇之间相似度过高；聚 6 簇可以清晰地分出其中 3 簇，剩下 3 簇内部和之间相似度都不高，相当于相关性不高的文献群，这是使 I/E 上升较快的主要原因；聚 7 簇的时候，有 5 簇相似度较高，其中第 1 簇和第 2 簇之间相似度过高；分 8 簇的时候有 5 簇凸显；分 9 簇的时候，第 4 簇和第 7 簇相似度高，第 2、5 和 6 簇相似度也很高，实际上相当于 6 簇的划分。更多的划分可能凸显更多的紧致小簇群，但也产生过多散落的簇群。此外，不同聚类下簇的颜色和山丘的高度都是相对的，不能相互之间比较。以下是聚 6 簇的主要描述词和区别词。

（3）通过 I/E 指标判断最佳聚类数目

表 5－8 和表 5－9 分别是 RB－I2 和 D－I2 方案下不同聚类数目的相似性特征值以及判别指标值。

表 5－8　　资源聚合检索文献集基于 RB－I2 方案聚类特征指标

2－way clustering						I/E 指标	平均 I/E
Cluster	Size	ISim	ISdev	ESim	ESdev		
0	1004	0.052	0.037	0.019	0.02	2.737	2.343
1	1788	0.037	0.029	0.019	0.016	1.948	
3－way clustering						I/E 增长量	1.097
Cluster	Size	ISim	ISdev	ESim	ESdev		
0	860	0.062	0.041	0.02	0.02	3.1	2.569
1	953	0.055	0.037	0.022	0.017	2.5	
2	979	0.04	0.037	0.019	0.019	2.106	
4－way clustering						I/E 增长量	1.232
Cluster	Size	ISim	ISdev	ESim	ESdev		
0	381	0.145	0.097	0.033	0.023	4.394	3.162
1	752	0.054	0.039	0.021	0.018	2.571	
2	990	0.055	0.037	0.022	0.015	2.5	
3	669	0.035	0.028	0.011	0.011	3.182	
5－way clustering						I/E 增长量	1.056
Cluster	Size	ISim	ISdev	ESim	ESdev		
0	392	0.138	0.095	0.033	0.023	4.182	3.340
1	446	0.088	0.061	0.026	0.017	3.385	
2	715	0.064	0.045	0.022	0.015	2.909	
3	580	0.059	0.042	0.02	0.018	2.95	
4	659	0.036	0.028	0.011	0.011	3.273	

续表

6 – way clustering						I/E 增长量	1.091
Cluster	Size	ISim	ISdev	ESim	ESdev		
0	381	0.141	0.096	0.033	0.023	4.273	3.644
1	452	0.089	0.059	0.026	0.017	3.423	
2	704	0.072	0.047	0.024	0.015	3	
3	363	0.068	0.057	0.021	0.019	3.238	
4	546	0.055	0.029	0.014	0.01	3.929	
5	346	0.036	0.046	0.009	0.012	4	
7 – way clustering						I/E 增长量	1.135
Cluster	Size	ISim	ISdev	ESim	ESdev		
0	322	0.177	0.105	0.036	0.023	4.917	4.136
1	307	0.125	0.088	0.028	0.02	4.464	
2	221	0.088	0.075	0.013	0.011	6.769	
3	422	0.079	0.046	0.025	0.016	3.16	
4	491	0.069	0.065	0.021	0.02	3.286	
5	523	0.056	0.031	0.013	0.009	4.308	
6	506	0.045	0.032	0.022	0.017	2.045	
8 – way clustering						I/E 增长量	1.013
Cluster	Size	ISim	ISdev	ESim	ESdev		
0	229	0.193	0.102	0.034	0.018	5.676	4.188
1	315	0.18	0.105	0.036	0.023	5	
2	316	0.152	0.089	0.03	0.017	5.067	
3	258	0.142	0.077	0.032	0.017	4.438	
4	281	0.074	0.055	0.023	0.018	3.217	
5	500	0.059	0.032	0.014	0.009	4.214	
6	389	0.035	0.041	0.009	0.011	3.889	
7	504	0.034	0.022	0.017	0.012	2	

续表

9 - way clustering						I/E 增长量	1. 172
Cluster	Size	ISim	ISdev	ESim	ESdev		
0	297	0. 195	0. 109	0. 037	0. 023	5. 270	
1	279	0. 185	0. 096	0. 033	0. 017	5. 606	
2	241	0. 174	0. 099	0. 032	0. 018	5. 438	
3	174	0. 125	0. 096	0. 014	0. 011	8. 929	
4	308	0. 116	0. 068	0. 028	0. 018	4. 143	4. 907
5	178	0. 088	0. 069	0. 015	0. 013	5. 867	
6	257	0. 083	0. 058	0. 024	0. 018	3. 458	
7	618	0. 038	0. 03	0. 011	0. 011	3. 455	
8	440	0. 034	0. 02	0. 017	0. 012	2	
10 - way clustering						I/E 增长量	1. 074
Cluster	Size	ISim	ISdev	ESim	ESdev		
0	230	0. 233	0. 106	0. 035	0. 018	6. 657	
1	272	0. 227	0. 111	0. 04	0. 022	5. 675	
2	147	0. 163	0. 112	0. 015	0. 012	10. 867	
3	241	0. 171	0. 099	0. 032	0. 018	5. 344	
4	256	0. 107	0. 072	0. 023	0. 019	4. 652	5. 272
5	168	0. 098	0. 073	0. 016	0. 013	6. 125	
6	311	0. 08	0. 044	0. 015	0. 01	5. 333	
7	239	0. 061	0. 033	0. 015	0. 01	4. 067	
8	486	0. 044	0. 039	0. 022	0. 021	2	
9	442	0. 034	0. 02	0. 017	0. 012	2	

随着簇数目的增长，ISim/ESim 的比值先增后减。根据 RB－I2 方案下聚类簇特征指标（见表 5－8），选择聚类成 4 簇时，簇内相似度与簇间相似度比值的增幅最大。

表 5－9　资源聚合检索文献集基于 D－I2 方案的聚类特征指标

2－way clustering						I/E 指标	平均 I/E
Cluster	Size	ISim	ISdev	ESim	ESdev		
0	1745	0.053	0.035	0.014	0.012	3.786	2.786
1	1047	0.025	0.021	0.014	0.014	1.786	
3－way clustering						I/E 增长量	0.925
Cluster	Size	ISim	ISdev	ESim	ESdev		
0	1080	0.058	0.038	0.022	0.015	2.636	2.577
1	966	0.05	0.041	0.018	0.022	2.778	
2	746	0.044	0.035	0.019	0.018	2.316	
4－way clustering						I/E 增长量	1.155
Cluster	Size	ISim	ISdev	ESim	ESdev		
0	488	0.114	0.077	0.031	0.022	3.678	2.975
1	789	0.057	0.042	0.021	0.015	2.714	
2	827	0.057	0.039	0.022	0.017	2.591	
3	688	0.035	0.028	0.012	0.011	2.917	
5－way clustering						I/E 增长量	1.093
Cluster	Size	ISim	ISdev	ESim	ESdev		
0	699	0.092	0.058	0.027	0.019	3.407	3.252
1	658	0.079	0.049	0.027	0.017	2.926	
2	431	0.069	0.048	0.018	0.017	3.833	
3	311	0.041	0.037	0.014	0.012	2.929	
4	693	0.038	0.029	0.012	0.013	3.167	
6－way clustering						I/E 增长量	1.267
Cluster	Size	ISim	ISdev	ESim	ESdev		
0	178	0.118	0.096	0.014	0.012	8.429	4.120
1	539	0.13	0.069	0.032	0.018	4.063	
2	356	0.078	0.06	0.022	0.019	3.545	
3	548	0.058	0.032	0.014	0.011	4.143	
4	575	0.059	0.05	0.022	0.021	2.682	
5	596	0.039	0.027	0.021	0.016	1.857	

续表

7 - way clustering						I/E 增长量	0.942
Cluster	Size	ISim	ISdev	ESim	ESdev		
0	313	0.14	0.087	0.03	0.02	4.667	3.880
1	406	0.125	0.078	0.033	0.02	3.788	
2	441	0.106	0.072	0.026	0.018	4.077	
3	293	0.063	0.055	0.012	0.011	5.25	
4	438	0.077	0.053	0.027	0.017	2.852	
5	522	0.057	0.032	0.014	0.01	4.071	
6	379	0.027	0.031	0.011	0.013	2.455	
8 - way clustering						I/E 增长量	1.145
Cluster	Size	ISim	ISdev	ESim	ESdev		
0	266	0.2	0.097	0.034	0.016	5.882	4.441
1	293	0.204	0.111	0.038	0.023	5.368	
2	324	0.143	0.073	0.034	0.017	4.206	
3	208	0.096	0.08	0.013	0.011	7.385	
4	221	0.07	0.055	0.016	0.012	4.375	
5	508	0.057	0.032	0.014	0.009	4.071	
6	558	0.047	0.041	0.021	0.019	2.238	
7	414	0.03	0.018	0.015	0.011	2	
9 - way clustering						I/E 增长量	1.043
Cluster	Size	ISim	ISdev	ESim	ESdev		
0	262	0.238	0.109	0.041	0.022	5.805	4.629
1	265	0.157	0.096	0.031	0.019	5.065	
2	174	0.125	0.096	0.014	0.012	8.929	
3	412	0.122	0.071	0.028	0.015	4.357	
4	345	0.103	0.062	0.028	0.017	3.679	
5	352	0.077	0.042	0.015	0.011	5.133	
6	211	0.062	0.036	0.014	0.011	4.429	
7	426	0.04	0.039	0.017	0.018	2.353	
8	345	0.023	0.013	0.012	0.009	1.917	

续表

10 - way clustering						I/E 增长量	1.071
Cluster	Size	ISim	ISdev	ESim	ESdev		
0	299	0.206	0.107	0.039	0.022	5.282	4.957
1	142	0.172	0.115	0.016	0.012	10.75	
2	224	0.133	0.081	0.026	0.019	5.115	
3	153	0.128	0.081	0.022	0.016	5.818	
4	333	0.122	0.071	0.029	0.016	4.207	
5	314	0.081	0.045	0.015	0.011	5.4	
6	422	0.083	0.075	0.022	0.021	3.773	
7	320	0.081	0.05	0.028	0.017	2.893	
8	229	0.065	0.033	0.015	0.009	4.333	
9	356	0.024	0.014	0.012	0.009	2	

根据 D - I2 方案下的聚类簇特征指标（见表 5 - 9），选择聚类成 6 簇，簇内相似度与簇间相似度比值的增幅最大。

综上三种判断结果，同实证 I 类似，选择宏观层面的 4 簇聚类和微观层面的 6 簇聚类。

3. 最佳聚类结果分析

选择聚 4 簇的结果和聚 6 簇的结果比较主要是证实深度聚合对主题的凸显能力。由于在实证 I 中已经说明修剪对聚类的影响，本节不再比较。重点比较两种聚类结果中描述特征词和区别性征词对主题的表现能力。表 5 - 10 为聚为 4 簇的特征，表 5 - 11 为聚为 6 簇的特征。

表 5 - 10 **资源聚合检索文献集聚 4 簇的特征描述**

Descriptive & Descriminating Features								
Cluster 0	Size: 381		ISim: 0.145		ESim: 0.033			
Descriptive	资源整合	44.90%	资源共享	2.50%	OPAC	1.90%	数字资源	1.20%
Descriminating	资源整合	36.00%	整合	3.20%	数字图书馆	3.10%	图书馆	1.90%

续表

Cluster 1	Size：752	ISim：0.054		ESim：0.021			
Descriptive	图书馆	16.40%	整合	13.60%	信息技术	2.80%	信息资源	2.40%
Descriminating	图书馆	9.90%	整合	9.50%	资源整合	7.10%	数字图书馆	6.10%
Cluster 2	Size：990	ISim：0.055		ESim：0.022				
Descriptive	数字图书馆	16.50%	信息服务	4.80%	信息资源	4.60%	高校图书馆	4.00%
Descriminating	数字图书馆	12.20%	资源整合	7.60%	图书馆	3.80%	信息服务	2.90%
Cluster 3	Size：669	ISim：0.035		ESim：0.011				
Descriptive	电视媒体	2.70%	新媒体	2.60%	传统媒体	2.00%	媒介融合	1.90%
Descriminating	数字图书馆	4.30%	资源整合	3.50%	图书馆	3.20%	信息资源	2.10%

从表 5－10 可见，簇内相似性最高的第 0 簇包括 381 篇文献，其中具有代表性的词有“资源整合”、“资源共享”、“OPAC”和“数字资源”，其中“资源整合”的描述性贡献最大，达到 44.9%，是该类的主要代表词，同时也是区别于其他簇的特征所在，区别能力达 36.0%。因此，第 0 簇可以认为是一般性信息资源整合的相关研究。第 1 簇以“图书馆”为主要的簇描述性词和区别词，可以认为主要是研究图书馆的资源整合，而第 2 簇更具体的研究数字图书馆的信息资源整合。至于 Cluster 3，由于代表性不强，可以认为不是研究的主流和热点，描述词说明其主要研究媒体和媒介，从区别词来看，与数字图书馆和图书馆关系也不远。

表 5－11　　**资源聚合检索文献集聚 6 簇的特征描述**

Descriptive & Descriminating Features				
Cluster 0　Size：381　ISim：0.141　ESim：0.033				
Descriptive：	资源整合 44.80%	资源共享 2.50%	OPAC 2.00%	数字资源 1.20%
Descriminating：	资源整合 35.50%	整合 3.20%	数字图书馆 3.00%	图书馆 1.90%
Cluster 1　Size：452　ISim：0.089　ESim：0.026				
Descriptive：	图书馆 27.30%	高校图书馆 9.80%	数字资源 2.90%	服务 2.90%
Descriminating：	图书馆 19.70%	高校图书馆 5.70%	资源整合 4.80%	数字图书馆 4.30%

续表

Cluster 2	Size：704 ISim：0.072 ESim：0.024			
Descriptive：	数字图书馆 21.60%	信息资源 5.70%	信息服务 4.90%	信息资源整合 3.60%
Descriminating：	数字图书馆 15.40%	资源整合 6.80%	图书馆 4.00%	整合 2.50%
Cluster 3	Size：363 ISim：0.068 ESim：0.021			
Descriptive：	整合 33.80%	信息技术 8.60%	信息资源 3.40%	共享 2.90%
Descriminating：	整合 23.00%	信息技术 6.40%	资源整合 6.20%	数字图书馆 4.20%
Cluster 4	Size：546 ISim：0.055 ESim：0.014			
Descriptive：	电视媒体 2.50%	新媒体 2.50%	传统媒体 1.90%	媒介融合 1.70%
Descriminating：	数字图书馆 4.40%	资源整合 3.70%	图书馆 3.30%	信息资源 2.20%
Cluster 5	Size：346 ISim：0.036 ESim：0.009			
Descriptive：	教育信息化 8.10%	远程教育 7.20%	教育技术理论 6.10%	学习资源建设 6.10%
Descriminating：	教育信息化 4.60%	远程教育 4.20%	教育技术理论 4.00%	学习资源建设 4.00%

将表 5－11 与表 5－10 相比较发现，聚成 6 簇以后的 C0（Cluster 0）和聚 4 簇的 C0 基本一样，说明该簇文献之间的相似性较高，主题集中度高。此外，聚 6 簇中的 C1、C2 和 C4，分别与聚 4 簇中的 C1、C2 和 C3 的首要描述词相同，但包含文献数量减少，相当于主题更加细化和集中。其中聚 6 簇中的 C1 更加凸显“高校图书馆”对“数字资源”整合的研究和服务，C4 描述词与聚 4 簇完全一致。剩下的两簇中，C3 的主要描述词为“整合”（贡献度为 33.8%）和“信息技术”等，代表着“信息资源”“整合”和技术研究的主题，而 C5 的主要描述词有“教育信息化”和“远程教育”等，是从教育的角度对研究信息资源的建设。可见聚 6 簇的结果更能凸显研究主题，特别是 C5，是很重要的一个研究支流，但是在聚 4 簇的时候因为数量小而被湮没。

4. 实证Ⅱ总结

不同簇的比较也是为了说明在不同尺度聚类下主题簇的凸显程度。通过实证Ⅱ，同样得出深度聚类提高了主题凸显的能力，再次说明聚合对知识发现的价值。

最后对以上聚类分析过程的实用意义示例说明。假如用于信息检索中，主要区别于传统检索的是对结果的分簇处理和呈现。比如检索"资源整合"，将首先返回第 0 簇的相关文献，如果再增加"图书馆"检索词，将首先返回第 1 簇的结果，然后是第 2 簇，第 3 簇的文献的相关性最小。当然这些要在相似性的计算基础上加以判断。

四　本章小结

本章首先就 CLSVSM 模型的应用思路做了简单分析。因为该模型可以视为 VSM 模型的语义增强模型，因此可以说凡是应用 VSM 的领域都可以应用 CLSVSM 模型，比如文献检索、文献分类和聚类等，当然也是文献聚合的重要模型。其拓展应用也包括对网络信息资源的聚合，文本信息的分析，因此对自然语言处理和机器学习的研究也有参考的价值。对模型的部分应用还处于理论研究阶段。

本章实证的目的是检验文献的主题聚类效果，文献聚类是文献聚合的重要过程。本章选择了两个数据集加以对比实证。对于聚类簇数目的选择采用三种方法综合判断：一是观察主题分布；二是观察聚类图；三是根据本书提出的 I/E 增长量指标判断。

实证Ⅰ通过对 CNKI 数据库中概率论与数理统计学科的 1344 篇文献的聚类分析，首先证实了主题聚类的有效性，其次通过不同簇数的聚类结果比较选择了对主题凸显有益的聚类，并根据描述特征词和区别词对各簇的主题进行了简单的分析。重要的是从宏观和微观两个层面对数据的聚类比较，的确看到了聚类深化对主题的凸显能力，体现了深度聚类知识发现的实用价值。实证Ⅱ，同样得出深度聚类提高了主题凸显的能力，也就再次说明聚合对知识发现的意义。

第六章　CLSVSM 模型的进一步研究

共现潜在语义向量空间模型（CLSVSM）通过对文献特征词的共现分析，挖掘文献特征词之间的潜在语义信息并应用于文献向量表示。与以往语义向量空间模型研究不同的是，该模型在抽取特征词潜在语义信息时摆脱了对本体、Wordnet、Hownet 等背景知识的过度依赖，通过语义补充实现了文本表示向量的语义平滑。从第四章的实验比较可以看出，相比文本向量表示的经典模型——向量空间模型（VSM）来说，CLSVSM 很大程度上提高了文本聚类的精度（实验数据为 CNKI 中三个学科的数据集，具体参看 4.4.1.2）。CLSVSM 模型是面对只有简单元数据（主要是关键词）高维表示的文献资源聚合而提出，是适应基于元数据的“大数据”文献检索和聚类的低成本方法。第三章已经提到过，对于小数据集的文献聚类可以采用较大数据集的共现关系作为潜在语义信息提取的知识背景，或者采用题目词加强共现关系；而且第四章的实验也证明了这些思考的可行性。

虽然前文的理论与实验均说明 CLSVSM 是面向文献聚类的相对较优的向量表示模型，但是仍然有一些问题需要进一步思考，还有不足尚待完善，比如：

（1）CLSVSM 的构建采用了最大共现信息作为共现潜在语义的估计，这是否会带来高估的问题，进而导致聚类精度下降呢？

（2）在前面的实验中我们采用的是中文文献数据集，那么 CLSVSM 模型对英文文献的适应性如何呢？是否与中文数据有同样的聚类效果？

（3）面对大量的文本数据，共词矩阵维数往往较高，所以 CLSVSM 模型的构建就会比较复杂，效率不高，是否可以通过降低共词矩阵的维度进而降低模型构建的复杂度？

（4）模型的维度较高且应用于聚类算法时有较高的计算复杂度，能否研究一种方法，使其在不降低聚类精度的情况下有效降低模型的维度和计算复杂度？

（5）在两两共现的基础上，进一步增加三元共现信息。

基于对以上问题的思考，本章对 CLSVSM 进行了多方面的分析和实验。第一节分别利用中位数、平均值和最小值对共现潜在语义进行估计，并与之前的最大值估计进行比较；第二节通过中英文文献的聚类比较，考察 CLSVSM 对英文的适应性；第三节根据第三章提到的约简思想构建了截尾向量空间模型（T－CLSVSM），因为关键词在文献集中出现频次越高越能凸显研究主题，所以我们选取在文献集中出现频次超过 1 次的关键词（舍弃在文献集中仅出现过 1 次的关键词）作为特征词生成共现强度矩阵进行共现信息补充，即进行共现信息补充时截去词频分布的长尾；第四节基于 CLSVSM 构建了 G－CLSVSM 和 CLSVSM－K 两种语义核。G－CLSVSM 是基于 GVSM 的思想而构建，可以进一步挖掘特征词的语义信息，实现了特征词之间同义信息的合并；CLSVSM－K 是基于 SVD 矩阵降维思想而构建的，在实现同义词合并的同时还降低了共现矩阵的维度；第五节提出三元共现的表示和提取方法，并将其应用于 CLSVSM，使共现语义信息充分体现，模型更加完善。

由于在第四章的实验中我们发现 CLSVSM-max 对数据集Ⅲ（CNKI 信息科学分类下的三个学科，具体参看第四章）的聚类效果最好，在本章中我们依旧采用该中文文献数据集，同时增加了英文数据集以作对比。

一　共现潜在语义的不同估计量对比研究

对共现潜在语义采用不同的估计量进行建模，并通过实验比较聚类效果。

（一）基于不同共现潜在语义估计量的模型构建

前文提出的 CLSVSM 模型相比 VSM 模型有很好的聚类准确性，熵值、纯度和 BF 值都一致地证明了这一点。其优势之处在于 CLSVSM 有效地提取了特征词之间的潜在语义，并在文档表示向量中得以适当补充。但是 CLSVSM 中为什么采用了最大共现信息，而不是最小的、平均的或者其他呢？

首先，采用最大的共现强度作为潜在共现语义的估计，出发点是最大可能挖掘文档之间的相似性，如果用于信息检索，可以提高查全率，这也是最自然的想法。我们将前述模型称为最大值模型（CLSVSM-max）。但这样会不会降低了信息检索的查准率呢？为了回答这个问题，以下利用最小值、平均值和中位数估计量构建了相应的共现潜在语义向量空间模型。

记号同第三章。当 $a_{ij}=0$ 时，记 $I_{i1}=\{j \mid a_{ij}=1\}$ 为文献 d_i 中所含特征词的指标集。然后分别用四个常用统计量 $\max\limits_{t\in I_{i1}}\{b_{jt}\}$ 、$\underset{t\in I_{i1}}{ave}\{b_{jt}\}$ 、$\min\limits_{t\in I_{i1}}\{b_{jt}\}$ 、$\underset{t\in I_{i1}}{med}\{b_{jt}\}$ 来估计特征词 t_j 与文献 d_i 中其他特征词的潜在共现信息，进而实现对布尔模型的补充，得到相应共现潜在语义向量空间模型的最大值模型（CLSVSM-max）、平均值模型（CLSVSM-ave）、最小值模型（CLSVSM-min）和中位数模型（CLSVSM-med）。

$$\varphi: d_i \mapsto \varphi(d_i) = \tilde{d}_i = (q_{i1}, q_{i2}, \cdots, q_{im}) \in \Re^m, (i = 1, 2, \cdots, n)$$

其中：

$$CLSVSM - \max: q_{ij} = \begin{cases} 1, & a_{ij} = 1, \\ \max\limits_{t\in I_{i1}}\{b_{jt}\}, & a_{ij} = 0, \max\limits_{t\in I_{i1}}\{b_{jt}\} \neq 0, \\ 0, & others. \end{cases}$$

$$CLSVSM - ave: q_{ij} = \begin{cases} 1, & a_{ij} = 1, \\ \underset{t\in I_{i1}}{ave}\{b_{jt}\}, & a_{ij} = 0, \underset{t\in I_{i1}}{ave}\{b_{jt}\} \neq 0, \\ 0, & others. \end{cases}$$

$$CLSVSM - \min : q_{ij} = \begin{cases} 1, & a_{ij} = 1, \\ \min\limits_{t \in I_{i1}} \{b_{jt}\}, & a_{ij} = 0, \min\limits_{t \in I_{i1}} \{b_{jt}\} \neq 0, \\ 0, & others. \end{cases}$$

$$CLSVSM - med : q_{ij} = \begin{cases} 1, & a_{ij} = 1, \\ \underset{t \in I_{i1}}{med} \{b_{jt}\}, & a_{ij} = 0, \underset{t \in I_{i1}}{med} \{b_{jt}\} \neq 0, \\ 0, & others. \end{cases}$$

仍然有 $0 \leqslant q_{ij} \leqslant 1$。当特征词 t_j 是文献 d_i 的特征词时 $q_{ij} = 1$；当文献 d_i 不包含特征词 t_j，且该文献中的其余特征词也与特征词 t_j 没有共现关系（即不存在潜在语义关系）时 $q_{ij} = 0$。

（二）基于不同共现潜在语义估计量的模型对比

实验数据集仍采用中文数据集Ⅲ，选择 D－I2 聚类算法，因为第四章实验结果显示在此算法下 CLSVSM 表现最好。首先进行尝试性试验，为了更好地体现差异，每种方法聚类 50 次，通过熵值和纯度进行比较，结果如表 6－1。

表 6－1　　**四种 CLSVSM 的聚类比较（一）**

	Entropy ↓			Purity ↑		
	最大值	最小值	平均值	最大值	最小值	平均值
min	0.737	0.54	0.602 ±0.043	0.799	0.6	0.76 ±0.04
ave	0.743	0.536*	0.594 ±0.045*	0.809*	0.62	0.769 ±0.039*
med	0.793	0.536*	0.596 ±0.053	0.809*	0.6	0.762 ±0.053
max	0.727	0.543	0.599 ±0.04	0.809	0.6	0.767 ±0.036

表 6－1 中的最优结果均在右上角用星号标出。从以上结果来看，ave 方法和 med 方法的熵值一致小，纯度一致大，聚类都好。进一步比较其平均值，发现 ave 方法比 med 方法更好一点，因为有更小的平均熵值和更大的平均纯度。

鉴于首次比较有好的表现，为了确保结论可靠，此后又做了三组试验，每组 50 次，并加入了第三个评价指标 BF 值。结果如表 6－2：

表 6－2　　**四种 CLSVSM 的聚类比较（二）**

组别	指标	min	ave	med	max
Ⅰ	E	0.618 ±0.05	0.597 ±0.036	0.603 ±0.062	0.594 ±0.042
	P	0.749 ±0.045	0.769 ±0.03	0.76 ±0.053	0.769 ±0.033
	F	0.757 ±0.042	0.777 ±0.029	0.767 ±0.051	0.776 ±0.031
Ⅱ	E	0.601 ±0.042	0.593 ±0.042	0.608 ±0.06	0.599 ±0.046
	P	0.765 ±0.033	0.768 ±0.041	0.758 ±0.053	0.765 ±0.042
	F	0.774 ±0.029	0.774 ±0.041	0.764 ±0.05	0.775 ±0.04
Ⅲ	E	0.604 ±0.041	0.597 ±0.038	0.59 ±0.035	0.589 ±0.046
	P	0.763 ±0.035	0.769 ±0.028	0.771 ±0.034	0.775 ±0.035
	F	0.771 ±0.033	0.776 ±0.026	0.778 ±0.034	0.782 ±0.032

从表 6－2 中的后三组结果来看，ave 表现仍然很好，但 max 的表现要更好，特别是第三组 max 的三个指标都表现最好，而另外两组 ave 均有两个指标表现最好。虽然最好的难以比较，但最差的似乎比较确定，那就是 min 方法总是最差的。

其实这种结果并不难解释。CLSVSM 提出的初衷是最大限度地挖掘共现潜在语义，因此补充较大的共现信息总比补充较小的共现信息要好。信息补充不足就接近于 VSM 的结果。这就是 CLSVSM 的优势所在。ave 和 med 受共现强度数据分布影响较大。如果词频分布分散，极差较大，那么中位数会小于均值。根据齐普夫定律，词频分布一般属于长尾分布，从而中位数小于平均值，因此在本实验中 med 方法表现不佳，接近于 min 方法。而同样基于长尾理论，均值往往接近最大值，因此 ave 方法的表现与 max 方法相差不大，而且 ave 方法更具有稳定性。

综上所述，CLSVSM 方法初衷即是挖掘最大潜在共现语义信息，因此 max 方法是首选。如果数据分布略为平缓，则 ave 方法就比较稳定。

二　CLSVSM 对英文文献的适应性研究

研究 CLSVSM 对英文文献的聚类效果，并与中文文献的聚类结果做比较，以便考察该模型的普适性。

（一）英文文献数据采集

英文文献集的获取首先通过检索 web of science 类别中信息科学与图书馆科学的所有年份按被引频次排序的前 1500 篇，被引次数相同的按系统自动排序为准，除去 292 篇没有关键词的文献，然后根据检索分析筛选出文献最多的前三个学科，由于我们进行的是硬聚类（一篇文献只对应一个类别），筛选时选取只属于 web of science 类别中一类的文献（即不用同时属于几个类别的文献），最终得到计算机科学信息系统（computer science information system）234 篇，管理（management）123 篇，计算机科学各学科间的应用（computer science interdisciplinary applications）54 篇，共计 411 篇文献。由于各学科间存在差异，因此关键词词频分布比较零散。经过整理知英文文献集的总词频为 3510，互异的关键词词频 1889，即文献集特征空间维数为 1889，平均词频 1.86。关键词出现的最大频次 44，最小频次 1，词频极差 43，稀疏程度（非零的比例）为 0.45%。

（二）CLSVSM 对中英文数据聚类的对比

本实验为了检验 CLSVSM 对英文文献聚类的适应性如何，同时对中英文文献下模型的效果进行了对比。为了更好地比较聚类算法的稳定性和差异性，尽可能排除随机误差，每种聚类方法重复 50 次，分别计算 50 次结果中各指标的最大值、最小值、平均值与标准差。仍然采用熵值（Entropy）、纯度（Purity）和 BF 值三个评价指标，用↓代表越小越好，↑代表越大越好。具体实验方案如下：

首先将共现潜在语义向量空间模型（CLSVSM-max）用于对英文文

献的学科聚类实验，然后与 VSM 的聚类结果进行比较。见表 6－3。

表 6－3　　CLSVSM 对英文文献的聚类结果

	Entropy ↓		Purity ↑		BF ↑	
	Minimum	Average	Maximum	Average	Maximum	Average
VSM	0.635	0.726 ±0.032	0.686	0.639 ±0.026	0.635	0.571 ±0.029
CLSVSM-max	0.579	0.587 ±0.007	0.725	0.721 ±0.007	0.725	0.681 ±0.014

通过表 6－3 数据可知，CLSVSM 在对英文文献的聚类实验中，三个指标都一致优于 VSM，具体 CLSVSM-max 比 VSM 熵值降低了 19.1%，纯度提高了 5.7%，BF 值提高了 14.2%。充分表明 CLSVSM 对英文文献聚类同样适用。

接着用四种 CLSVSM：最大值模型（CLSVSM-max）、最小值模型（CLSVSM-min）、平均值模型（CLSVSM-ave）和中位数模型（CLSVSM-med）对中英文文献的聚类结果进行了对比，结果见表 6－4。

表 6－4　　四种 CLSVSM 对中英文文献的聚类结果比较

组别	指标	CLSVSM-min	CLSVSM-ave	CLSVSM-med	CLSVSM-max
中文	E ↓	0.604 ±0.041	0.597 ±0.038	0.59 ±0.035	0.589 ±0.046
	P ↑	0.763 ±0.035	0.769 ±0.028	0.771 ±0.034	0.775 ±0.035
	F ↑	0.771 ±0.033	0.776 ±0.026	0.778 ±0.034	0.782 ±0.032
英文	E ↓	0.601 ±0.008	0.602 ±0.011	0.602 ±0.012	0.587 ±0.007
	P ↑	0.716 ±0.007	0.713 ±0.011	0.713 ±0.012	0.721 ±0.007
	F ↑	0.67 ±0.022	0.678 ±0.018	0.676 ±0.018	0.681 ±0.014

注：E 表示熵值（Entropy），P 表示纯度（Purity），F 表示 BF 值。

表 6－4 说明，在对中英文文献的聚类中都是用最大值模型（CLS-VSM-max）进行语义信息补充后的聚类效果最佳，而且四种模型在纯度（Purity）和 BF 值两个指标下中文文献的聚类结果比英文文献效果好。

这可能是文献集结构不同导致的，中文文献每个类的文献数量基本相同（约 300 篇），英文文献各个类间文献数量差异很大（第一类 234 篇，第二类 123 篇，第三类 54 篇），而一般聚类算法比较都是以数据类别分布大致平衡为前提的。

三　共现矩阵的约简研究

面对大量的文本数据，共词矩阵维数往往较高，进而影响了建模的效率。鉴于共现频次与共现词对各自的频次大致成正比，即高频词共现的次数就高，低频词共现的次数就低，因此可以考虑对共现矩阵约简，以降低维数。

（一）截尾共现潜在语义向量空间模型

一般来说文献集特征词的分布服从幂率分布，频率衰减很快，低频词非常多给共现潜在语义的挖掘带来了运算上的压力。事实上低频词的共现频次也不高，有效共现度（即与不含它的文献语义相关性）也很少，甚至没有。因此，可以舍去频次过低的特征词后，再进行共现分析，然后再应用于 CLSVSM 中，称之为截尾共现潜在语义向量空间模型（TCLSVSM）。

这种截尾的做法是相对于 Top k 而言。因为在特征词很多的情况下，取头可能信息损失太大，截尾是实际应用中较好的折中做法：既可以提高计算效率，又可以保留主要的共现信息。

此外，经过合理约简的共现矩阵也可以作为相应学科的基础共现矩阵来使用，从而获得学科内关键词之间稳定的共现潜在语义估计值，并可以对同一学科内不同文献集的主题聚类，比如采用学科主题词的共现作为该学科文献主题聚类的背景知识。

（二）共现矩阵约简前后的对比

用截尾共现潜在语义向量空间模型（TCLSVSM-max）和共现潜在

语义向量空间模型（CLSVSM）的四种算法对英文文献中的聚类结果进行比较，聚类结果见表6－5和表6－6：

表6－5　　TCLSVSM与CLVSM对比之熵值与纯度比较

	Entropy↓			Purity↑		
	Maximum	Minimum	Average	Maximum	Minimum	Average
CLSVSM-min	0.627	0.587	0.601±0.008	0.725	0.684	0.716±0.007
CLSVSM-ave	0.63	0.587	0.602±0.011	0.72	0.684	0.713±0.011
CLSVSM-med	0.63	0.586	0.602±0.012	0.723	0.684	0.713±0.012
CLSVSM-max	0.614	0.579	0.587±0.007	0.725	0.686	0.721±0.007
TCLSVSM-max	0.62	0.593	0.598±0.006	0.72	0.684	0.717±0.007

表6－6　　TCLSVSM与CLVSM对比之熵值与纯度比较F值的比较

	CLSVSM-min	CLSVSM-med	CLSVSM-ave	TCLSVSM-max	CLSVSM-max
F最大值	0.729	0.723	0.726	0.689	0.725
F标准差	0.022	0.018	0.018	0.004	0.014
F↑	0.67±0.022	0.676±0.018	0.678±0.018	0.68±0.004	0.681±0.014

通过表6－5、表6－6发现TCLSVSM-max聚类结果仅次于CLSVSM-max方法，但仍比CLSVSM的其他算法聚类效果好，而且显著降低了共现信息补充的运算成本。在本书所用的英文文献集中，共现信息补充的时间复杂度为$O(nm)$，其中n表示文献集中文献篇数，m表示互异的特征词数，且一般$m>>n$，截尾共现潜在语义向量空间模型可以有效地降低m的值，对本书所用的英文文献集截尾可使m由1889降到482，降低了74.48%，而频次比占到未截尾时的60%，保留了主要信息。所以当文献集很大时，TCLSVSM不失为一种好的文献向量表示模型。

四　共现潜在语义核研究

核函数方法早在 1964 年已被 Aizermann 等引入机器学习的领域。1992 年，Vapnik 等利用该技术成功地将线性的支持向量机（SVM）推广为非线性的 SVM。此后，核函数在文本分类中得到了成功的应用，也有研究将核函数的方法与聚类算法相结合。核方法将低维空间非线性可分的问题映射到高维空间，使其在高维空间变得线性可分，利用高维特征空间中的内积来对低维特征空间中的数据进行分类。核函数的引入避免了“维数灾难”，大大减小了计算量，而输入空间的维数对核函数矩阵并无影响。因此，核函数方法可以有效处理高维矩阵运算。语义核作为核函数的一种，其概念最早由 Siolas G 提出，并将其作为支持向量机方法中的基础核用于文本分类。用于文本分类或聚类时，语义核本质上是文本之间语义关系的一种度量，起到了平滑文本表示向量所含语义信息的作用。基于 CLSVSM 的语义核构建将有利于近一步提取特征词空间的潜在语义信息。本书分别以广义向量空间模型和潜在语义索引模型为理论基础，基于 CLSVSM 构建了相应的语义核。

（一）GCLSVSM

语义核的作用是对表示向量中的语义信息进行平滑处理。在第 2 章介绍了语义核的构造，GVSM 核的作用是对通过词共现关系对篇词矩阵中的语义信息进行平滑处理，然后再计算它们之间的相似性。本节采用广义向量空间模型的思路构造广义向量空间模型语义核（GVLSVSM）。

设 d_i, d_j 分别表示两文献的 VSM 表示向量，则根据 GVSM 核的定义，两文献的相似度计算式为：

$$Sim(d_i, d_j) = \frac{d_i G d'_j}{\sqrt{d_i G d'_i}\ \sqrt{d_j G d'_j}}. \qquad (6-1)$$

GVSM 模型由于采用了新的正交基表示文档空间，因此在计算上更加符合笛卡尔坐标系中的距离或相似性要求，进而聚类结果好于 VSM

模型的结果。

同理，对基于 CLSVSM 模型表示的文献向量 $\tilde{d}_i, \tilde{d}_j$ 之间的语义核可表示为：

$$k\ (\tilde{d}_i,\ \tilde{d}_j)\ = \tilde{d}\,A'A_i\,\tilde{d}_j$$

显然，由核函数构成的 Gram 矩阵 $G_{pq} = (\kappa(\tilde{d}_p, \tilde{d}_q))$ 是半正定的，因此满足核函数的条件[①]。在此核函数的作用下，基于新的 CLSVSM 模型表示的文献向量之间的相似度变为：

$$Sim\ (\tilde{d}_i,\ \tilde{d}_j)\ = \frac{\tilde{d}_i(A'A)\ \tilde{d}'_j}{\sqrt{\tilde{d}_i(A'A)\ \tilde{d}'_i}\sqrt{\tilde{d}_j(A'A)\ \tilde{d}'_j}} \qquad (6-2)$$

为了表述方便，基于 CLSVSM 模型的核方法就记为 GCLSVSM，该方法采用 GVSM 核对共现语义信息进行平滑处理，共现核的作用同样是消除关键词之间的同义和近义问题。两式中的分母都是对经过变换以后向量的标准化处理。GCLSVSM 模型在计算两文献的相似性时包含了特征词共现信息，充分展现了文献主题之间的关系，因此基于它的聚类结果应该好于 CLSVSM 方法。

（二）广义模型与原模型的实验对比

本实验主要考察基于新模型的核函数的作用，即对比文献采用传统 VSM 表示方法和采用 CLSVSM 表示方法分别在共现核函数作用下的聚类表现。如果有进步，说明新模型可以使用核方法继续优化。

实验依然采用第三个数据集，选用第四章提到的 D－I2 和 RB－I2 聚类方案（具体见 4.5.3），同一实验重复进行五次。D－I2 方案已被证实是比较好的，选择 RB－I2 是因为其在第 4 章第四轮实验中有不错的表现。结果见表 6－7。

---

① Cristianini N, Shawe-Taylor J, Lodhi H. Latent semantic kernels [J]. Journal of Intelligent Information Systems, 2002, 18 (2－3): 127－152.

表 6－7　**基于 GVLSVSM 聚类实验结果的熵值、纯度和 BF 值对比**

评价指标	GVSM				GCLSVSM			
	D－I2		RB－I2		D－I2		RB－I2	
	编号	Value	编号	Value	编号	Value	编号	Value
Entropy	S1	0.658	S6	0.700	S1	0.579	S6	0.607
	S2	0.759	S7	0.658	S2	0.584	S7	0.607
	S3	0.706	S8	0.751	S3	0.569	S8	0.607
	S4	0.674	S9	0.709	S4	0.583	S9	0.607
	S5	0.742	S10	0.693	S5	0.562	S10	0.604
	均值	0.708	均值	0.702●	均值	0.575▲	均值	0.606
	总平均值		0.705		总平均值		0.591	
Purity	S1	0.729	S6	0.693	S1	0.779	S6	0.770
	S2	0.669	S7	0.700	S2	0.776	S7	0.770
	S3	0.676	S8	0.605	S3	0.794	S8	0.770
	S4	0.679	S9	0.670	S4	0.786	S9	0.770
	S5	0.664	S10	0.684	S5	0.796	S10	0.772
	均值	0.683●	均值	0.670	均值	0.786▲	均值	0.770
	总平均值		0.677		总平均值		0.778	
BCubed Fmeasure	S1	0.739	S6	0.723	S1	0.79	S6	0.787
	S2	0.683	S7	0.730	S2	0.784	S7	0.787
	S3	0.698	S8	0.615	S3	0.795	S8	0.787
	S4	0.678	S9	0.681	S4	0.788	S9	0.787
	S5	0.689	S10	0.723	S5	0.798	S10	0.788
	均值	0.697●	均值	0.694	均值	0.791▲	均值	0.787
	总平均值		0.696		总平均值		0.789	

表 6－7 是聚类结果中三个指标的对比，表中均值是每种方法五次实验的平均值，总平均值是两种方案十次的平均值。▲表示各指标两种方法均值对比最好的结果。可见，GCLSVSM 方法的熵值、纯度和 BF 值都比 GVSM 方法的更优。再看聚类方案的不同对结果的影响。表 6－7 中显示，除了 RB－I2 方案下五次实验的平均熵值比 D－I2 方案好以外，其余结果都是 D－I2 方案较优。

对于 CLSVSM 模型和 GCLSVSM 模型的差异我们还可以进一步比较

聚类结果中各类的分布情况，选择三学科 CLSVSM 模型实验中的 S15（第四章）和 CLSVSM 模型实验中的 S5，结果见表 4－27。

表 6－8　**基于 CLSVSM 和 CLSGVSM 聚类结果的类分布比较**

CLSVSM，S15，Class Distribution					
Cluster	图情	档案	出版	簇合计	错误率
1	223	16	27	266	19.6%
2	8	242	17	267	
3	66	42	255	363	
CLSGVSM，S5，Class Distribution					
1	218	13	33	264	20.4%
2	13	245	16	274	
3	66	42	250	358	
类容量	297	300	299	896	/

从表 6－8 可见，聚类结果中相对原有类的分布相差不是很大，S15 结果中对图情和档案的分类正确率略有上升，但对出版的分类正确率却有所下降，总的错误率比 S5 低一点。这个结果说明 GCLSVSM 模型相对 CLSVSM 模型所能提高的空间非常有限，甚至没有。

综上可见，新的 GCLSVSM 模型比 GVSM 模型聚类效果提高 13% 以上，但是与 CLSVSM 的聚类效果相当，可能原因是 CLSVSM 模型对共现语义信息的挖掘已达到相当充分的程度。

（三）CLSVSM_ K

1. CLSVSM_ K 构建的理论基础

潜在语义分析（LSA）最早由 Deerwester 等在 1990 年提出，他们认为如果两个词多次出现在同一文档中，则这两个词在语义上就具有相似性。LSA 的核心技术是对“词—篇”矩阵进行奇异值分解（SVD），然后将原先高维的特征空间投影到前 k 个较大的特征值对应的 k 个特征向量张成的子空间实现同义词的合并和降维，潜在语义分析的关键是参

数值 k 的选择，在潜在语义分析中作者认为 k 可以根据具体“词—篇”矩阵中特征词的维数进行人为选取。

2. CLSVSM_ K 构建

根据 CLSVSM 得到新的“篇—词”矩阵记为：

$$Q=\begin{pmatrix} q_{11} & q_{12} & \cdots & q_{1,m-1} & q_{1,m} \\ q_{21} & q_{22} & \cdots & q_{2,m-1} & q_{2,m} \\ \vdots & \vdots & \ddots & \vdots & \vdots \\ q_{n-1,1} & q_{n-1,2} & \cdots & q_{n-1,m-1} & q_{n-1,m} \\ q_{n,1} & q_{n,2} & \cdots & q_{n,m-1} & q_{n,m} \end{pmatrix}=\begin{pmatrix} \varphi^{\mathrm{T}}(d_1) \\ \varphi^{\mathrm{T}}(d_2) \\ \vdots \\ \varphi^{\mathrm{T}}(d_{n-1}) \\ \varphi^{\mathrm{T}}(d_n) \end{pmatrix}$$

寻找相似度矩阵 S 是语义核函数构造的关键。受潜在语义分析思想的启发，我们做了如下探索：如果对“篇—词”矩阵 Q 的转置 Q^T（下文称其为“词—篇”矩阵）进行奇异值分解 $Q^T = U\sum V^T$，得到奇异矩阵 U 和 V（其中 U 和 V 都是正交矩阵）和矩阵 $\sum$（左上角对角线上的元素为所求得的奇异值，且按从大到小的顺序进行排列）。进而，特征词与特征词之间的相关性矩阵 Q^TQ 可做如下变形：$Q^TQ = U\sum V^TV\sum^T U^T = U\sum\sum^T U^T = U\Lambda U^T$。因此，奇异矩阵 U 是 Q^TQ 的正交单位特征向量组成的矩阵，矩阵 $\sum\sum^T = \Lambda$ 是矩阵 U 所对应的特征值组成的矩阵，所以 U 的行向量反映了“词—篇”矩阵 Q^T 中相应的特征词的信息，它们的权重就是相应的特征值。同理，奇异矩阵 V 也是文档与文档之间的相关性矩阵 Q^TQ 的正交单位特征向量构成的矩阵，它所对应的行向量就反映了“词—篇”矩阵 Q^T 中相对应的文本信息。如果我们选取前 k 个最大的奇异值（也即相当于选取了前 k 个最大的特征值），并且将它们与对应的 U 和 V 矩阵中的向量相乘，就能得到一个 Q^T 矩阵的 k 阶近似，即 $X_k^T = U_k\sum_k V_k^T$。通过对特征词矩阵的共现分析，可知矩阵 $U_kU_k^T$ 是经过特征压缩后的特征词之间的共现矩阵，其在降低特征词空间维数的同时实现了同义词的合并。因此我们给定相似性矩阵 $S = U_k^T = I_kU^T$，其中 I_k 为只有前 k 个对角线元素为 1 而其他值都为 0 的矩阵，即我们抽取了 U 的前 k 列，使得抽取的信息既能最大限度地解释特征词的信息，又能实现特征词空间的降维。所以，基于 CLSVSM 构建的语义核函数为：

$$k(d_i,d_j) = (U_k^T\varphi(d_i))^T(U_k{}^T\varphi(d_j)) = \varphi^T(d_i)U_kU_k^T\varphi(d_j)$$

以上语义核函数基于 CLSVSM 构建，所以我们简称其为 CLSVSM_ K。该语义核函数得到相一致的核矩阵为：

$$\hat{K} = QU_kU_k^TQ^T$$

所得核矩阵也可认为是文本与文本之间语义关系的相似性矩阵。

基于 CLSVSM 的语义核函数构建的关键是参数 k 的选取，选取不同的 k 值意味着对特征词信息不同程度的提取，聚类的结果也将会不同。本书在选取 k 值时，分别保证前 k 个特征值的和为所有特征值总和的 90%、95% 和 98%。基于 CLSVSM 的语义核构建不仅能够压缩文本特征空间的维度，避免了高维空间矩阵的运算，而且进一步挖掘了特征词之间的语义信息。

3. CLSVSM 与 CLSVSM_ K 的聚类结果对比

实验中，我们首先用 CLSVSM 得到新的“篇—词”矩阵，然后对“篇—词”矩阵的转置进行奇异值分解，最后用上述方法对 CLSVSM 进行语义核构建，得到 CLSVSM_ K 和相应的核矩阵。聚类时采用K-means 聚类方法，且选用 D－I2 方案。在构建 CLSVSM_ K 时，参数 k 的选取分别保证前 k 个特征值的和占特征值总和的 90%、95% 和 98%，构建的语义核函数在下表中分别简记为 90% CLSVSM_K、95% CLSVSM_ K和 98% CLSVSM_ K。用于比较的是基于线性核聚类结果，每一种模型我们都进行了 50 次的聚类，用所求得的熵值、纯度和 F 值三个指标的均值来评价聚类结果的好坏，比较结果如表 6－9。

表 6－9　**不同核方法的聚类比较**

	熵值↓	纯度↑	F 值↑	特征词空间的维数↓
CLSVSM	0.596 ±0.039	0.768 ±0.037	0.776 ±0.034	2509
线性核	0.571 ±0.016	0.791 ±0.014	0.795 ±0.009	2509

续表

	熵值↓	纯度↑	F 值↑	特征词空间的维数↓
90% CLSVSM_K	0.599 ±0.017	0.785 ±0.006	0.785 ±0.006	247 *
95% CLSVSM_K	0.571 ±0.043	0.801 ±0.004 *	0.798 ±0.004 *	356
98% CLSVSM_K	0.565 ±0.003 *	0.797 ±0.001	0.798 ±0.001 *	468

上表中的↓表示实验结果越小越好；相反，↑则表示实验结果越大越好。表中我们将实验的最优结果用星号 * 标出。由上表可以看出，当前 k 个特征值为特征值总和的 95% 和 98% 时，特征词空间有了明显的压缩；并且，聚类评价的各个指标显示结果均优于线性核函数和 CLSVSM。在比较分别提取 95% 和 98% 特征词信息而得的语义核函数的聚类结果时，将会发现提取 98% 的语义信息所得的核函数的纯度却小于提取语义信息为 95% 的，这是因为我们通过核函数对特征词的语义信息进行合并只是一种近似合并，因此出现这种误差也就不足为奇了。核函数的引入在加入共现信息的同时又避免了高维空间矩阵的运算，降低了聚类算法在时间和空间上的复杂度，提高了算法的性能。

五　三元共现的挖掘与利用研究

前文考虑的共词仅限于两两之间，三词共现或者更多词的共现也可以进一步挖掘和利用。根据共现理论，多词共现更能凸现主题相似性，因此理论上讲，在主题聚类中利用多词共现的信息能提高聚类的准确性。

国内冷伏海老师首次研究了三元共词①，并定义了稳定度和影响力对三元共词进行量化。与之相近的概念是三重共现，首次由庞弘燊和方

① 冷伏海、王林、李勇：《基于文献关键词的三元共词分析方法——以知识发现领域为例》，《情报学报》2011 年第 10 期。

曙①提出，指三个以上（含三个）相同类型或不同类型特征项共同出现的现象。本书沿用“元”的概念，将三词共现称为三元共词或三元共现。

（一）三元共现的表示

若篇—词矩阵仍记为 A，由前文知，两两词共现矩阵（词—词矩阵）可用矩阵乘法表示为 $C = A'A$。但是，若想研究三元共现，首要解决的是表示问题，表示二维关系的矩阵不再有效，或者说不能完整表示出所有的三元共现关系，需要在三维空间中表示，也为展示带来了不便。对三元以上的共现关系就不能在空间中展示出来。目前我们的研究只能给出三词共现的层表示，即其中任何一词与任意两词的三元共现矩阵表示。

定义 6－1（三元共现的层矩阵）给定文献集 D 及其篇词矩阵 $A = (a_{ij})_{n\times m}$，设 $\vec{t}_j$ 为篇—词矩阵 A 的第 j 列，则第 j 个词 t_j 与所有词对 (t_i, t_k) $(i, k = 1, 2, \cdots, m)$ 的共现称为三元共现的第 j 层，用矩阵表示为：

$$C_j^{(3)} \triangleq C^{(3)}(t_j) = A'diag(\vec{t}_j)A$$

其中，$diag(\vec{t}_j)$ 为对角矩阵，其对角元依次为 $\vec{t}_j$ 的分量。

示例如下，若

$$A = (t_1,\quad t_2,\quad t_3,\quad t_4,\quad t_5) = \begin{pmatrix} 1 & 1 & 1 & 0 & 1 \\ 0 & 1 & 1 & 1 & 0 \\ 1 & 0 & 0 & 0 & 1 \\ 1 & 1 & 0 & 1 & 1 \\ 1 & 1 & 1 & 1 & 0 \end{pmatrix}$$

则 $C_1^{(3)} \triangleq C^{(3)}(\vec{t}_1) = A'diag(\vec{t}_1)A = \begin{pmatrix} 4 & 3 & 2 & 2 & 3 \\ 3 & 3 & 2 & 2 & 2 \\ 2 & 2 & 2 & 1 & 1 \\ 2 & 2 & 1 & 2 & 1 \\ 3 & 2 & 1 & 1 & 3 \end{pmatrix}$ 为第一个词

① 庞弘燊、方曙：《基于多重共现的可视化分析工具设计及其知识发现方法研究》，《图书情报知识》2012 年第 2 期。

t_1 与其余各词对的三元共现次数矩阵。显然，该矩阵也为对角矩阵，我们只需关注左下或右上部分。比如第 2 行第 3 列 $C_1^{(3)}(2,3)=2$ 即为 t_1 、t_2 和 t_3 共现的次数。根据矩阵 A 容易验证是正确的，且这三个词同时出现在第 1 行（篇）和第 5 行（篇）中。对 C_1 来说，第 1 行和对角线上的元素列投影一致，意义也是平凡的，都退化为 t_1 与各个词的两两共现次数，$C_1^{(3)}(1,1)=4$ 为第 1 词的频次。

（二）三元共现强度的计算

记词 (t_i,t_j,t_k) 三元共现的频次为 c_{ijk} ，两两共现的频次分别为 c_{ij} 、c_{jk} 和 c_{ik} ，各自的频次分别为 c_i 、c_j 和 c_k ，而至少包含 (t_i,t_j,t_k) 三词之一的文献篇数为 $c_{i\cup j\cup k}$ ，则有

$$c_{i\cup j\cup k}=c_i+c_j+c_k-c_{ij}-c_{jk}-c_{ik}+c_{ijk}$$

从而

$$c_{ijk}=c_{i\cup j\cup k}-(c_i+c_j+c_k)+(c_{ij}+c_{jk}+c_{ik})$$

其中，$c_{i\cup j\cup k}$ 可由篇词矩阵 $A=(a_{ij})_{n\times m}$ 获得，进而可完成三元共现的频次的计算。

三元共现的强度通过对三元共现的频次的某种归一化得到。本书定义如下：

定义 6－2（三元共现的强度）给定文献集 D 的篇词矩阵 $A=(a_{ij})_{n\times m}$ 和两两共现矩阵 $C=(c_{ij})_{m\times m}$ ，定义任意三词 (t_i,t_j,t_k) 的三元共现强度 b_{ijk} 为：

$$b_{ijk}=\frac{c_{ijk}}{\sqrt[3]{c_{ij}c_{jk}c_{ik}}},\ i,j,k=1,2,\cdots,m$$

由于全部三元共现很难用对称的矩阵表示，因此，文中提到的共现矩阵在没有特殊说明下都指两两共现矩阵，或者称为二元共现矩阵。

（三）三元 CLSVSM

虽然对多元共现次数的表示比较困难，但是对给定的词—篇矩阵来说，通过程序提取其中的多元共现次数不难，甚至对三元以上的共现次

数也可以获得。一般来说多元共现的次数随着元数的增加会迅速降低，而且多元共现词组也会迅速减少，因此暂不考虑四元及以上的共现情形。

结合 CLSVSM 的构造原理，三元共现信息，相比两两共现信息，有更重要的潜在语义信息，也对文献主题聚类有更好的作用。因此，在用于 CLSVSM 时，考虑将两两共现信息和三元共现信息加权利用，且给三元共现信息更大的权重。

定义 6－3（三元 CLSVSM）给定文献集 D 及其篇词矩阵 $A = (a_{ij})_{n\times m}$，两两共现强度矩阵 $B = (b_{ij})_{m\times m}$，三元共现记为 $C^{(3)}$，其第 j 层三元共现矩阵为 $C_j^{(3)} = (c_{ijk})_{m\times m}$，相应第 j 层三元共现矩阵为 $B_j^{(3)} = (b_{ijk})_{m\times m}$，定义基于二元和三元共现潜在语义信息补充的文献向量空间表示模型为

$$\varphi(d_i) = \tilde{d}_i = (q_{i1}, q_{i2}, \cdots, q_{im}) \in R^m$$

其中，

$$q_{ij} = \begin{cases} 1, & a_{ij} = 1, \\ \max\limits_{t\in I_{i1}}\{b_{tj}\}, & a_{ij} = 0,\ \max\limits_{t\in I_{i1}}\{b_{tj}\} \neq 0,\ \max\limits_{t\neq r\in I_{i1}}\{b_{tjr}\} = 0 \\ \dfrac{1}{3}\max\limits_{t\in I_{i1}}\{b_{tj}\} + \dfrac{2}{3}\max\limits_{\substack{t\neq r \\ t\in I_{i1}, r\in I_{i1}}}\{c_{tjr}\}, & a_{ij} = 0,\ \max\limits_{t\in I_{i1}}\{b_{tj}\} \neq 0,\ \max\limits_{\substack{t\neq r \\ t\in I_{i1}, r\in I_{i1}}}\{b_{tjr}\} \neq 0 \\ 0, & others. \end{cases}$$

$I_{i1} = \{j \mid a_{ij} = 1\}$ 为所有 $a_{ij} = 1$ 的 j 的指标集。

（四）三元 CLSVSM 与 CLSVSM 的比较

仍采用数据集Ⅲ，共进行了 50 次聚类实验，其余参数同前实验。将实验结果与之前四次基于 CLSVSM 的聚类结果进行比较，其中 1、2、0 分别表示表 6－9、第六章第二节表 6－4 和第四章第六节表 4－23 的实验结果，CLSVSM3 是本节的实验结果，详见表 6－10。

表 6－10　　三元 CLSVSM 与 CLSVSM 聚类指标比较

	Entropy	Purity	BF 值
三元 CLSVSM	0.579 ±0.029	0.784 ±0.016	0.791 ±0.013
CLSVSM 1	0.596 ±0.039	0.768 ±0.037	0.776 ±0.034
CLSVSM 2	0.589 ±0.046	0.775 ±0.035	0.782 ±0.032
CLSVSM 3	0.587 ±0.031	0.774 ±0.028	0.779 ±0.029
CLSVSM 0	0.588 ±0.025	0.783 ±0.013	0.792 ±0.008

在三个聚类指标中，纯度值和 BF 值均是越接近 1 聚类效果越好，熵值越接近 0 聚类结果越准确。根据表 6－10，明显可见三元 CLSVSM 的纯度值和 BF 值均高于 CLSVSM（1－3），且熵值较低。进一步比较标准差，三元 CLSVSM 的各指标标准差均小于 CLSVSM 相应指标的标准差。CLSVSM0 的结果只作为参考，因为这个结果是 5 次实验的平均值，而其余实验是 50 次的平均。但是作为参考，也可以看出三元 CLSVSM 的熵值和纯度都有一定的优势。综上可见，引入三元共现信息后，三元 CLSVSM 的聚类结果又可以提高，而且结果稳定。

六　本章小结

共现潜在语义向量空间模型与向量空间模型相比很大程度上提高了中文文献主题聚类的精度，但前期研究尚不完整，还须进一步验证或改进。

针对模型维度较高、构建复杂度较大、研究的数据集只限于中文文献等问题，本章做了较全面的分析和实验，具体如下：

（1）采用不同的共现潜在语义信息的估计量，并进行了实验对比。最初提高的 CLSVSM 的核心是对共现潜在语义的最大值估计方法，以便最大可能地挖掘潜在语义。但这是否会引起高估的问题需要进一步实验。为检验其稳健性，本章分别用 $\max\limits_{t \in I_{i1}}\{b_{jt}\}$、$\underset{t \in I_{i1}}{ave}\{b_{jt}\}$、$\min\limits_{t \in I_{i1}}\{b_{jt}\}$、$\underset{t \in I_{i1}}{med}\{b_{jt}\}$ 四个统计量来估计特征词与文献中其他特征词的共现潜在语义相关性，进而实现对 VSM 的补充，得到共现潜在语义信息最大值模型（CLSVSM-max）、平均值模型（CLSVSM-ave）、最小值模型（CLSVSM-min）和中位数模型（CLSVSM-med）。然后将这些模型用于对中文文献的聚类实验中。结果显示基于 max 指标构建的模型实验结果较优，ave 方法次之，min 方法构建的模型实验结果最差。CLSVSM 方法提出的初衷是挖掘最大潜在共现语义信息，因此 max 方法是首选。如果数据分布较为平缓，则 ave 方法就比较稳定。

（2）模型对英文文献的适应性研究。对中英文文献的聚类结果进行了对比，发现 CLSVSM-max 在对中英文文献的聚类中都表现最佳；而四种算法对中文文献的聚类效果比英文文献效果好，可能是由于所用英文文献集类别分布不平衡所致。

（3）共现信息的约简。为了降低运算成本，本书提出了截尾共现潜在语义向量空间模型（TCLSVSM），并通过对英文文献聚类实验证实该方法不仅保证了聚类性能，而且能显著降低运算成本。因此挖掘潜在共现语义信息时，CLSVSM-max 方法是首选，文献集很大时可以用 TCLSVSM-max。

（4）基于 CLSVSM 的语义核构建。基于 CLSVSM 模型的语义核构建可以进一步挖掘特征词空间的潜在语义信息。GCLSVSM 的构建实现了特征词间同义词信息合并，CLSVSM_K 的构建同时又大大降低了特征词空间的维度。实验结果显示，GCLSVSM 的聚类结果比 GVSM 的有很大提高，但与 CLSVSM 的结果相当。这也说明了基于 CLSVSM 模型的聚类效果已经达到了采用 GVSM 核方法的优化水平，或者说新的 CLSVSM 模型对共现语义信息的提取已经达到了充分的程度。CLSVSM_K 大大地降低了算法的复杂度，实验结果表明该方法还具有良好的聚类效果。语义核是 CLSVSM 的主要优化方向。

（5）共现潜在语义的深度挖掘。在两两共现分析的基础上，研究了三元共现的表示、挖掘和利用。首先提出了三元共现的表示形式，然后将两两共现潜在语义和三元共现潜在语义加权引入 CLSVSM，得到新的 CLSVSM，称之为三元 CLSVSM。经实验比较，三元 CLSVSM 的聚类精度有所提高。鉴于实验数据集的限制，三元共词数量不多，所以聚类结果提高有限，但已经说明引入三元共现语义是有益的，这与冷伏海老师的研究结果是一致的。

（6）本章的实验结果比较如下：

下面对数据集Ⅲ的实验结果进行全面比较，只有截尾实验采用英文文献数据集。用前者优于后者的百分比表示差异程度，比如 CLSVSM/VSM 的熵值为 24.1%，表示 CLSVSM 模型相对于 VSM 模型熵值平均降低了 24.1%；纯度为 28.6%，表示 CLSVSM 模型相对于 VSM 模型纯度平均提高了 28.6%，并根据差异大小分为非常明显、明显、不明显三个水平，不明显的水平又分为相当、提高和降低来区分。

表 6-11　**新旧模型之两两比较与评价（二）**

比较之方法	Entropy	Purity	BCubed Fmeasure	差异
CLSVSM 0 / VSM	1 - 0.588/0.775 = 24.1%	0.783/0.609 - 1 = 28.6%	0.792/0.619 - 1 = 28.0%	非常明显
GVSM / VSM	1 - 0.702/0.775 = 9.4%	0.683/0.609 - 1 = 12.2%	0.697/0.619 - 1 = 12.6%	明显
CLSVSM 0 / GVSM	1 - 0.588/0.702 = 16.2%	0.783/0.683 - 1 = 14.6%	0.792/0.697 - 1 = 13.6%	明显
GCLSVSM / CLSVSM 0	1 - 0.575/0.588 = 2.2%	0.786/0.783 - 1 = 0.4%	0.791/0.792 - 1 = -0.1%	相当
GCLSVSM / GVSM	1 - 0.575/0.702 = 18.1%	0.786/0.683 - 1 = 15.1%	0.791/0.697 - 1 = 13.5%	明显
98% CLSVSM_K /CLSVSM 1	1 - 0.565/0.596 = 5.2%	0.797/0.768 - 1 = 3.8%	0.798/0.776 - 1 = 2.8%	提高
98% CLSVSM_K /线性核	1 - 0.565/0.571 = 1.6%	0.797/0.791 - 1 = 0.8%	0.798/0.795 - 1 = 0.4%	提高
CLSVSM 2 /CLSVSM_min	1 - 0.589/0.601 = 2.0 %	0.775/0.765 - 1 = 1.3%	0.782/0.774 - 1 = 1.0%	提高
CLSVSM 2 /CLSVSM_ave	1 - 0.589/0.597 = 1.3%	0.775/0.769 - 1 = 0.8%	0.782/0.777 - 1 = 0.6%	提高
CLSVSM 2 /CLSVSM_med	1 - 0.589/0.590 = 0.2%	0.775/0.771 - 1 = 0.5%	0.782/0.778 - 1 = 0.5%	提高
TCLSVSM / CLSVSM 4	1 - 0.598/0.587 = -1.9%	0.717/0.721 - 1 = -0.6%	0.68/0.725 - 1 = -6.2%	降低
三元 CLSVSM / CLSVSM 平均	1 - 0.579/0.591 = 2.0%	0.784/0.772 - 1 = 1.5%	0.791/0.779 - 1 = 1.5%	提高

表 6 - 11 依次是 CLSVSM 与 VSM 的比较（第 1 行）、广义核的比较（2—5 行）、语义核的比较（6—7 行）、基于不同估计统计量的模型比较（8—10 行）、截尾前后比较（第 11 行，采用英文文献数据），以及三元与二元的比较（第 12 行），其中 CLSVSM 是 CLSVSM-max 的简写形式。还需要说明的是，前 5 行的结果是承接第四章，采用 5 次实验的结果。而后面的实验都是 50 次的结果，其中 CLSVSM0、1、2、3、4 分别表示第四章第六节和第六章第四节、第二节、第五节及第三节的实验结果。对比可见，除了 CLSVSM 比 VSM 有非常明显的提高之外，比 GVSM 也有明显提高；其余语义核方法、max 估计和三元信息补充相对而言对模型都是有益的；只有截尾模型以精度换取了效率。

第七章　总结与展望

一　总结与启示

本书围绕数字文献资源的聚合，讨论了资源聚合的内涵和外延，丰富了资源聚合研究的内容；梳理了文献的向量表示模型和文献高维特征研究路线，在共现潜在语义的基础上提出了高维特征表示的数字文献资源聚合模型 CLSVSM，并通过实验检验；讨论了模型的应用，并对两个文献集进行实证；最后，根据应用中的问题，进一步优化和完善了模型。全文总结如下：

1. 拓展了信息资源聚合的概念和研究范畴

信息资源建设水平随着社会经济的发展不断提高：面对多元的数据形式，提出了数据融合的技术和方法；面对“多源”异构的数据，积极推动数据整合的研究；而面对大数据和数字文献为主要形式的时代特征，必然要以知识发现和知识服务作为资源建设的战略重点。因此，资源聚合的概念不仅涵盖了数据融合、资源整合，还要将聚合知识发现作为其使命。而且在时代的要求下，聚合知识发现将成为资源聚合的重中之重，真正实现聚合“归于整，理为序而求其真”的功能。当然数据融合和资源整合的工作并不会停止，一方面作为信息资源聚合的前期工作；另一方面也会不断向信息资源聚合一体化和智能化水平发展。

2. 在元数据层实现文献主题聚合的探索

考虑到基于全文对文献聚合常常受到资源使用权限的制约，而且一些中间环节容易产生冗余信息和错误信息，如分词不准确等，因此本书探索了在元数据层实现文献的主题聚合。元数据（主要是关键词）不仅能反映文献的重要主题，而且往往格式规范，获取容易，信息准确，还降低了资源使用和运行成本。从理论上讲基于关键词的文献聚合抓住了主要信息，聚合效果相比基于全文特征词及词频的结果相差不会太大，实验证明基于关键词的表示文献在新模型下的聚合效果比较理想。

3. 论述了文献属性特征的高维性并研究了文献表示模型

文献的属性是多元的，从不同属性都可以实现文献的聚合，相比之下本书更关注基于主题的聚合。文献的主题特征具有高维性，要实现按主题的聚合，首先要解决特征词的选择、文献的表示形式和相似性的计算等基本问题。以 VSM 为代表的文献向量表示方法，为信息检索、文本聚类和分类提供了很好的表示框架，其表示简单，应用方便，但也存在不合理之处。GVSM 通过空间升维解决了特征维度不完全正交情况下相似性的计算问题，使得向量空间模型应用更加广泛，并推动了核方法在文本处理和机器学习方面的研究。

4. 从语义核方法的视角对比了向量空间模型和语义向量空间模型

在 VSM 或 GVSM 的基础上，模型的改进似乎没有多大空间，更多的研究是与实践应用相结合，利用多样的已有知识或语义网中的语义信息，增强文献向量表示或者用于计算词间、词篇之间和文篇之间的语义相关性，进而实现文献检索、聚类和分类等目的。与此同时通过语料库的分析，如共现分析，来挖掘潜在语义信息，用于文献相似性的度量也成为主要的思路。不管是哪种思路都用到核方法，核方法可以挖掘相近特征词，起到语义平滑的作用。GVSM 方法实际上是核方法的最简单形式，而潜在语义核是潜在语义分析方法和核方法的结合，不仅起到了语义平滑的作用还降低了运算复杂度。虽然以往的实验表明 GVSM 模型在聚类效果上好于 VSM 模型，但是本书通过对比新模型 CLSVSM 以及其广义模型 CLSGVSM 的聚类效果，发现两者差异不大，因此可以认为在聚类应用中，GVSM 模型在 VSM 模型的基础上更好地提取了共现潜在语义信息，但不能得到比 VSM 模型更多的语义信息，而新模型之所以表现卓越，就在于其对主题语义信息的补充已经几乎完全体现了文献间的共现潜在语义信息。

5. 提出共现潜在语义信息的概念，并阐述了基本原理

共现关系蕴含着语义信息，而词语在不同文献中的共现规律可以凸显文献主题，这是共现潜在语义信息挖掘的前提。相关的研究也已证实，共现分析为潜在语义的发现提供了很好的方法，甚至有的工作是基于词语共现分析来建立本体。这充分说明通过共现分析获取潜在主题语义的可行性。同样是共现语义，本书中不仅关注词间的共现，还充分考虑了文献之间的通过词共现的潜在语义，这对文献间主题相似性的计算是非常有意义的。

6. 为实现基于潜在语义关联的文献聚类，从语义向量表示的角度构建了 CLSVSM 模型

从文献自身的特征（向量）和文献集全局特征（空间）两方面出发，在共现分析的基础上，给出了以特征词为代表的文献与所在文献空间中各维度的相似性计算方法，最终提出了新的语义增强的向量空间模型，称之为共现潜在语义向量空间模型，记为 CLSVSM。该模型不仅在表示形式上增强了语义信息，而且降低了表示向量的稀疏性。考虑到模型在应用中的相关问题，还提出了模型的简约、扩展等形式。同时为了消除特征词之间的同近义问题，参考 GVSM 的做法，提出了 CLSGVSM 模型。它与 CLSVSM 模型的关系，如同 GVSM 与 VSM 的关系，从计算上考虑是消除了向量空间的非正交性问题。但实验表明 CLSGVSM 模型的聚类效果并未好于 CLSVSM 模型，它所能做的已经体现在 CLSVSM 模型中了，因此在实证中仍然采用 CLSVSM 模型，以减少运算过程。

7. 对基于 CLSVSM 模型的聚类效果进行了比较完整的实验检验，结果明显比基于 VSM 模型和基于 GVSM 模型的聚类结果好

对两个数据集共进行了多轮对比实验，全面比较了新模型和 VSM 模型对文献主题信息的提取情况、模型聚类效果，以及受数据量的影响和共现语义信息增量的影响，还有结合 GVSM 核方法的效果。前三轮的实验都是对 G9 文献数据集进行，但结果显示新模型没有表现出很好

的效果，分析原因主要是原有分类的主题并不集中，因此造成了三个基于簇类对比的评价指标都没有很好的表现，所以在后两轮实验中采用了 CNKI 三个学科的数据集。第四轮实验采用第三个数据集对比了基于 CLSVSM 模型和 VSM 模型的聚类效果，结果显示新模型比传统模型有更好的聚类效果：熵值降低了 16%，纯度提高了 13%，特别是 BF 值提高了 27.9%。第五轮实验依然采用第三个数据集，检验了新模型采用 GVSM 核方法的效果，结果显示新的 CLSGVSM 模型比 GVSM 模型聚类效果提高 13% 以上。通过以上多轮对比实验，发现相比已有的 VSM 模型和 GVSM 模型，本书新提出的 CLSVSM 模型和 CLSGVSM 模型都有很大改进。

8. 对文理两个学科文献集进行实证分析

文献聚类是文献聚合的重要过程，实证的主要目的是检验基于新模型对文献深度聚类凸显文献集研究主题的能力。本章选择了两个数据集加以对比实证：一是理科应用型文献集；二是文科理论型文献集。对于聚类簇数目的选择采用三种方法综合判断：一是观察主题分布；二是聚类图；三是本书提出的 I/E 增长量指标。通过实证分析，首先验证了主题聚类的有效性；其次从宏观和微观两个层面对数据的聚类结果进行比较，的确看到了聚类深化对主题的凸显能力，体现了深度聚类知识发现的实用价值。

9. 基于应用中的反馈，对模型进行了进一步的研究

针对共现信息的估计量的稳健性、模型的可扩展性，以及共现矩阵维数过高、信息语义挖掘不足、计算效率不高等问题，对模型进行了一系列的完善、改进及相应的实验研究。结果显示，在一定程度上可以解决实际中的问题。比如采用信息约简和语义和来降低共现矩阵的维数，进而提高建模效率。

通过本研究也得到了一些重要的启示：其一，改进文献的表示方法也是有效提高文献聚合效果的重要突破口，不能单一依赖于算法的改进；其二，对文献相似度的计算也可采用潜在语义信息，这就可以节约构建显在语义的成本。

二　不足与展望

本着在信息资源聚合中减少对背景知识的依赖性，便于推广应用的宗旨，本书提出了基于文献集本身或者相关领域的共现信息而实现文献聚类的 CLSVSM 模型。目前针对文献或文本聚类问题，主要有两种解决思路：一种是文献表示模型的改进；另一种是算法的改进。传统的聚类算法对高维稀疏的向量聚类存在一些不足，一些新的算法也不尽完美，更主要的是聚类算法与数据本身的特征以及信息提取和表示密切相关，特别是在信息有限的情况下，聚类算法的优势也不能得到完美发挥，相比之下，信息的挖掘、提取和文献向量表示就尤为重要。在本书只限于元数据甚至只有特征词的前提下，文献的表示向量相比一般文本表示就表现得特别稀疏，面对这种情形聚类算法即使是“巧妇”也“难为无米之炊”，因此本书的重点突破是文献主题语义信息的提取、度量和文献向量新的表示方法。CLSVSM 模型就是在这种情形下提出的，而且通过实验证实基于 CLSVSM 的文献聚类表现比基于 VSM 模型和 GVSM 模型好很多。虽然实验取得了一定的成功，但仍存在不足：

（1）CLSVSM 模型很好地挖掘和利用了关键词之间的共现潜在语义相关性，但与依赖于显在语义计算的相似性相比如何，还需要进一步的考证。

GVSM 模型被认为能较好地利用特征词之间的共现语义关系，是对 VSM 模型的重大改进，而基于 CLSVSM 模型的聚类效果明显超越 GVSM 模型的结果，因此 CLSVSM 对潜在语义的利用率更高。同样是基于共现潜在语义，CLSVSM 模型之所以超越 GVSM 模型的可能原因之一是：在 CLSVSM 模型的表示中不仅体现了词与词之间的语义相关性，而且还补充了文献与词（特征维）之间的相似度。

基于显在语义的相似性计算直觉上是要更好，这些显在语义一般来源于本体或词表等，也被称为背景知识。但有研究发现这些知识背景也有不利的方面，比如信息冗余、关系陈旧等。那么基于显在的知识关联和基于潜在的语义关联究竟有多大差别，哪个是最好的，还需要进一步的比较和评价。但显然，知识背景受到领域的限制，而且在技术上还不成熟。

（2）CLSVSM 模型的性能还有待全面深入的实验考察。以有限的信息实现更好的聚类效果，而且不需要其他外部干预，完全自动化实现，这是模型构建的理想出发点。虽然真的实现了，但面对更大的数据集，现有的科技条件和计算能力能否承载得起需要在大型应用中检验。比如考虑带权重 CLSVSM，势必加大运算量。如果节约了一个环节的成本，而增加了另一环节的成本，这样的方法不能算是好的方法，自然不能推广应用。

对本书进一步研究的思考和展望如下：

（1）规范和指导对文献关键词的标注更能充分发挥 CLSVSM 模型的潜能，也有助于 CLSVSM 模型的推广应用。

基于文献关键词建立文献的表示向量为文献聚合节省了分词、选词等大量工作，也节约了时间。但是在实验和实证中发现，中文文献中对关键词的标注存在错误、全称与简称并存、中文与英文缩写并存等复杂情况。一来造成文档空间维度大幅升高，二来影响聚类的效果。虽然在第四章实验中即使没有排除这些复杂性也取得了很好的聚类效果，但是如果纠正关键词中的错别字，统一全称和简称、中文与英文缩写的问题，不仅可以降低计算复杂度，也可以提高聚类的效果，即降低熵值、提高纯度和 BF 值。

在文献较少的情况下，关键词数量不算太多，这可以通过人工排除关键词标注中的一些重复问题，实现降维。本书第五章实证部分就采用了人工处理的办法，统一了全称和简称，中文和英文缩写等现象，主要依据是个人知识和关键词相似性比较。但是过多的文献就会有更多的关键词，也就会造成更多的复杂性，因此在大型应用中还是建议依据词表做一些简单合并，比如“＊＊方”和“＊＊方法”之类，还有专有名词的统一，以及中英文的统一和英文大小写的统一等。若对同（近）义词做过多的合并，可能会造成信息扭曲。所以如果可以在源头规范关键词标注，该模型的应用就会更广泛。

（2）加强信息资源建设，共享建设成果，将有利于 CLSVSM 模型的改进和与检索系统等的融合应用。

信息资源聚合为信息资源建设提出了更高的要求：以实现知识发现和知识服务为目标。因此信息资源建设的重点要从资源向技术和服务转移，也许随着互联网技术的发展，国际标准的建立，从资源角度的整合集成将不再是研究的问题，而只是权限的问题。而目前部分资源建设的成果是以管理的名义被限制使用或有偿使用。如果我们可以共享建设成果，可能也就没有本书仅基于元数据对文献进行检索和聚类的研究。因此为了共享更多成果，从国家层面促进和加强信息资源建设就是非常必要的。至于未来的竞争，应该是服务重于资源。更开放的资源将提供更丰富的信息，就能使 CLSVSM 模型获取更多的语义，从而实现更好的服务，并将与检索系统、分类系统等共同发挥更大的作用。

此外，文献聚合的未来是否会实现内容的融合和重组，像化学反应中的聚合一样发生质变，形成新的知识，让我们拭目以待。知识应该是正确的，承载知识的信息应该是可信的。聚合如果以知识再造为最高理想，那至少要保证所聚合的资源是可信的。

参考文献

中文参考文献

[1] [美] Antoniou G. 、VanHarmelen F. :《语义网基础教程》，陈小平等译，机械工业出版社 2008 年版。

[2] [美] Jiawei Han、Micheline Kamber:《数据挖掘概念和技术》（原书第 2 版），范明、孟小峰译，机械工业出版社 2007 年版。

[3] 安亮军:《图书馆虚拟信息开发前景探索》，《内蒙古图书馆工作》2000 年第 3 期。

[4] 白国应:《中国文献分类学研究 50 年（1949—1999)》，《中国图书馆学报》1999 年第 5 期。

[5] 白国应:《中国文献分类学研究的方向、重点及热点》，《大学图书馆学报》1995 年第 2 期。

[6] 白秋产、金春霞、章慧、周海岩:《词共现文本主题聚类算法》，《计算机工程与科学》2013 年第 7 期。

[7] 常青:《文本挖掘挖掘知识》，《中国计算机用户》2004 年第 24 期。

[8] 陈建斌:《高维聚类知识发现关键技术研究与应用》，电子工业出版社 2009 年版。

[9] 崔雷:《专题文献高被引论文的连续同被引聚类分析》，《情报理论与实践》1996 年第 1 期。

[10] 崔雷:《专题文献高被引论文的时间分布与同被引聚类分析》,《情报学报》1995年第1期。
[11] 崔雷:《专题文献高频主题词的共词聚类分析》,《情报理论与实践》1996年第4期。
[12] 崔瑞琴、孟连生:《数字信息资源整合问题研究》,《图书情报工作》2007年第51(7)期。
[13] 窦天芳、姜爱蓉、陈武:《以Exlibris & Metalib为例谈整合检索的几个关键技术及应用》,《情报科学》2007年第8期。
[14] 杜晖:《基于耦合关系的学术信息资源深度聚合研究》,武汉大学,2013年。
[15] 杜小勇、马文峰:《数字资源整合:理论、方法与应用》,北京图书馆出版社2007年版。
[16] 方富贵:《数据仓库与数据挖掘探析》,《信息系统工程》2012年第9期。
[17] 盖杰、王怡、武港山:《潜在语义分析理论及其应用》,《计算机应用研究》2004年第3期。
[18] 耿骞、耿崇:《利用词语共现进行Ontology的概念获取》,《现代图书情报技术》2006年第2期。
[19] 郭志红:《元数据的多角度透视》,《图书馆》2002年第5期。
[20] 和亚丽:《基于高维空间的聚类技术研究》,中北大学,2005年。
[21] 贺德方等:《数字时代情报学理论与实践——从信息服务走向知识服务》,科学技术文献出版社2006年版。
[22] 贺玲、蔡益朝、杨征:《高维数据聚类方法综述》,《计算机应用研究》2010年第1期。
[23] 黄传慧、李娟:《我国图书馆数字资源整合研究》,《图书与情报》2009年第4期。
[24] 黄晓斌、夏明春:《数字资源整合研究的现状及发展方向》,《情报理论与实践》2005年第1期。
[25] 姜灵敏、马于涛:《信息资源聚合与数据挖掘》,华南理工大学出

版社 2007 年版。
[26] 姜灵敏：《信息资源聚合与数据挖掘》，华南理工大学出版社 2007 年版。
[27] 金燕：《网络信息资源整合研究》，《现代情报》2007 年第 7 期。
[28] 李冠军、陈雪松、徐建锁：《基于模式聚合理论的文本特征降维方法及其在文本分类中的应用》，《北京理工大学学报》2005 年第 12 期。
[29] 李金定：《叙词表、元数据与本体之间关系探究》，《图书馆学研究》2007 年第 8 期。
[30] 李伟、赵卫利、刘冠群、曹忠民：《知识库和知识发现技术在知识服务方面的应用》，《现代情报》2009 年第 7 期。
[31] 林鸿飞、马雅彬：《基于聚类的文本过滤模型》，《大连理工大学学报》2002 年第 2 期。
[32] 刘嘉：《元数据导论》，华艺出版社 2002 年版。
[33] 刘勘、周丽红、陈譞：《基于关键词的科技文献聚类研究》，《图书情报工作》2012 年第 4 期。
[34] 刘明辉、张志平、张新民：《网络资源聚合方法探析》，《机械管理开发》2008 年第 23（5）期。
[35] 栾芳芳、韩全惜：《图书馆数字资源整合方式比较调查分析》，《现代情报》2007 年第 12 期。
[36] 马文峰、杜小勇：《数字资源整合的发展趋势》，《图书情报工作》2007 年第 7 期。
[37] 马文峰：《数字资源整合研究》，《中国图书馆学报》2002 年第 4 期。
[38] 孟广均、徐引篪：《国外图书馆学情报学研究进展》，北京图书馆出版社 1999 年版。
[39] 聂茹、李政伟：《基于本体和语义网格的空间元数据管理研究》，《计算机工程与设计》2007 年第 28（8）期。
[40] 牛奉高、王菲菲、邱均平：《中国高等教育评价研究的主题及其

演变分析》,《重庆大学学报》(社会科学版)2013 年第 1 期。
[41] 潘薇:《“长尾理论”与图书馆学术信息资源聚合》,《图书情报工作》2010 年第 S2 期。
[42] 潘小蕊:《本体与元数据关系研究》,《图书情报论坛》2009 年第 2 期。
[43] 冷伏海、王林、李勇:《基于文献关键词的三元共词分析方法——以知识发现领域为例》,《情报学报》2011 年第 10 期。
[44] 庞弘燊、方曙:《基于多重共现的可视化分析工具设计及其知识发现方法研究》,《图书情报知识》2012 年第 2 期。
[45] 裴英博、刘晓霞:《文本分类中改进型 CHI 特征选择方法的研究》,《计算机工程与应用》2011 年第 4 期。
[46] 彭洁:《信息资源整合技术》,科学技术文献出版社 2008 年版。
[47] 邱均平、苏金燕:《我国竞争情报研究文献计量分析》,《情报科学》2008 年第 26(12)期。
[48] 邱均平:《信息计量学(五)第五讲 文献信息词频分布规律——齐普夫定律》,《情报理论与实践》2000 年第 5 期。
[49] 史忠植:《知识发现》,清华大学出版社 2011 年版。
[50] 宋殿霞、王艳、邹光辉:《空间数据挖掘聚类算法研究》,《滨州学院学报》2006 年第 6 期。
[51] 宋胜利、陈平、王少龙:《面向文本分类的中文文本语义表示方法》,《西安电子科技大学学报》2013 年第 2 期。
[52] 宋爽、张国栋:《国内外同构聚合检索系统比较研究》,《大学图书馆学报》2011 年第 5 期。
[53] 宋正德、魏震方:《云计算环境下信息资源的融合与集成》,《中国科技信息》2011 年第 24 期。
[54] 苏喻、郑诚、马中杰等:《基于语义的 VSM 模型改进》,《计算机应用与软件》2011 年第 28(8)期。
[55] 谭立云、高学东、武森:《数据挖掘方法与应用》,《华北科技学院学报》2004 年第 2 期。

[56] 唐明伟、卞艺杰、陶飞飞等：《基于领域本体的语义向量空间模型》，《情报学报》2011 年第 30（9）期。
[57] 田玉晶：《数字资源整合核心领域研究进展》，《农业图书情报学刊》2009 年第 3 期。
[58] 王菲菲：《基于计量分析的数字文献资源语义化研究》，武汉大学，2013 年。
[59] 王桂芝、王广亮：《改进的快速 DBSCAN 算法》，《计算机应用》2009 年第 9 期。
[60] 王花、古丽拉·阿东别克：《基于语料的哈萨克语词频统计研究》，《计算机工程》2010 年第 36（24）期。
[61] 王嘉良：《辉煌“浙军”的历史聚合：浙江新文学作家群整体透视》，中国社会科学出版社 2009 年版。
[62] 王金凤：《一种基于特征聚合理论和 LSI 的文本分类新方法》，《北京理工大学学报》（社会科学版）2004 年第 5 期。
[63] 王明春：《基于粗糙集的数据及文本挖掘方法研究》，天津大学博士学位论文，2005 年。
[64] 王薇：《基于关联数据的图书馆数字资源语义融合研究》，南京大学，2013 年。
[65] 王煜、王正欧：《基于模式聚合和决策树的文本分类规则抽取》，《情报科学》2006 年第 1 期。
[66] 王曰芬、宋爽、卢宁、朱烨：《共现分析在文本知识挖掘中的应用研究》，《中国图书馆学报》2007 年第 2 期。
[67] 维克托·迈尔－舍尔维恩、肯尼斯·库克耶：《大数据时代》，浙江人民出版社 2013 年版。
[68] 魏建香：《学科交叉知识发现及可视化》，南京大学出版社 2011 年版。
[69] 温德：《聚合营销：与“半人马”并驾齐驱：strategies for reaching the new hybird consumer》，中信出版社 2003 年版。
[70] 温有奎、焦玉英：《基于知识元的知识发现》，西安电子科技大学

出版社 2011 年版。
[71] 吴林静:《基于语义场模型的学科资源聚类及应用研究》, 华中师范大学, 2013 年。
[72] 夏翠娟:《数字图书馆的语义互操作及其实现》, 华东师范大学, 2005 年。
[73] 夏翠军:《整合检索系统发展概述》, 《图书与情报》2011 年第 5 期。
[74] 谢明霞:《高维数据聚类若干关键问题研究》, 解放军信息工程大学, 2011 年。
[75] 邢福义:《语言学概论》第 2 版, 华中师范大学出版社 2010 年版。
[76] 徐涛、杨国庆、陈松灿:《数据融合的概念、方法及应用》, 《南京航空航天大学学报》1995 年第 2 期。
[77] 杨尚森、李玉海:《数据挖掘中聚类分析算法性能探析》, 《计算机与数字工程》2007 年第 11 期。
[78] 姚清耘、刘功申、李翔:《基于向量空间模型的文本聚类算法》, 《计算机工程》2008 年第 18 期。
[79] 叶新明、徐进鸿:《中文文献自动分类研究》, 《情报科学》1992 年第 5 期。
[80] 叶新明:《中文文献自动分类研究概述》, 《情报理论与实践》1992 年第 5 期。
[81] 俞辉:《基于改进 LSA 的文档聚类算法》, 《小型微型计算机系统》2009 年第 17 (5) 期。
[82] 张殿玉:《多义名词的词义凸显与词项共现研究》, 《外语教学与研究》2005 年第 5 期。
[83] 张晓燕:《现代数据库技术》, 《现代情报》1997 年第 1 期。
[84] 张忠平、王爱杰、柴旭光:《简单有效的确定聚类数目算法》, 《计算机工程与应用》2009 年第 15 期。
[85] 郑建明:《数字文献资源的整合与服务——以江苏省高校文献资

源保障体系建设为原型的个案研究》，《大学图书馆学报》2007 年第 5 期。

[86] 郑小波、郑诚、尹莉莉：《基于 GVSM 的文本相似度算法研究》，《微型机与应用》2011 年第 3 期。

外文参考文献

[87] Aggarwal C C, Wolf J L, Yu P S, et al. Fast algorithms for projected clustering [C] //ACM SIGMOD Record. ACM, 1999, 28 (2): 61 - 72.

[88] Aggarwal C C, Yu P S. Finding generalized projected clusters in high dimensional spaces [M]. ACM, 2000.

[89] Agrawal R, Gehrke J, Gunopulos D, et al. Automatic subspace clustering of high dimensional data for data mining applications [M]. ACM, 1998.

[90] Amigó E, Gonzalo J, Artiles J, et al. A comparison of extrinsic clustering evaluation metrics based on formal constraints [J]. Information retrieval, 2009, 12 (4): 461 - 486.

[91] Ankerst M, Breunig M M, Kriegel H P, et al. OPTICS: ordering points to identify the clustering structure [J]. ACM SIGMOD Record, 1999, 28 (2): 49 - 60.

[92] Bagga A, Baldwin B. Algorithms for scoring coreference chains [C] //The first international conference on language resources and evaluation workshop on linguistics coreference. 1998, 1: 563 - 566.

[93] Bergamaschi S, Castano S, Vincini M, et al. Semantic integration of heterogeneous information sources [J]. Data & Knowledge Engineering, 2001, 36 (3): 215 - 249.

[94] Berry M W, Dumais S T, O'Brien G W. Using linear algebra for intelligent information retrieval [J]. SIAM review, 1995, 37 (4): 573 -

595.

[95] Bouma G. Normalized (pointwise) mutual information in collocation extraction [J]. Proceedings of GSCL, 2009: 31 - 40.

[96] Cristianini N, Shawe-Taylor J, Lodhi H. Latent semantic kernels [J]. Journal of Intelligent Information Systems, 2002, 18 (2 - 3): 127 - 152.

[97] Cutting D R, Karger D R, Pedersen J O, et al. Scatter/gather: A cluster-based approach to browsing large document collections [C] //Proceedings of the 15th annual international ACM SIGIR conference on Research and development in information retrieval. ACM, 1992: 318 - 329.

[98] Deerwester S C, Dumais S T, Landauer T K, et al. Indexing by latent semantic analysis [J]. JASIS, 1990, 41 (6): 391 - 407.

[99] Demrsrsa A P, Lamb N M, Rubin D B. Maximum likelihood from incomplete data via the EM algorithm [J]. Journal ofthe Royal Statistical Society. Series B (Methodological), 1977, 39 (1): 1 - 38.

[100] Dhillon I S. Co-clustering documents and words using bipartite spectral graph partitioning [C] //Proceedings of the seventh ACM SIGKDD international conference on Knowledge discovery and data mining. ACM, 2001: 269 - 274.

[101] Ding C H Q, He X, Zha H, et al. A min-max cut algorithm for graph partitioning and data clustering [C] //Data Mining, 2001. ICDM 2001, Proceedings IEEE International Conference on. IEEE, 2001: 107 - 114.

[102] Domeniconi C, Peng J, Yan B. Composite kernels for semi-supervised clustering [J]. Knowledge and information systems, 2011, 28 (1): 99 - 116.

[103] Dunn J C. A fuzzy relative of the ISODATA process and its use in detecting compact well-separated clusters [J]. Journal of Cybernetics,

1973, 3 (3): 32 - 57.

[104] Egozi O, Markovitch S, Gabrilovich E. Concept-based information retrieval using explicit semantic analysis [J]. ACM Transactions on Information Systems (TOIS), 2011, 29 (2): 8.

[105] Ester M, Kriegel H P, Sander J, et al. A density-based algorithm for discovering clusters in large spatial databases with noise [C] // KDD. 1996, 96: 226 - 231.

[106] Fang Y C, Parthasarathy S, Schwartz F. Schwartz. Using clustering to boost text classification. In Workshop on Text Mining (TextDM' 2001), San Jose, CA, 2001.

[107] Fang Y C, Parthasarathy S, Schwartz F. Using Clustering to Boost Text Classification [C] //Proc. of the IEEE ICDM Workshop on Text Mining. Maebashi City, Japan: [s. n.], 2002: 1 - 9.

[108] Feldman R, Dagan I. Knowledge Discovery in Textual Databases (KDT) [C] //KDD. 1995, 95: 112 - 117.

[109] Fisher D H. Knowledge acquisition via incremental conceptual clustering [J]. Machine learning, 1987, 2 (2): 139 - 172.

[110] Goil S, Nagesh H, Choudhary A. MAFIA: Efficient and scalable subspace clustering for very large data sets [C] //Proceedings of the 5th ACM SIGKDD International Conference on Knowledge Discovery and Data Mining. 1999: 443 - 452.

[111] Guha S, Rastogi R, Shim K. CURE: an efficient clustering algorithm for large databases [C] //ACM SIGMOD Record. ACM, 1998, 27 (2): 73 - 84.

[112] Guha S, Rastogi R, Shim K. ROCK: A robust clustering algorithm for categorical attributes [J]. Information systems, 2000, 25 (5): 345 - 366.

[113] Hansen M, Madnick S, Siegel M. Data integration using web services [M]. Springer Berlin Heidelberg, 2003: 165 - 182.

[114] Hatzivassiloglou V, Klavans J L, Holcombe M L, et al. Simfinder: A flexible clustering tool for summarization [C]. Proceedings of the NAACL Workshop on Automatic Summarizatio, 2001.

[115] Hendrickson B, Kolda T G. Partitioning rectangular and structurally unsymmetric sparse matrices for parallel processing [J]. SIAM Journal on Scientific Computing, 2000, 21 (6): 2048 -2072.

[116] Hinneburg A, Keim D A. An efficient approach to clustering in large multimedia databases with noise [C] //KDD. 1998, 98: 58 -65.

[117] Hotho A, Staab S, Stumme G, Wordnet improves text document clustering, in: Proceedings of the SIGIR 2003 Semantic Web Workshop, 2003: 541 -544.

[118] Huang Z. Extensions to the k-means algorithm for clustering large data sets with categorical values [J]. Data Mining and Knowledge Discovery, 1998, 2 (3): 283 -304.

[119] Joachims T. Text categorization with support vector machines: Learning with many relevant features [M]. Springer Berlin Heidelberg, 1998.

[120] Karypis G, Han E H, Kumar V. Chameleon: Hierarchical clustering using dynamic modeling [J]. Computer, 1999, 32 (8): 68 -75.

[121] Karypis M S G, Kumar V, Steinbach M. A comparison of document clustering techniques [C] //TextMining Workshop at KDD2000 (May 2000). 2000.

[122] Kaufman L, Rousseeuw P J. Finding groups in data. an introduction to cluster analysis [J]. Wiley Series in Probability and Mathematical Statistics. Applied Probability and Statistics, New York: Wiley, 1990.

[123] Kohonen T, Kaski S, Lagus K, et al. Self-organization of a massive document collection [J]. Neural Networks, IEEE Transactions on, 2000, 11 (3): 574 -585.

[124] Königer P, Janowitz K. Drowning in information, but thirsty for knowledge [J]. International Journal of Information Management, 1995, 15 (1): 5 – 16.

[125] Krishnapuram R, Keller J M. A possibilistic approach to clustering [J]. Fuzzy Systems, IEEE Transactions on, 1993, 1 (2): 98 – 110.

[126] Lee D D, Seung H S. Algorithms for non-negative matrix factorization [C] //Advances in neural information processing systems. 2000: 556 – 562.

[127] Lin I, Seidel R H A, Howell D, et al. Knowledge Long Tail [C] //Industrial Engineering and Engineering Management (IEEM), 2010 IEEE International Conference on. IEEE, 2010: 1102 – 1106.

[128] Liu G Z. Semantic vector space model: Implementation and evaluation [J]. Journal of the American Society for Information Science, 1997, 48 (5): 395 – 417.

[129] M. Stonebraker, R. Agrawal, U. Dayal, E. J. Neuhold, and A. Reuter. DBMS research at a crossroads: The vienna update. In Proc. of the 19th VLDB Conference, pages 688 – 692, Dublin, Ireland, 1993.

[130] M. S. Chen, J. Han, and P. S. Yu. Data mining: An overview from database perspective. IEEE Transactions on Knowledge and Data Eng., 8 (6): 866 – 883, December 1996.

[131] MacQueen J. Some methods for classification and analysis of multivariate observations [C] //Proceedings of the fifth Berkeley symposium on mathematical statistics and probability. 1967, 1 (281 – 297): 14.

[132] Mao W, Chu W W. The phrase-based vector space model for automatic retrieval of free-text medical documents [J]. Data & Knowl-

edge Engineering, 2007, 61 (1): 76 -92.

[133] Mavroeidis D, Tsatsaronis G, Vazirgiannis M, et al. Word sense disambiguation for exploiting hierarchical thesauri in text classification [M] //Knowledge Discovery in Databases: PKDD 2005. Springer Berlin Heidelberg, 2005: 181 -192.

[134] Nasir J A, Varlamis I, Karim A, et al. Semantic smoothing for text clustering [J]. Knowledge-Based Systems, 2013, 54: 216 -229.

[135] Ng R T, Han J W. Effixient and effective clustering method for spatial data mining [C] //Proceeding of the International Conference on Very Large Data Bases. 1994: 144 -155.

[136] Omiotis is the Greek word for relatedness or similarity.

[137] Pal N R, Pal K, Keller J M, et al. A possibilistic fuzzy c-means clustering algorithm [J]. Fuzzy Systems, IEEE Transactions on, 2005, 13 (4): 517 -530.

[138] Pearce J, Cathro W, Boston T. The challenge of integrated access: the hybrid library system of the future [J]. National Library of Australia Staff Papers, 2009.

[139] R. Bellman. On the Reduction of Dimensionality for Classes of Dynamic Programming Processes [J]. Journal of Mathematical Analysis and Applications, 1961, 3 (2): 358 -360.

[140] Rauber A, Frühwirth M. Automatically analyzing and organizing music archives [M] // Research and Advanced Technology for Digital Libraries. Springer Berlin Heidelberg, 2001: 402 -414.

[141] Ruspini E H. A new approach to clustering [J]. Information and control, 1969, 15 (1): 22 -32.

[142] Salton G, McGill M J. Introduction to modern information retrieval [J]. 1983.

[143] Salton G, Wong A, Yang C S. A vector space model for automatic indexing [J]. Communications of the ACM, 1975, 18 (11):

613 - 620.

[144] Salton G. The SMART retrieval system—experiments in automatic document processing [J]. 1971.

[145] SanJuan E, Ibekwe-SanJuan F, Torres-Moreno J M, et al. Combining vector space model and multi word term extraction for semantic query expansion [M] //Natural Language Processing and Information Systems. Springer Berlin Heidelberg, 2007: 252 - 263.

[146] Sheikholeslami G, Chatterjee S, Zhang A. Wavecluster: A multi-resolution clustering approach for very large spatial databases [C] // VLDB. 1998, 98: 428 - 439.

[147] Siolas G, d'Alché-Buc F. Support vector machines based on a semantic kernel for text categorization [C] //Neural Networks, 2000. IJCNN 2000, Proceedings of the IEEE-INNS-ENNS International Joint Conference on. IEEE, 2000, 5: 205 - 209.

[148] Tsatsaronis G, Varlamis I, Vazirgiannis M. Text relatedness based on a word thesaurus [J]. Journal of Artificial Intelligence Research, 2010, 37 (1): 1 - 40.

[149] Waltz E, Llinas J. Multisensor data fusion [M]. Boston: Artech house, 1990.

[150] Wang W, Yang J, Muntz R. STING: A statistical information grid approach to spatial data mining [C] //VLDB. 1997, 97: 186 - 195.

[151] Wen J R, Nie J Y, Zhang H J. Clustering user queries of a search engine [C] //Proceedings of the 10th international conference on World Wide Web. ACM, 2001: 162 - 168.

[152] Witten I, Milne D. An effective, low-cost measure of semantic relatedness obtained from Wikipedia links [C] //Proceeding of AAAI Workshop on Wikipedia and Artificial Intelligence: an Evolving Synergy, AAAI Press, Chicago, USA. 2008: 25 - 30.

[153] Wong S K M, Ziarko W, Wong P C N. Generalized vector spaces model in information retrieval [C] //Proceedings of the 8th annual international ACM SIGIR conference on Research and development in information retrieval. ACM, 1985: 18 – 25.

[154] Xu S, Zhang J. A parallel hybrid web document clustering algorithm and its performance study [J]. The Journal of Supercomputing, 2004, 30 (2): 117 – 131.

[155] Zha H, He X, Ding C, et al. Bipartite graph partitioning and data clustering [C] //Proceedings of the tenth international conference on Information and knowledge management. ACM, 2001: 25 – 32.

[156] Zhang T, Ramakrishnan R, Livny M. BIRCH: an efficient data clustering method for very large databases [C] //ACM SIGMOD Record. ACM, 1996, 25 (2): 103 – 114.

[157] Zhao Y, Karypis G, Fayyad U. Hierarchical clustering algorithms for document datasets [J]. Data Mining and Knowledge Discovery, 2005, 10 (2): 141 – 168.

[158] Zhao Y, Karypis G. Criterion functions for document clustering: Experiments and analysis [J]. UMN CS 01 – 040, 2001.

[159] Zhou X, Zhang X, Hu X. Semantic Smoothing of Document Models for Agglomerative Clustering [C] //IJCAI. 2007: 2928 – 2933.

网络参考文献

[160]《图书馆学情报学》的博客 [EB/OL]. [2014 – 01 – 20]. http://blog.sina.com.cn/u/2725546651.

[161] Carrot2 [EB/OL]. [2014 – 01 – 20]. http://project.carrot2.org/.

[162] Columbia Newsblaster [EB/OL]. [2013 – 12 – 13]. http://newsblaster.cs.columbia.edu/.

[163] InfornetwareRealTerm Search [EB/OL]. [2014 – 01 – 20]. ht-

tp：//www. infonetware. com. br/.

[164] InfoSphere Data Explorer [EB/OL]. [2014 - 01 - 20]. http：//www - 01. ibm. com/software/data/information-optimization/.

[165] Karypis Lab：gCLUTO [EB/OL]. [2014 - 01 - 20]. http：//glaros. dtc. umn. edu/gkhome/cluto/cluto/ download.

[166] Karypis Lab：gCLUTO [EB/OL]. [2014 - 01 - 20]. http：//glaros. dtc. umn. edu/gkhome/cluto/gcluto/ download.

[167] LingPipe [EB/OL]. [2014 - 01 - 20]. http：//alias-i. com/lingpipe/index. html.

[168] Mahout [EB/OL]. [2014 - 01 - 20]. http：//mahout. apache. org/.

[169] NISO Metasearch Initiative [EB/OL]. [2011 - 05 - 20]. http：//www. niso. org/workrooms/mi/# background.

[170] 灵玖软件 [EB/OL]. [2014 - 01 - 20]. http：//www. lingjoin. com/.

[171] 中国人民大学书报资料中心 [EB/OL]. [2014 - 01 - 20]. http：//ipub. zlzx. org/.

致谢

本书缘起壬辰，粗结丙申，历时五载，终不得尽善。拙著一部，倾尽心血，劳师动众，特此感谢。

曾经那年，樱花纷雨中，不能悟重大项目之解数，愁眉不展；幸得师门集思广益之熏陶，偶得一 idea 而沾沾自喜，却又陷入困惑；再受恩师邱均平教授之提点，方才成文；后获评审专家好评，实乃万幸。故，大谢母校之地灵，师门之教诲。

博士论文虽得赞誉，其实粗浅，回山大后，仍耿耿于心。乙未起意，志在完善，一载有余，完成初稿。期间又得导师关怀，经杭州电子科技大学副教授宋艳辉师兄指点迷津，在此感谢。更要感谢的是，我的研究生们所做的基础性工作，包括部分实验和校稿。他们是张亚宇、李星、张荣杰、王世昌、李志欣、王恩惠、岳洋和王婷婷，其中张亚宇同学付出最多，再次感谢他们的认真工作。还要感谢山西大学副教授马瑞敏师兄的指正，以及编辑田文老师的辛苦工作。

自攻读博士起，至本书完稿，我能投入大部分的精力，主要得益于很好的后勤保障和家庭支持。感谢我的妻子文慧蓉打理全家上下，感谢四老轮换操持家务。五年中，两女儿相继降临，给我带来了莫大的精神鼓舞。长女一诺壬辰年生，乳名如意，那年论文意起；次女一祎乙未年生，乳名添意，这年论著增编。年份契合，期望顺利之意余，更希望我能不断增知添意，也愿此书对读者有所启发。

牛奉高

2017 年 3 月 6 日

于山西大学渊智园